CHINA TRANSPORTATION DEVELOPMENT REPORT

中国交通运输发展报告

（2018）

国家发展和改革委员会综合运输研究所◎编著

中国市场出版社
China Market Press
·北京·

图书在版编目（CIP）数据

中国交通运输发展报告. 2018年 / 国家发展和改革委员会综合运输研究所编著. —北京：中国市场出版社，2018.10

ISBN 978-7-5092-1720-7

Ⅰ. ①中… Ⅱ. ①国… Ⅲ. ①交通运输发展–研究报告–中国–2018 Ⅳ. ①F512.3

中国版本图书馆CIP数据核字（2018）第207102号

中国交通运输发展报告（2018）

ZHONGGUO JIAOTONG YUNSHU FAZHAN BAOGAO 2018

国家发展和改革委员会综合运输研究所　编著

责任编辑： 许　慧（xu_hui1985@126.com）

出版发行： 中国市场出版社 China Market Press

地　　址： 北京市西城区月坛北小街2号院3号楼（100837）

电　　话： 编 辑 部（010）68012468　读者服务部（010）68022950

总 编 室（010）68020336　盗 版 举 报（010）68020336

发 行 部（010）68021338　68020340　68053489

68024335　68033577　68033539

印　　刷： 河北鑫兆源印刷有限公司

规　　格： 170毫米×240毫米　16开

印　　张： 18.50　　**字　　数：** 230千字

版　　次： 2018年10月第1版　　**印　　次：** 2018年10月第1次印刷

书　　号： ISBN 978-7-5092-1720-7

定　　价： 168.00元

本书编委会

主　　任　汪　鸣

副 主 任　吴文化　王东明　李连成

编写组长　李连成

编写人员　（按姓氏笔画排序）

马艺菲　马萍萍　王杨堃　王淑伟

毛科俊　刘文华　李名良

PREFACE

前　言

《中国交通运输发展报告》（以下简称《年度报告》）由国家发展和改革委员会综合运输研究所编写，融数据文献的资料性与分析研究的学术性为一体。编写《年度报告》的基本出发点是使相关机构和个人了解我国交通运输发展的年度基本概况。在编制前期阶段，我们深入分析了类似年度报告的特点，在此基础上明确了本报告的主要内容、主要框架，重点体现了研究范围的综合性、资料内容的全面性和报告内容的观点性等特点。

《年度报告》（2018）由发展成就、改革政策、交通建设、区域发展、发展展望和附录等六部分组成，保持 2017 年《年度报告》的总体框架。针对新形势、新变化、新要求，编委会对有关章节的内容进行局部调整：一是考虑到 2018 年是“十三五”现代综合交通运输体系发展规划的中期评估之年，在对 2017 年发展现状总结的同时，增加了对“十三五”以来我国交通运输发展进展相关内容的比重；二是进一步丰富前四章的述评内容，对“十三五”尤其是 2017 年以来交通运输发展的进展进行深入评述；三是按照党的十九大提出的建设社会主义现代化强国的战略部署，以及推进经济高质量发展、建设交通强国的要求，从交通运输与经济社会深度融合发展的战略视角，对 2017 年发展现状及 2018 年发展趋势进行分析。

《年度报告》的编写得到了国家发展改革委基础产业司和地方发展改革部门的大力支持，他们及时认真地提供了所在地区的统计数据和素材，是本报告顺利完成的重要基础。

本报告系统客观全面地总结我国交通运输发展的基本情况，分析其特点，探讨交通运输发展的趋势，可以为各级政府部门、研究机构和交通企业提供重要参考，也是社会各界了解中国交通运输行业发展状况的重要读物。囿于时间、资料收集渠道、编写人员水平有一定的局限性，缺陷与错误在所难免，敬请广大读者批评指正。我们将加倍努力，使《年度报告》越办越好。

CONTENTS

目 录

附　录

Chapter 01

第一章 发展成就

2017 年是实施“十三五”规划的重要一年，是供给侧结构性改革的深化之年。这一年，交通运输对经济社会的支撑引领作用进一步强化，以供给侧结构性改革为抓手，持续加大交通投资力度，补齐基础设施网络短板，优化运输结构，推进技术装备升级智能化、产业化发展，交通运输与经济社会融合深度和广度不断提升。

一、交通投资持续加大，基础设施网络日趋完善

（一）固定资产投资力度加大，设施网络化布局加快

2017 年，我国交通固定资产投资（含城市轨道交通）共完成

3.61 万亿元，比上年增长 11.1%。分方式看，铁路完成固定资产投资 8010 亿元，同比下降 0.1%。公路建设完成投资 21253 亿元，同比增长 18.3%。其中，高速公路建设完成投资 9258 亿元，增长 12.4%；普通国省道建设完成投资 7264 亿元，增长 19.5%；农村公路建设完成投资 4731 亿元，增长 29.3%。水运建设完成投资 1239 亿元，同比下降 12.6%。其中，内河完成投资 569 亿元，增长 3.2%；沿海完成投资 669 亿元，下降 22.6%。民航基本建设与技术改造完成投资 869 亿元，同比增长 11.1%。城市轨道交通建设完成投资 4762 亿元，同比增长 23.8%。2017 年交通固定资产投资完成情况见表 1-1。

表 1-1　　2017 年交通固定资产投资完成情况

领　域	投资规模（亿元）	同比增长（%）
总　计	**36133**	**11.1**
铁路	8010	-0.1
公路建设	21253	18.3
高速公路	9258	12.4
普通国道	7264	19.5
农村公路	4731	29.3
水运建设	1239	-12.6
内河	569	3.2
沿海	669	-22.6
公路水路其他	649	31.4
民航建设	869	11.1
城市轨道交通	4762	23.8

数据来源：2017 年交通运输行业发展统计公报、民航行业发展统计公报、铁道统计公报以及《城市轨道交通 2017 年度统计和分析报告》。

铁路、公路、水运、航空、城市轨道等投资持续加大，推进基础设施建设快速发展和网络化布局。截至 2017 年年底，我国综合交通网络总里程达到 502.8 万公里，交通基础设施网络已形成“五纵五横”国家骨干通道，并向“十纵十横”方向优化发展。其中，铁路营业里程 12.7 万公里；高铁营业里程突破 2.5 万公里，占世界高铁运营里程的 60% 以上，居世界第一位；公路通车里程 477.4 万公里；高速公路总里程 13.1 万公里，居世界第一；内河航道里程 12.7 万公里；港口拥有万吨级及以上泊位 2317 个，居世界第一；境内民用航空（颁证）机场 229 个；轨道交通运营线路超过 5000 公里。

2017 年我国交通固定资产投资（不含管道、城市轨道交通）月度累计金额和综合交通网结构见图 1–1 和图 1–2。

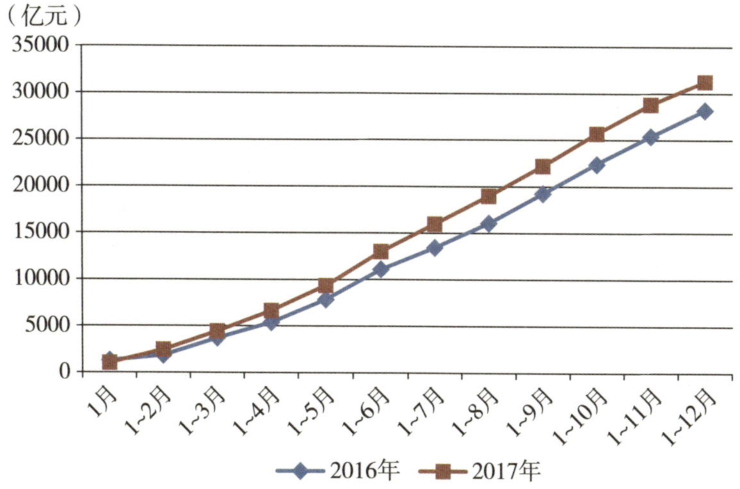

图 1–1　2017 年我国交通固定资产投资月度累计金额

数据来源：交通运输部、中国民用航空局、中国铁路总公司月度快报数。

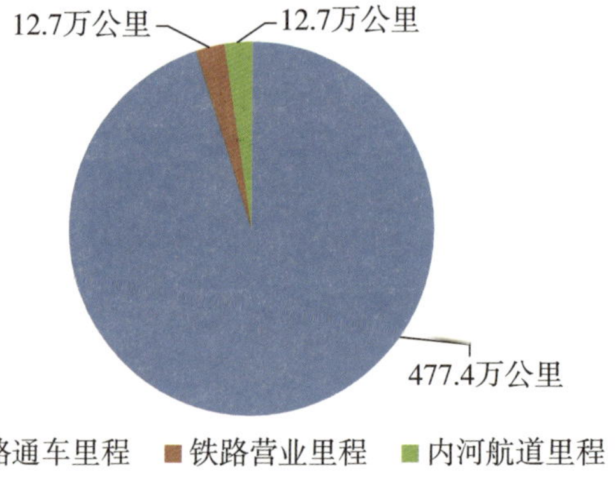

图 1-2　2017 年我国综合交通网结构情况

数据来源：《2017 年交通运输行业发展统计公报》。

（二）铁路投资继续保持 8000 亿元以上，高铁投产占比继续提高

2017 年，全国铁路完成固定资产投资 8010 亿元，维持高位基础上的投资，全年投产新线 3038 公里，其中高速铁路 2182 公里，占比达 71.8%，较 2016 年提高 13.8 个百分点。2017 年我国铁路固定资产投资月度累计金额见图 1-3。

（三）公路交通投资持续快速增长，短板领域投资增速明显

2017 年，全国公路完成固定资产投资首次突破 2 万亿元，同比增长 18.3%，增速较上年提高 9.4 个百分点，其中普通国省道和农村公路等短板领域投资增加迅速。2017 年我国公路固定资产投资月度累计金额见图 1-4。

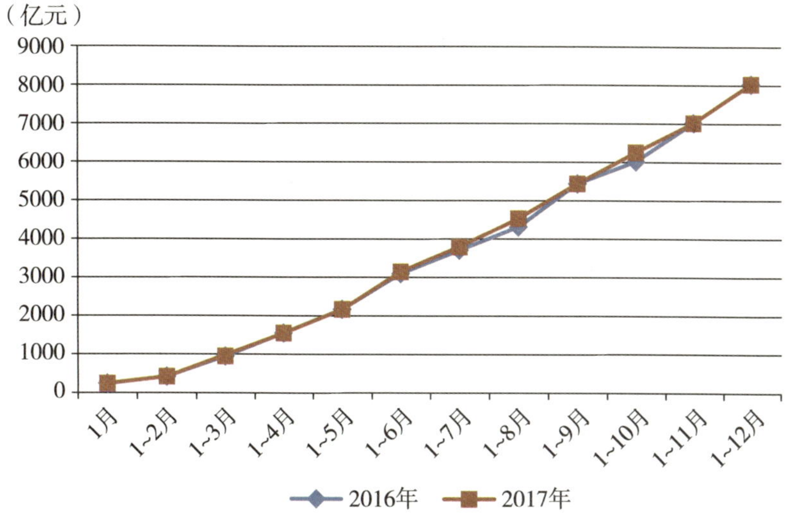

图 1-3　2017 年我国铁路固定资产投资月度累计金额

数据来源:《2017 年铁道统计公报》、中国铁路总公司月度快报数。

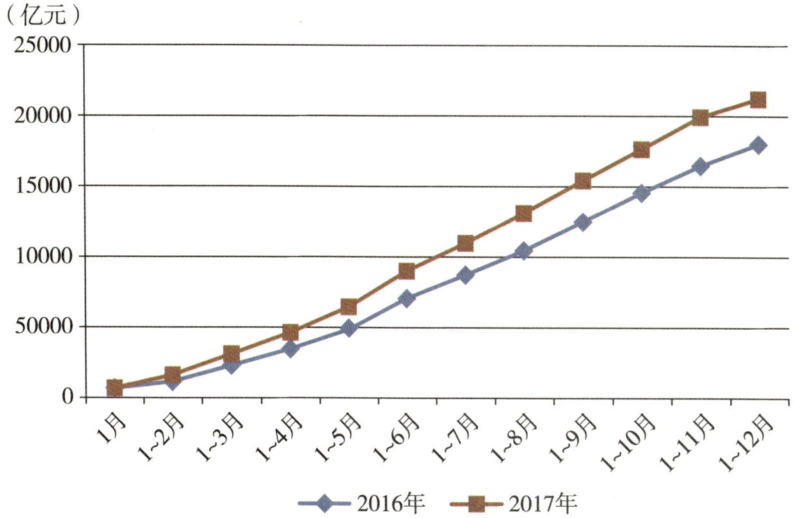

图 1-4　2017 年我国公路固定资产投资月度累计金额

数据来源：交通运输部月度快报数。

（四）水运投资总量有所下降，投资结构持续调整

2017 年，全国水运固定资产投资同比下降 12.6%，其中，内河、沿海完成固定资产投资同比分别增长 3.2% 和下降 22.6%，持续上年内河投资增长、沿海投资下降的态势，围绕内河干支衔接网络的投资加强。2017 年我国水运固定资产投资月度累计金额见图 1–5。

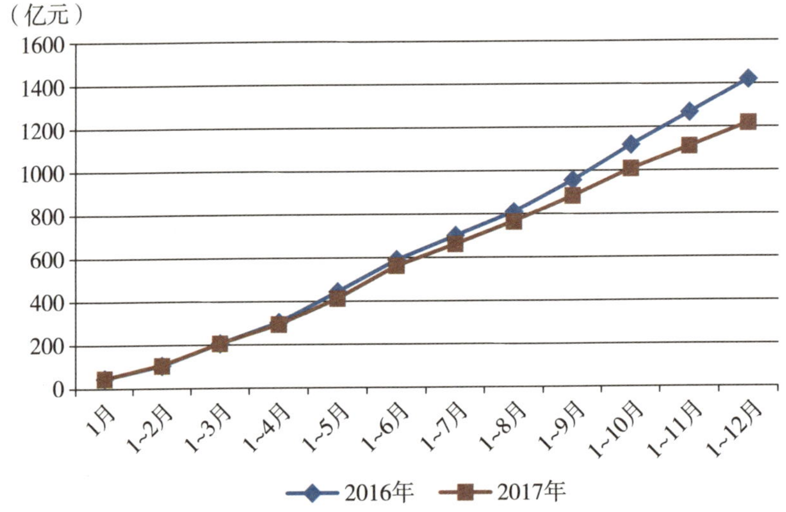

图 1–5　2017 年我国水运固定资产投资月度累计金额

数据来源：交通运输部月度快报数。

（五）民航投资平稳增长，多层级机场体系加快形成

2017 年，民航基本建设和技术改造投资较上年增长 11.1%，新建民航运输机场 11 个。国际国内机场体系进一步完善，初步形成了以北京、上海、广州等国际枢纽机场为中心，省会城市和重点城市区域枢纽机场为骨干，以及其他干、支线机场相互配合的格局。2017 年我国民航基本建设和技术改造投资月度累计金额见图 1–6。

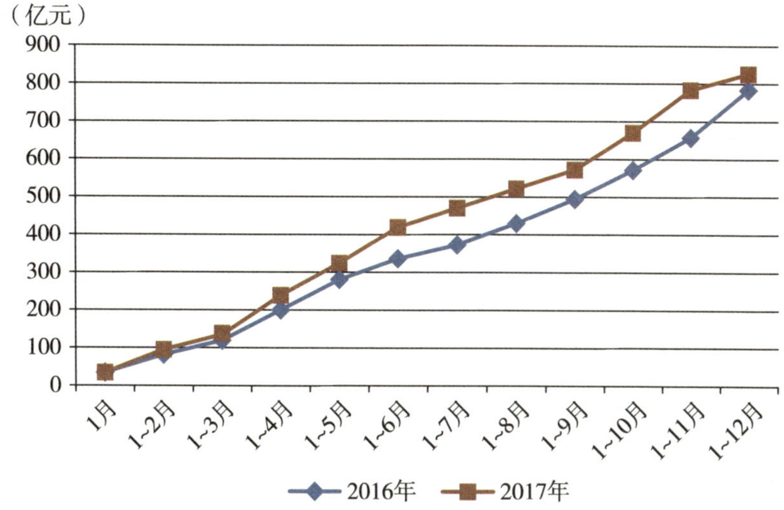

图 1-6 2017 年我国民航基本建设和技术改造投资月度累计金额

数据来源：中国民用航空局月度快报数。

（六）城市轨道交通投资持续上升，城际间轨道交通加速发展

据不完全统计，2017 年我国城市轨道交通（含有轨电车）完成投资 4762 亿元，新增运营线路 32 条，新增运营线路长度 880 公里，同比分别增长 23.8%、24.1% 和 21.2%。随着投资增加和都市圈内职住不平衡带来的轨道交通客观运输需求，部分城市线路向周边区县和邻近地区延伸。2017 年，北京轨道交通 22 号线（平谷线）加快向河北延伸建设，推进京津冀一体化发展；上海城市轨道接轨江苏等跨区域城市轨道交通方案加快前期研究，以京津冀协同发展、长三角地区等为代表的跨区域城市轨道交通项目加速发展。

总体看，“十三五”以来，交通运输行业加快投资结构调整，一方面重点聚焦高速铁路、高速公路、民航等高等级基础设施建设；另一方面，补足中西部、老少边贫及农村地区基础设施网络建设短板；

再者，加快方式内投资结构调整，内河投资增加，沿海投资减少，有效发挥了交通基础设施投资建设对经济社会的支撑引领作用。分方式看，铁路方面，连续两年维持 8000 亿元以上高位基础投资；公路方面，普通国省道和农村公路等短板领域建设突出，支撑公路投资 2016 年、2017 年加快增长，同比分别增长 7.7% 和 18.3%；水运方面，投资加快下滑，尤其是沿海投资下滑明显，2016 年、2017 年沿海投资分别下降 5.0% 和 23.6%；民航方面，投资呈现增长态势，2016 年和 2017 年分别增长 1.7% 和 11.1%；轨道交通方面，投资加速增长，2016 年和 2017 年分别增长 4.5% 和 23.8%，成为交通运输行业投资的新亮点。2015—2017 年我国交通固定资产投资完成情况及分方式的投资完成情况见图 1–7、图 1–8、图 1–9、图 1–10、图 1–11 和图 1–12。[1]

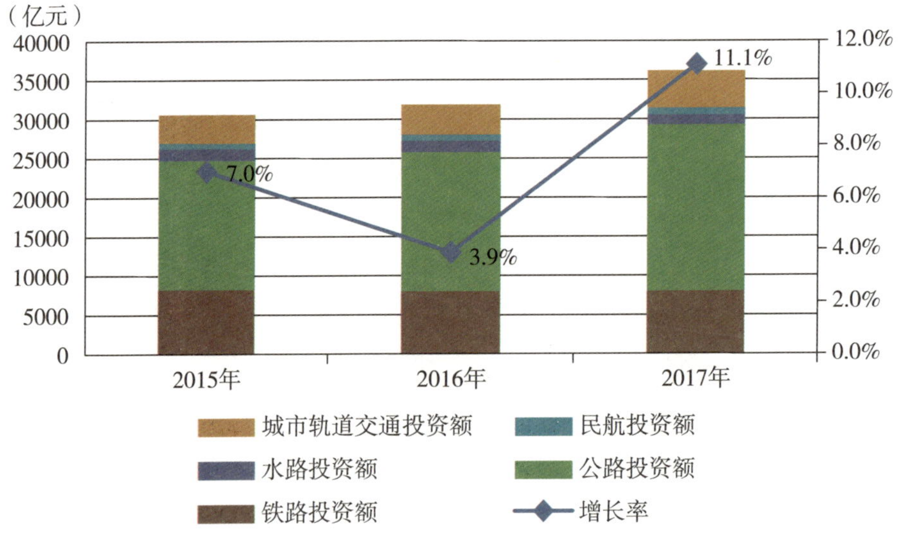

图 1–7　2015—2017 年我国交通固定资产投资完成情况

[1] 数据来源：历年统计年鉴及交通运输行业发展统计公报、民航行业发展统计公报、铁道统计公报、城市轨道交通统计和分析报告。

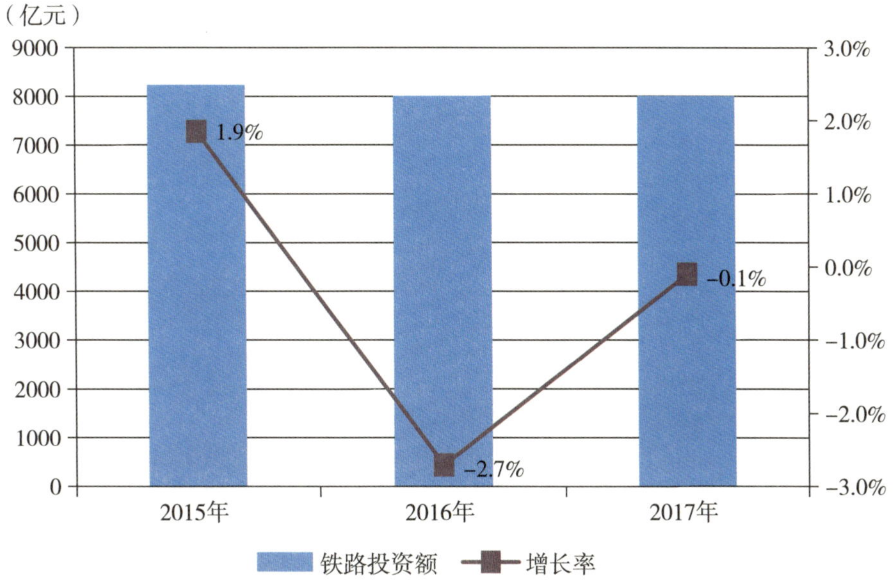

图 1-8　2015—2017 年我国铁路固定资产投资完成情况

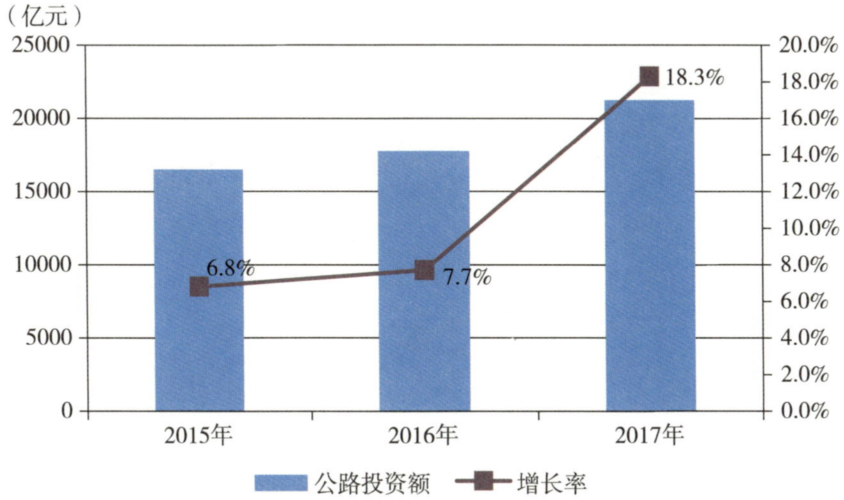

图 1-9　2015—2017 年我国公路固定资产投资完成情况

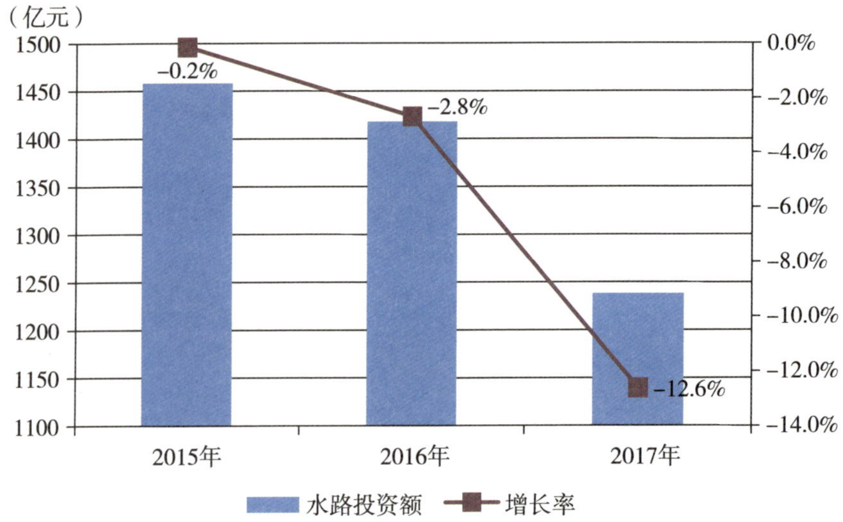

图 1-10　2015—2017 年我国水路固定资产投资完成情况

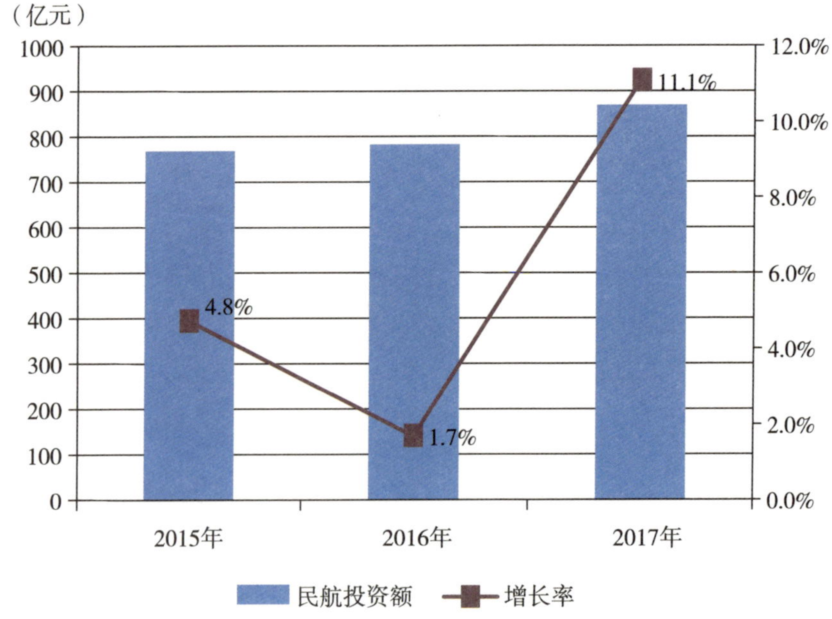

图 1-11　2015—2017 年我国民航固定资产投资完成情况

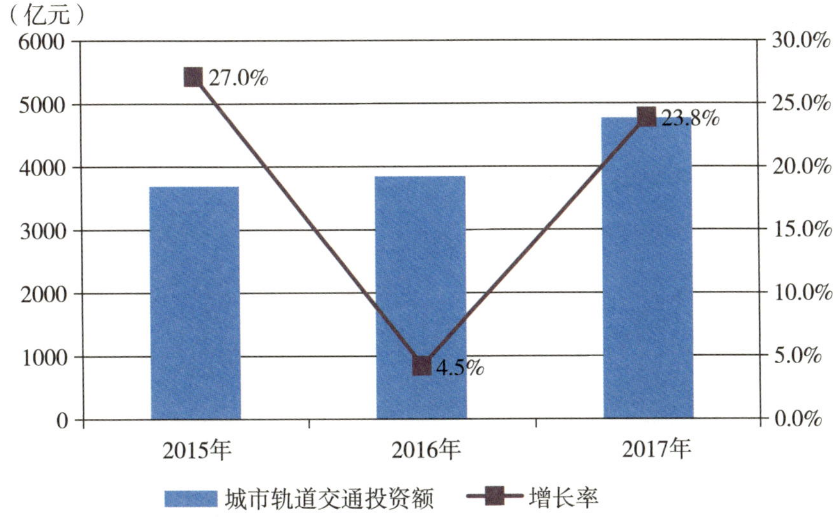

图 1-12　2015—2017 年我国城市轨道固定资产投资完成情况

二、运输服务规模不断扩大，运输结构持续优化

2017 年，全社会完成客运量 185.1 亿人次、旅客周转量 32812.7 亿人公里，货运量 479.4 亿吨、货物周转量 196130.4 亿吨公里，比上年分别下降 2.6%、增长 5.0%，增长 9.3%、增长 5.1%。同年，城市轨道交通全年完成客运量 185 亿人次，同比增长 14.9%。全国港口完成货物吞吐量 140.1 亿吨，比上年增长 6.1%，其中外贸货物吞吐量 40.9 亿吨，增长 6.3%。全国港口集装箱吞吐量 2.38 亿标准箱，增长 8.3%。邮政行业业务总量 9763.7 亿元，增长 32%；快递业务量完成 400.6 亿件，增长 28%。

（一）客运市场结构调整明显，高品质出行占比不断提高

1. 营业性客运量延续下降趋势，客运结构持续优化

2017 年，全社会完成营业性客运量 185.1 亿人次，同比下降 2.6%，降幅较上年扩大 0.4 个百分点。其中，铁路完成旅客发送量 30.8 亿人次，同比增长 9.6%，增速较上年下降 1.4 个百分点，动车组发送旅客 17.1 亿人次，同比增长 18.7%，占比 56.4%，占比较上年提高 4.4 个百分点；公路完成营业性客运量 145.9 亿人次，同比下降 5.4%，降幅较上年扩大 1.9 个百分点；水运完成客运量 2.8 亿人次，同比增长 4.1%，增速较上年加快 4.0 个百分点；民航完成旅客运输量 5.5 亿人次，比上年增长 13.0%，增速较上年提高 1.1 个百分点。2017 年我国各月度客运量完成情况见图 1–13。

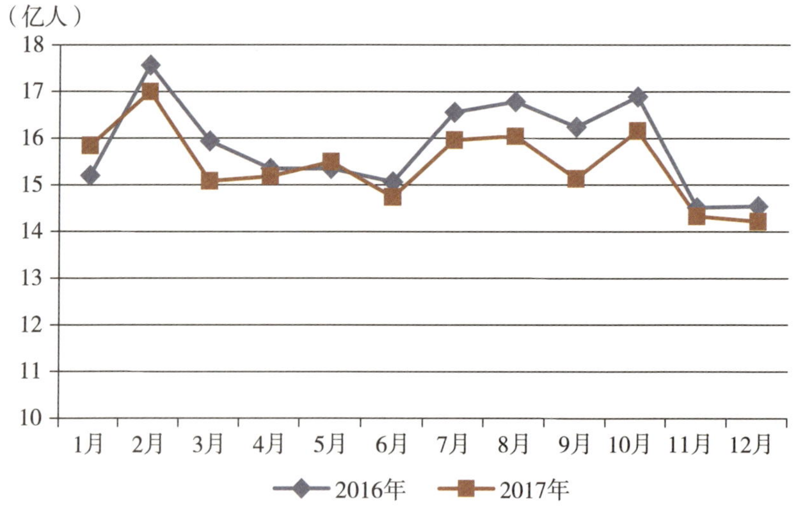

图 1–13　2017 年我国各月度客运量完成情况

数据来源：交通运输部、中国民用航空局、中国铁路总公司月度快报数。

2. 旅客周转量持续增长，客运需求保持稳定增长态势

2017 年，全社会完成旅客周转量 32812.7 亿人公里，同比增长 5.0%，增速较上年提高 0.9 个百分点。其中，铁路完成旅客周转量 13456.9 亿人公里，增长 7.0%，增速较上年提高 1.8 个百分点；公路完成旅客周转量 9765.1 亿人公里，下降 4.5%，降幅较上年加大 0.3 个百分点；水运完成旅客周转量 77.9 亿人公里，增长 7.7%，增速较上年提高 9.1 个百分点；民航完成旅客周转量 9512.8 亿人公里，增长 13.5%，增速较上年降低 1.3 个百分点，其中国际航线完成旅客周转量 5544.2 万人次，增长 7.4%。2017 年我国各月度旅客周转量完成情况见图 1–14。

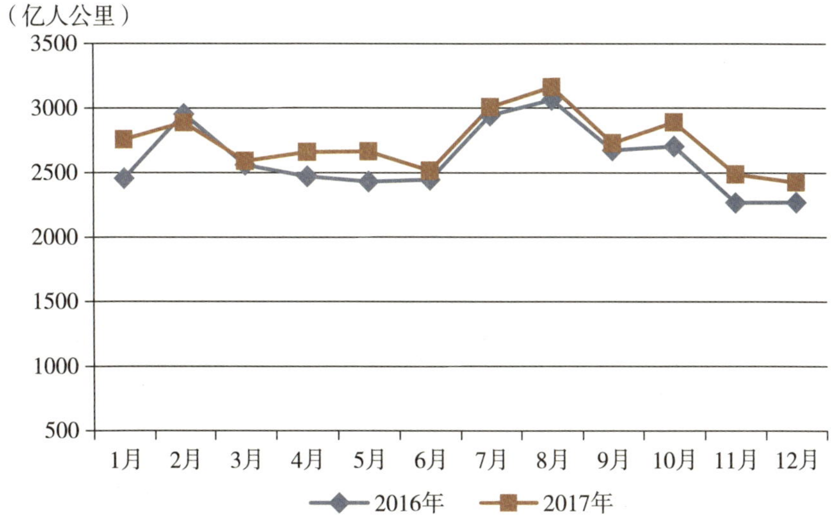

图 1–14 2017 年我国各月度旅客周转量完成情况

数据来源：交通运输部、中国民用航空局、中国铁路总公司月度快报数。

“十三五”以来，是我国客运市场结构优化调整最显著的一段时期。实际上，自 2015 年开始，客运市场不同运输方式间增长情况就出现分化，铁路、民航客运量连续两年保持 10% 以上高速增长态势，

而公路营业性客运量却开始呈现年 5% 以上的降幅，水运客运量保持波动。但与此同时，营业性客运的平均运距不断增大，2017 年比 2015 年增加了 41 公里，反映出随着高速铁路网、民航机场和航线网的不断加密，高铁、民航对于中长距离出行的吸引力越来越大。此外，随着居民收入水平不断提高，私家车、商务车、顺风车的出行比重越来越高，分流了部分公路客运量。高速公路 7 座及以下小客车（主要是非营业性的私家车、商务车）流量 2016 年、2017 年分别达到了 59 亿辆和 72.4 亿辆，分别增长 17.6% 和 15.6%，反映出随着经济发展水平的提高，人民出行需求正由“走得了”向“走得好”转变，且随着交通运输领域供给侧结构性改革的推进，高铁、民航、机动车等交通运输领域服务供给质量不断得到提升。总体看，旅客对高品质出行的追求成为常态。2015—2017 年我国客运量、旅客周转量完成情况及高速公路 7 座及以下小客车流量情况分别见图 1–15、图 1–16 和图 1–17。

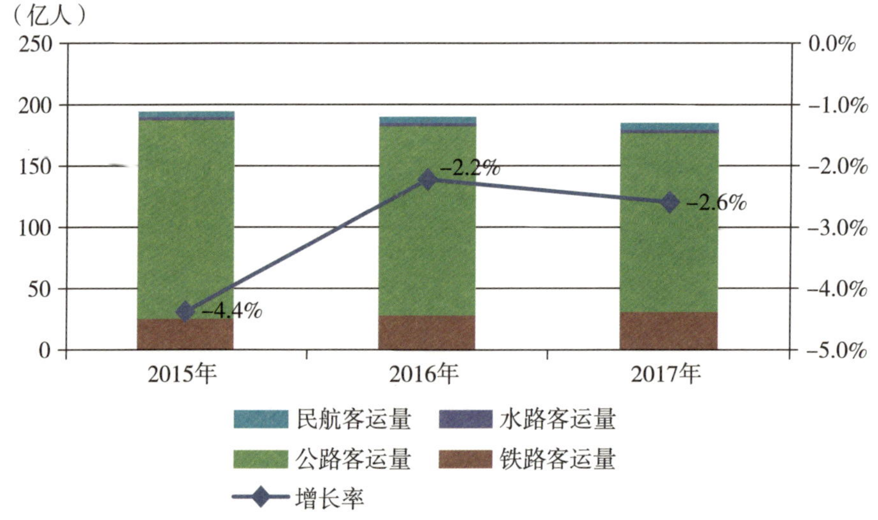

图 1–15　2015—2017 年我国客运量完成情况

数据来源：历年统计年鉴及交通运输行业发展统计公报、民航行业发展统计公报、铁道统计公报。

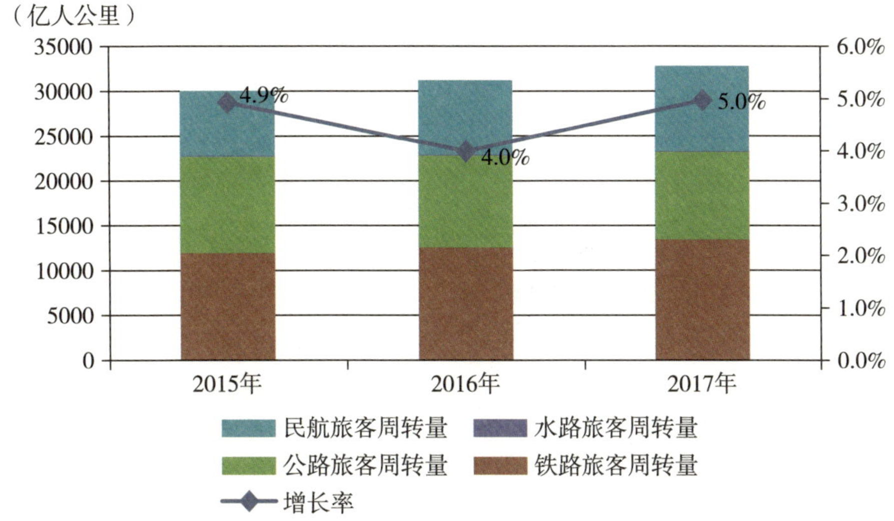

图 1-16　2015—2017 年我国旅客周转量完成情况

数据来源：历年统计年鉴及交通运输行业发展统计公报、民航行业发展统计公报、铁道统计公报。

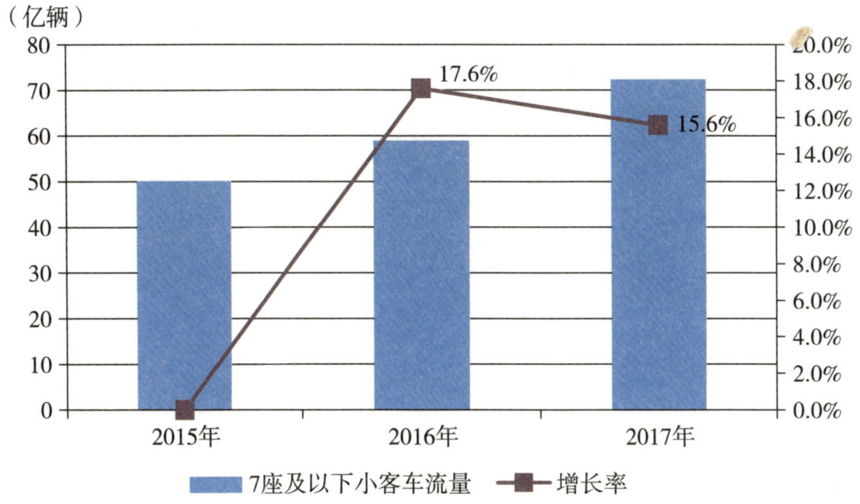

图 1-17　2015—2017 年我国高速公路 7 座及以下小客车流量情况

数据来源：历年中国高速公路运输监测报告。

（二）货运市场降本增效取得成效，可持续发展能力不断增强

1. 货运量继续保持平稳增长，铁路货运占比提高成为新亮点

2017 年，我国全社会共完成货运量 479.4 亿吨，增长 9.3%，增速较上年提高 4.1 个百分点。其中，铁路货运总发送量 36.9 亿吨，比上年增长 10.7%，增幅较上年扩大 11.5 个百分点，铁路增速转正；公路完成货运量 368.0 亿吨，增长 10.1%，增速较上年提高 3.3 个百分点；水运完成货运量 66.6 亿吨，增长 4.3%，增速较上年提高 0.6 个百分点；民航完成货邮运输量 705.8 万吨，比上年增长 5.7%，增速较上年降低 0.3 个百分点；管道完成货运量 7.9 亿吨，同比增长 7.3%，增速较上年提高 2.0 个百分点。值得注意的是，2017 年铁路货运量占全社会货运量的比重为 7.7%，比上年增长 0.02 个百分点；货运周转量占全社会货运周转量的比重为 13.7%，比上年提高 0.66 个百分点。铁路货运量及周转量分担率结束了自 2013 年起逐年下降的趋势，出现小幅提升，成为行业发展新亮点。2017 年我国各月度货运量完成情况见图 1–18。

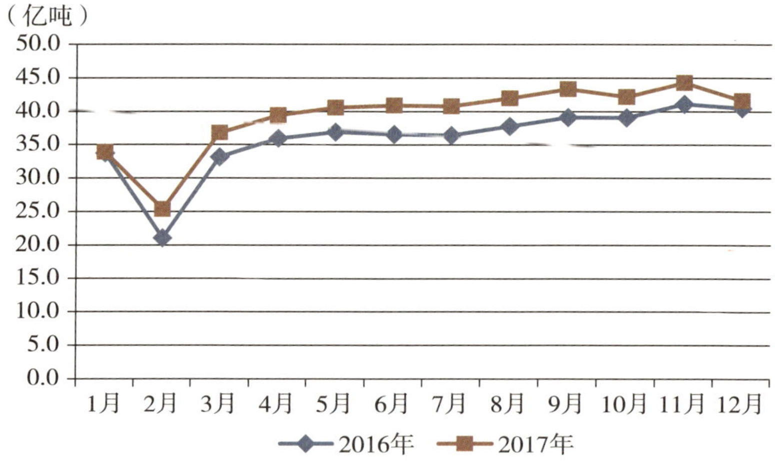

图 1–18　2017 年我国各月度货运量完成情况

数据来源：交通运输部、中国民用航空局、中国铁路总公司月度快报数。

2. 货物周转量加快增长，铁路涨幅居前

2017 年，我国全社会共完成货物周转量 196130.4 亿吨公里，增长 5.1%，增速比上年提高 0.5 个百分点。其中，铁路完成货运总周转量 26962.20 亿吨公里，增长 13.3%，增速较上年提高 13.1 个百分点；公路完成 66712.5 亿吨公里，增长 9.2%，增速较上年提高 3.6 个百分点；水运完成货物周转量 97455.0 亿吨公里，增长 0.1%，增速较上年降低 3.9 个百分点；民航完成货邮周转量 243.5 亿吨公里，增长 9.5%，增速较上年提高 3.2 个百分点；管道完成货物周转量 4757.2 亿吨公里，同比增长 13.4%，增速较上年提高 7.7 个百分点。2017 年我国各月度货物周转量完成情况见图 1–19。

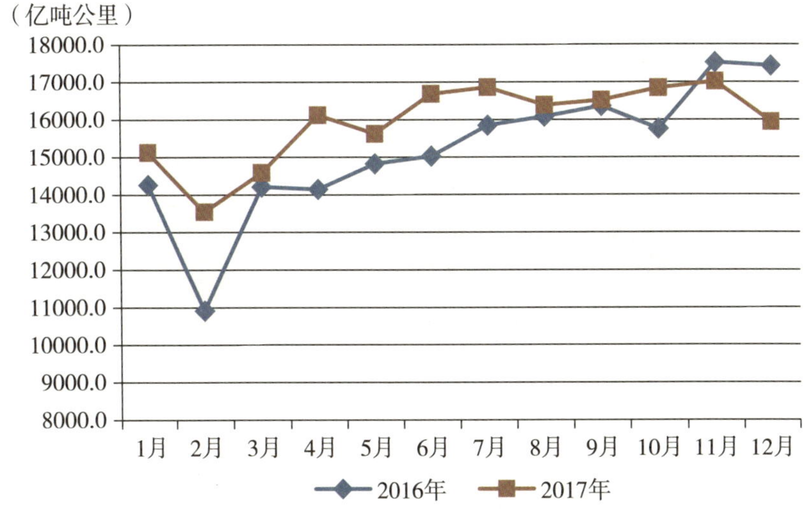

图 1–19 2017 年我国各月度货物周转量完成情况

数据来源：交通运输部、中国民用航空局、中国铁路总公司月度快报数。

“十三五”以来，货运市场迈入新一轮加速增长期，且出现结构调整优化的良好态势，2016 年、2017 年货运量增速分别达到 5.1% 和 9.3%，反映出随着供给侧结构性改革政策措施出台，货运物流很好地支撑了新一轮经济新增长。货运总量保持自 2016 年以来的平稳增长态势，表明我国宏观经济持续回暖，产生大量煤炭等大宗物资运输需求。此外，随着产业结构调整优化及我国居民消费升级，高技术、高附加值工业品及满足高品质消费国内外商品等适箱及适宜航空运输货物运输需求增加，推动高速公路、民航货运量和集装箱吞吐量平稳增长。2016 年、2017 年高速公路货车流量达到 19 亿辆和 23.6 亿辆，同比分别增长 15.1% 和 24.2%。2015—2017 年我国货运量、货物周转量完成情况及高速公路货车流量情况分别见图 1–20、图 1–21 和图 1–22。

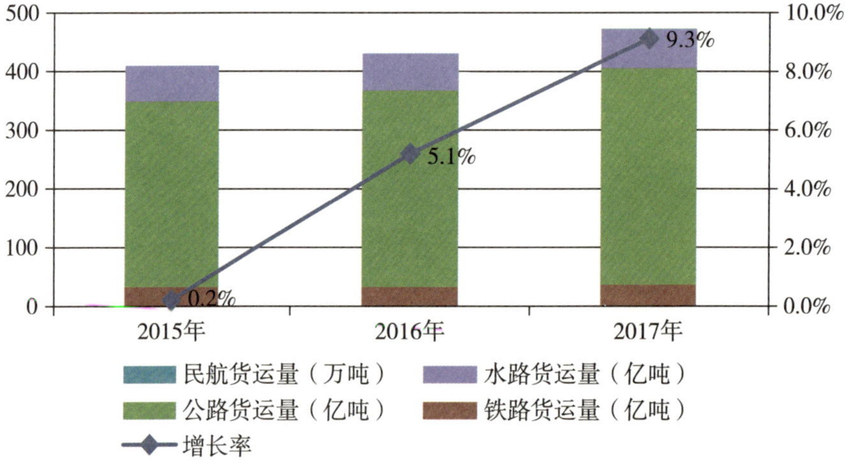

图 1–20　2015—2017 年我国货运量完成情况

数据来源：历年统计年鉴及交通运输行业发展统计公报、民航行业发展统计公报、铁道统计公报。

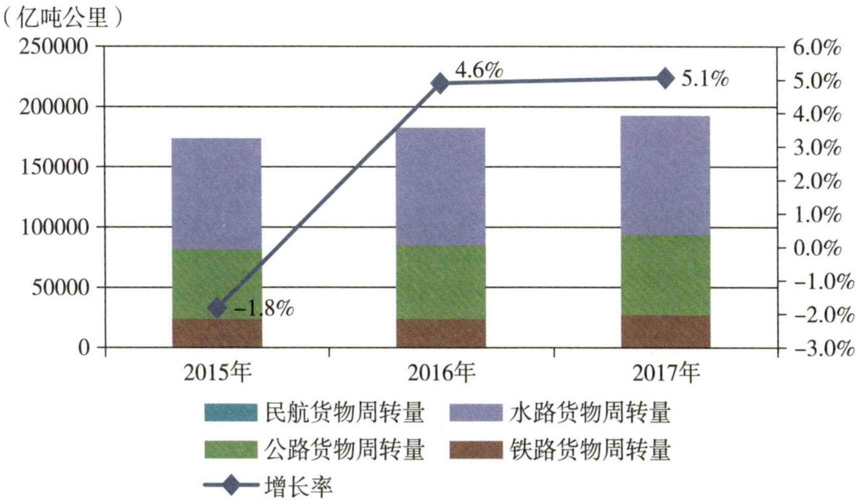

图 1-21　2015—2017 年我国货物周转量完成情况

数据来源：历年统计年鉴及交通运输行业发展统计公报、民航行业发展统计公报、铁道统计公报。

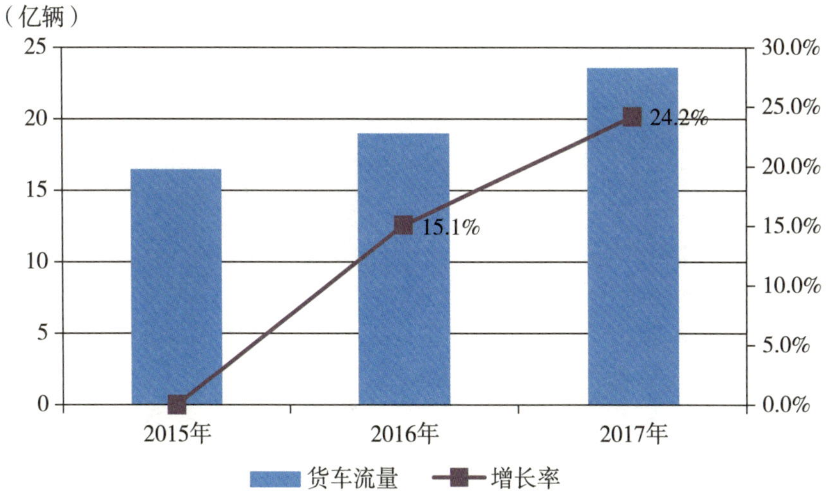

图 1-22　2015—2017 年我国高速公路货车流量情况

数据来源：历年中国高速公路运输监测报告。

3. 邮政快递增速放缓，由规模扩张转入高质量发展

2017年，我国完成邮政行业业务总量9763.7亿元，比上年增长32.0%。快递业务量完成400.6亿件，比上年增长28.0%，增速较上年放缓23.1个百分点。快递业务收入完成4957.1亿元，增长24.7%，增速较上年放缓18.8个百分点。其中，同城业务量完成92.7亿件，同比增长25.0%；异地业务量累计完成299.6亿件，同比增长28.9%；国际/港澳台业务量累计完成8.3亿件，同比增长33.8%。同城、异地、国际/港澳台快递业务量分别占全部快递业务量的23.1%、74.8%和2.1%，与上年相比，同城快递业务量的比重下降0.6个百分点，异地快递业务量的比重上升0.5个百分点，国际/港澳台业务量的比重上升0.1个百分点。虽然总量下降明显，但是，快递业务收入占邮政行业业务收入的74.9%，收入占比提高1.0个百分点，出现由规模扩张向高质量发展转变的态势。2017年我国完成快递业务量变化情况见图1–23。

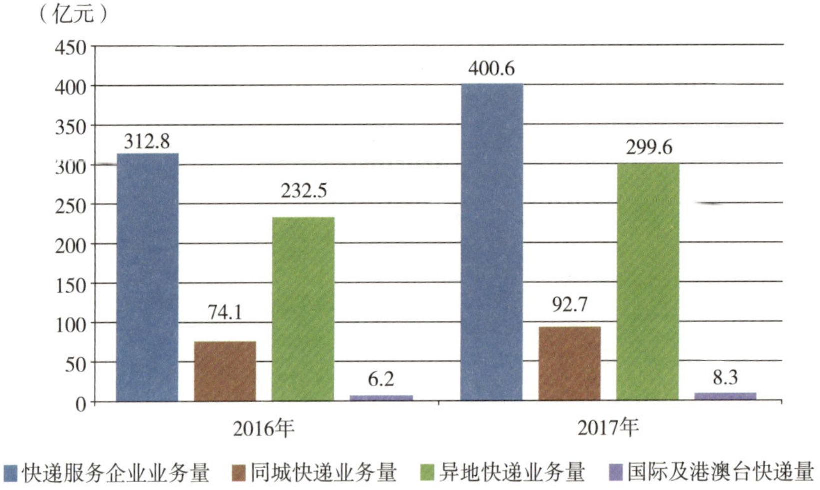

图 1–23　2017 年我国完成快递业务量变化情况

数据来源：《2017年邮政行业发展统计公报》。

“十三五”以来，我国快递业发展正由量变为主的“1.0 时代”进入质变为主的“2.0 时代”。2017 年快递业务量增长速度首次低于 50%，达到 28%，下滑明显。“2.0 时代”的发展重点除开拓业务增长新空间外，更重要的是通过提高网络化、规模化、规范化和智能化水平，促进经营成本的降低和服务水平的提升，实现转型升级发展。2015—2017 年我国完成邮政业务总量、快递企业业务量变化情况分别见图 1–24 和图 1–25。

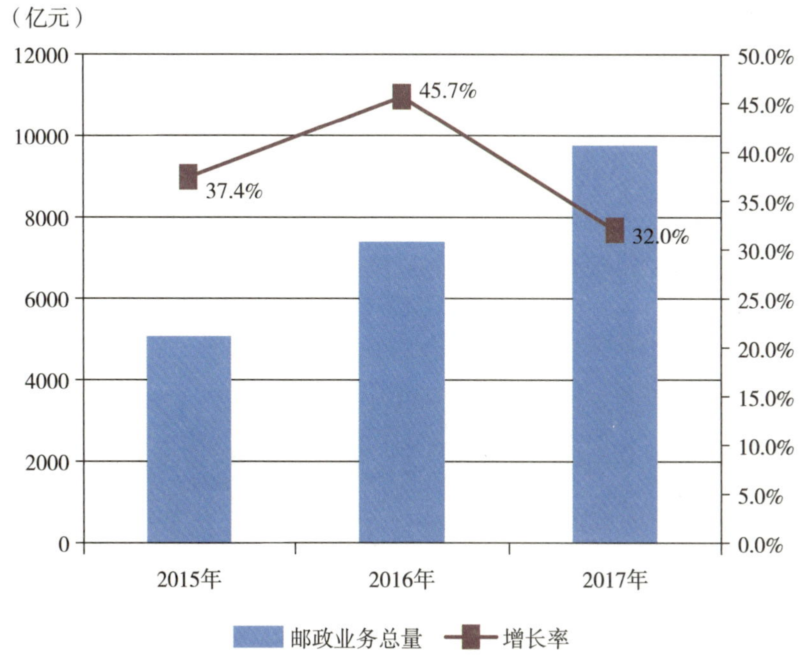

图 1–24　2015—2017 年我国完成邮政业务总量变化情况

数据来源：历年邮政行业发展统计公报。

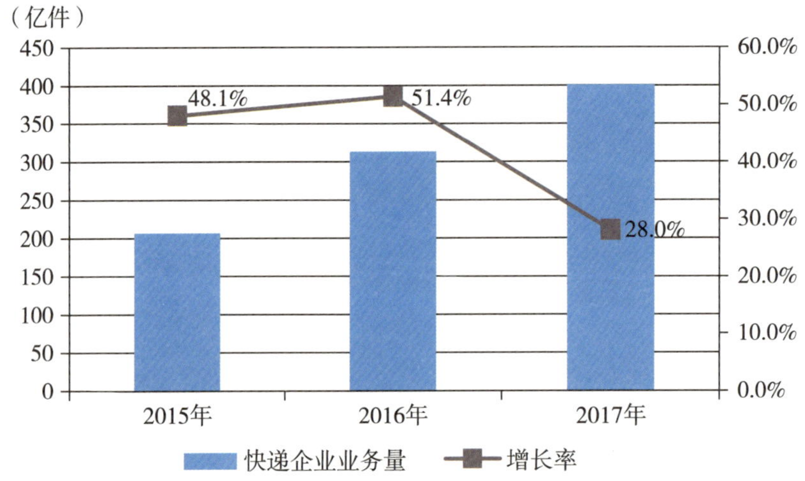

图 1–25　2015—2017 年我国完成快递企业业务量变化情况

数据来源：历年邮政行业发展统计公报。

4. 港口货运持续加速，内河、沿海运输结构加快调整

2017 年，全国港口完成货物吞吐量 140.1 亿吨，比上年增长 6.1%，增速较上年加快 2.6 个百分点。其中，沿海港口完成 90.6 亿吨，内河港口完成 49.5 亿吨，分别增长 7.1% 和 4.3%，增速分别较上年提高 3.3 和 1.2 个百分点。全国港口外贸货物吞吐量 40.9 亿吨，比上年增长 6.3%，增速较上年提高 1.2 个百分点。其中沿海港口完成 36.6 亿吨，内河港口完成 4.4 亿吨，同比分别增长 5.8% 和 10.0%，增速分别较上年提高 1.2 和 0.3 个百分点。

全国港口完成集装箱吞吐量 2.38 亿 TEU，比上年增长 8.3%，增速较上年提高 4.3 个百分点。其中，沿海港口完成 2.11 亿 TEU，内河港口完成 2739 万 TEU，比上年分别增长 7.7% 和 13.4%，增速分别较上年提高 4.1 和 6.0 个百分点。2017 年我国各月度沿海规模以上港口货物吞吐量、集装箱货物吞吐量情况分别见图 1–26 和图 1-27。

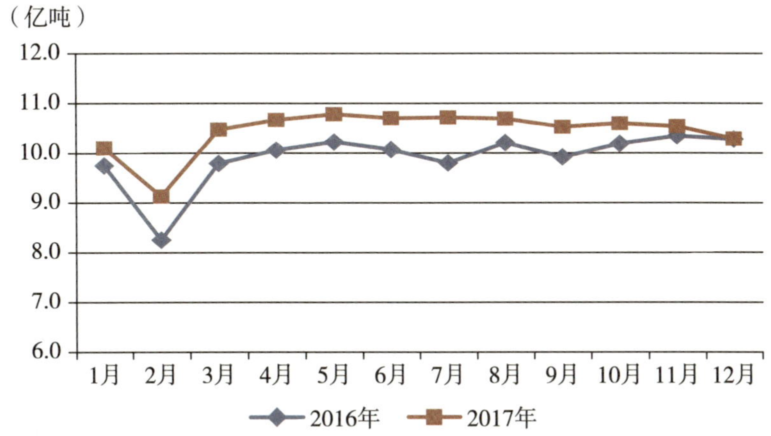

图 1-26　2017 年我国各月度沿海规模以上港口货物吞吐量完成情况

数据来源：《2017 年交通运输行业发展统计公报》、交通运输部月度快报数。

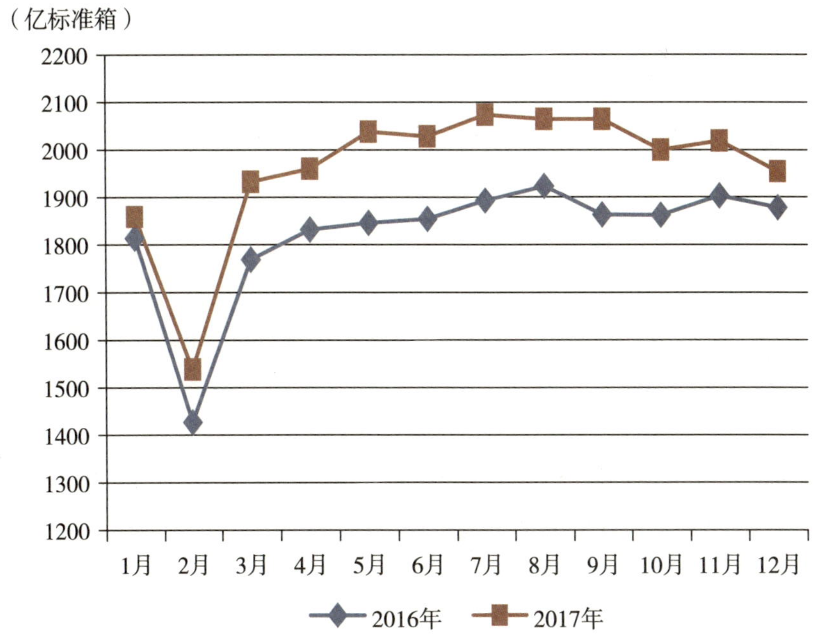

图 1-27　2017 年我国各月度沿海规模以上集装箱货物吞吐量完成情况

数据来源：《2017 年交通运输行业发展统计公报》、交通运输部月度快报数。

“十三五”以来，我国内河外贸货物和集装箱吞吐量持续超过沿海，反映出随着我国产业沿长江等低成本干线运输通道向纵深发展，内陆地区与东部沿海地区间物资交流增加，成为运输市场格局变化和结构优化的新亮点。2015—2017 年我国规模以上港口货物吞吐量增长完成情况见图 1–28。

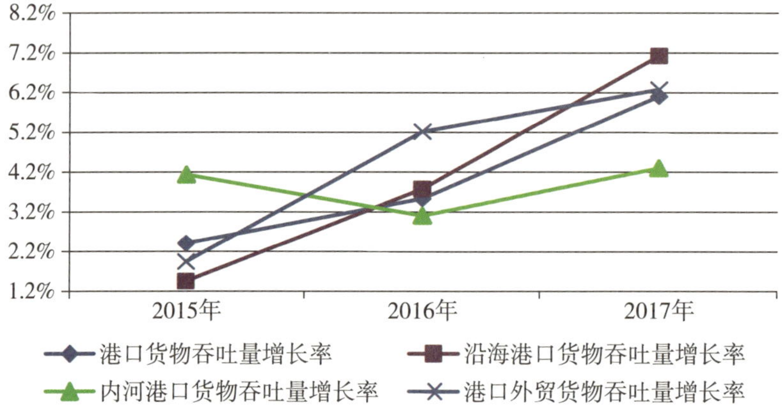

图 1–28　2015—2017 年我国规模以上港口货物吞吐量增长完成情况

数据来源：历年统计年鉴及交通运输行业发展统计公报。

三、装备技术取得突破性成就，智能化发展趋势显现

（一）轨道交通装备发展取得重大突破，复兴号高速列车迈出从追赶到领跑的关键一步

2017 年，中国标准动车组复兴号正式运行，其整体设计以及车体、转向架、牵引、制动、网络等关键技术均由我国自主研发，具有完全自主知识产权。在高速动车组 254 项重要标准中，中国标准

占 84%。复兴号高速列车突破性发展为我国引领国际高端轨道交通装备发展进程、推进交通强国建设奠定了坚实的基础，同时带动了我国轨道交通装备整体实现改造升级。

截至 2017 年年底，全国铁路机车拥有量达到 2.1 万台。其中，内燃机车占 40.4%，比上年下降 1.4 个百分点；电力机车占 59.5%，比上年提高 1.4 个百分点。全国铁路客车拥有量为 7.3 万辆，比上年增加 0.2 万辆。其中，动车组 2935 标准组、23480 辆，比上年增加 349 标准组、2792 辆。全国铁路货车拥有量 79.9 万辆，比上年增加 3.5 万辆。全国城市轨道交通累计配属车辆达 4871 列，比上年增加 1021 列，有力支撑轨道交通运营里程快速增长。2017 年我国铁路机车拥有量和城轨配属车辆变化情况见图 1–29。

专栏 1–1　从“复兴号”启程看弯道超车

2017 年 6 月 26 日，具有完全自主知识产权的中国标准动车组“复兴号”，在京沪高铁正式双向首发。这标志着中国高速动车组已经走在世界前列。速度更快、寿命更长、空间更大、能耗更低、安全性更强，车厢内实现 WiFi 网络全覆盖，舒适度更高。在这些看得见的进步之外，“复兴号”更为根本的变化是技术层面的突破。在涉及的 254 项重要标准中，中国标准占 84%，而软件则全部自主开发，“复兴号”高铁可以说是血统纯正的“中国制造”。中国高速动车组技术全面实现自主化、标准化和系列化，极大增强了中国高铁的国际话语权和核心竞争力，更标志着中国制造的新高度和新水平。高铁营业里程突破 2.2 万公里，稳居全球榜首；日均旅客发送量达到 400 多万人次，累计发送旅客达到 50 多亿人次。驰骋一马平川的北国，穿越小桥流水的江南，高铁让中国变得更小，让人们的活动半径变得更大，让生活的获得感变得更强。而伴随着“走出去”步伐的加快推进，高铁更成为中国向世界递出的一张名片。还记得 5 年前，首列北京到广州的高铁开通，有媒体以“8 小时从冬到春”的文学笔触，表达对“中国速度”的赞美。今天，当“复兴号”高铁点燃引擎，中国速度穿越的不仅是有形的时空，更是科技创新的无形壁垒。

确实，可以与“复兴号”的物理速度相媲美的，是它自身技术更新换代的创新速度。从消化吸收到自主创新，从模仿跟进到逐步领跑，中国高铁实现了角色转换和质的突破。有人说，科技创新只有第一、没有第二，只有“第一”和“其他”的差别。如果只是简单复制、照搬照抄，就会陷入模仿的陷阱，永远落于人后。从这个意义上说，中国高铁弯道超车的故事实际上提供了一种创新的方法论，它的核心要义在于，即使是从跟跑开始，但只要坚持自力更生、自主创新，就能逐步实现“从 0 到 1”的跨越，进入领跑编队。

资料来源：《人民日报》（2017 年 06 月 27 日 05 版）。

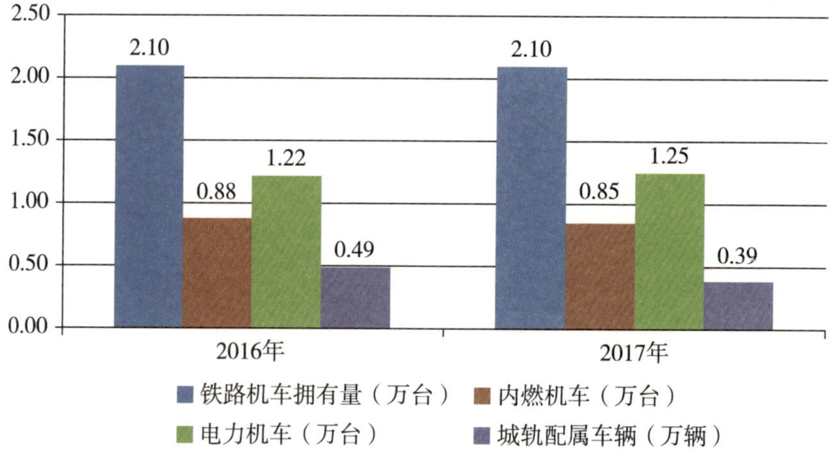

图 1-29　2017 年我国铁路机车拥有量和城轨配属车辆变化情况

数据来源：《2017 年交通运输行业发展统计公报》、《城市轨道交通 2017 年度统计和分析报告》。

（二）大飞机突破性首飞，航空运输装备加快追赶国际先进水平

2017年，我国自主研制的喷气式大型客机C919实现突破性首飞，标志我国实现民机技术集群式突破，形成大型客机发展核心能力。通过C919的研制，我国已搭建起一个民机产业发展战略平台，将带动我国航空运输装备整体转型升级，从而开启我国航空运输装备追赶国际先进水平的新进程。

截至2017年年底，民航全行业运输飞机期末在册架数3296架，较同期增加346架。新增通航机场5个，新增通航企业56家，通用航空企业在册航空器总数达到2297架，同期增加201架，共有11款通用飞机实现了首飞、3款通用飞机下线。2017年我国民用和通用航空机队规模变化情况见图1–30。

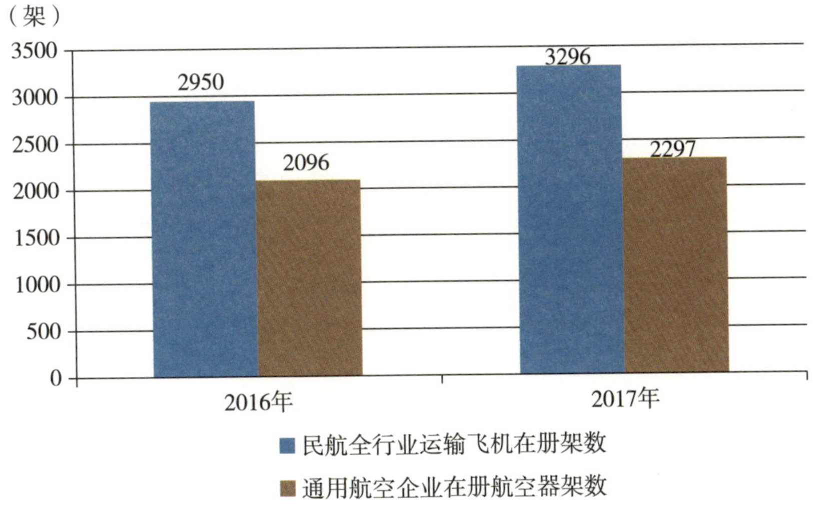

图1–30　2017年我国民用和通用航空机队规模变化情况

数据来源：《2017年民航行业发展统计公报》。

专栏 1–2 “大国重器”彰显创新的自信

近日，中国自主研制的喷气式大型客机 C919 成功完成首次蓝天之旅。作为我国首次按照国际适航标准研制的 150 座级干线客机，C919 首飞成功标志着我国大型客机项目取得重大突破。C919 对标的是成熟、主流的波音 737 和空客 320 机型，旨在加入全球市场竞争，成为令人信赖的出行选择。在全球民用干线飞机制造领域，几乎没有人相信还有谁能打破波音和空客垄断的局面，但如今 C919 的首飞成功，让人看到中国的大飞机事业既有远大的目标，也有坚实的行动。

C919 身上洋溢着新的时代气质：开放、创新和自信。首飞直播时，外国网友惊叹居然有驾驶舱的实时画面，有人甚至呼吁波音和空客在下一次的新机型首飞时也“搞一个”。和中国第一架喷气式大客机“运十”不同，C919 追求的是在全球市场的商业成功，因此在全球合作程度极高的民机行业，它既要顺应全球供应链配置的趋势，也需筑牢自主创新的核心竞争力。“造‘壳’也是核心技术”“C919 的整体设计由中国自主实现，这是项目的顶层规划和关键技术”……矢志获得全球用户青睐的中国大客机，并不怕“只是造了个壳”之类的质疑，在它之前起飞的高铁技术也曾遭遇过类似拷问。

C919 首飞的历史性瞬间已成过去。今后，从试飞取证、量产到获得安全高效的飞行记录、赢得用户信任，任务依然艰巨。但有一点毫无疑问：映照着几代航空人近半个世纪的接续奋斗，凝聚着 22 个省市、200 多家企业、近 20 万人的共同托举，这一“大国重器”必将成为建设创新型国家和制造强国的标志性工程。正因此，一架大客机绝不仅仅是一个标签，它让人体认到“大国重器”更加丰厚的内涵：通过大飞机等多维度战略发展平台，中国创造已经在跟全球顶尖创新体系对标。

资料来源：《人民日报》（2017 年 05 月 08 日 05 版）。

（三）公路运输装备规模增长较快，标准化水平显著提升

截至 2017 年年底，全国民用汽车保有量 21743 万辆（包括三轮

汽车和低速货车 820 万辆），比上年年末增长 11.8%。其中，私人汽车保有量 18695 万辆，增长 12.9%；民用轿车保有量 12185 万辆，增长 12.0%，其中私人轿车 11416 万辆，增长 12.5%。营运车辆方面，全国拥有公路营运汽车 1450.2 万辆，比上年增长 1.0%；拥有载客汽车 81.6 万辆，比上年下降 2.9%，2099.2 万客位，下降 1.9%。其中大型客车 30.6 万辆，增长 0.01%，1339.9 万客位，增长 0.5%，反映客运装备结构调整，出现大型化趋势。拥有载货汽车 1368.6 万辆，比上年增长 1.2%，11774.8 万吨位，增长 8.8%。其中，普通货车 902.9 万辆，下降 4.6%，4868.4 万吨位，增长 0.5%；专用货车 46.3 万辆，下降 2.8%，499.1 万吨位，下降 5.4%；牵引车 207.3 万辆，增长 19.0%；挂车 212.2 万辆，增长 15.3%。适合集装箱运输的牵引车及挂车等增长居前，反映出随着经济发展和产业结构调整，适合集装箱运输货物的增加，带动相应标准化公路运输装备增加。2017 年我国公路营运汽车数量变化情况见图 1–31。

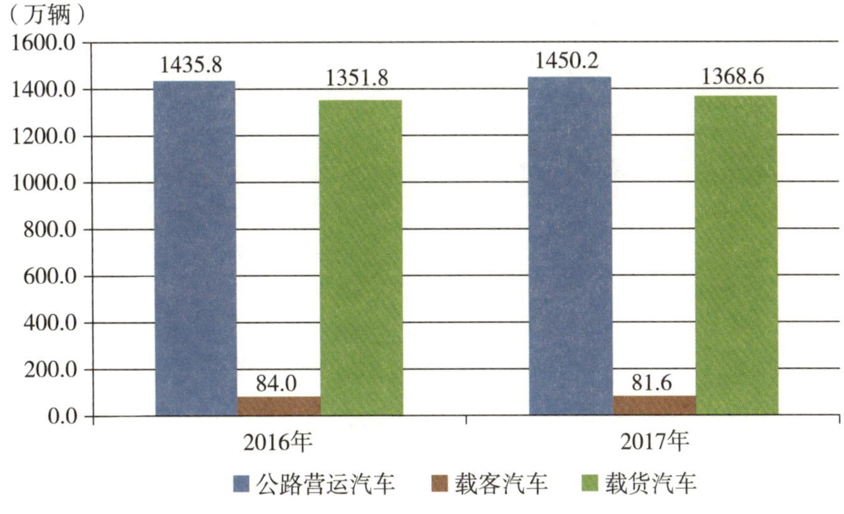

图 1–31 2017 年我国公路营运汽车数量变化情况

数据来源：《中华人民共和国 2017 年国民经济和社会发展统计公报》、《2017 年交通运输行业发展统计公报》。

（四）水路运输船舶总量规模减少，但标准化水平得到提升，集装箱船箱位增长较快

2017 年，我国老旧运输船舶和单壳油轮报废更新进一步加快，船舶数量规模有所减少。2017 年年末，我国拥有水上运输船舶 14.5 万艘，比上年减少 9.5%；净载重量 25651.6 万吨，下降 3.6%；载客量 96.8 万客位，下降 3.5%；集装箱箱位 216.3 万标准箱，增长 13.2%。受内河船型标准化补助政策延续至 2017 年年底影响，相关船舶标准化也得到快速发展。2017 年我国水上运输船舶拥有量变化情况见图 1–32。

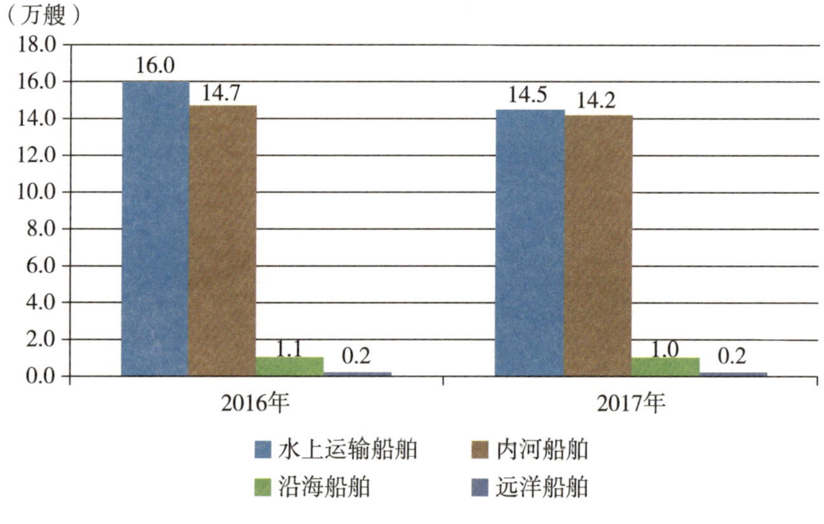

图 1–32　2017 年我国水上运输船舶拥有量变化情况

数据来源：《2017 年交通运输行业发展统计公报》。

（五）交通运输装备技术智能化、智慧化蓬勃发展

2017 年，人工智能加快赋能交通运输行业，我国智能交通、智

慧交通迎来创新发展黄金时代。全球最大自动化码头——上海洋山港四期码头投入运营，实现了“智能装卸”“无人码头”和“零排放”。京东昆山无人分拣中心正式亮相，通过部署大量 AGV 机器人和 shuttle 货架穿梭车等各型号机器人，基本实现 AGV 自动装卸车和仓储全流程自动化。京东江苏宿迁全球首个无人机运营调度中心“618”期间实现多省市无人机配送常态化运营，完成 1000 余单配送，标志无人机在我国已基本可实现规模化商用。智能化在汽车及重卡领域实现突破，智能电动汽车蔚来汽车接受预定；一汽解放自主研发的无人驾驶智能卡车在吉林长春一汽技术中心进行的首次开放演示成功，具备信号灯识别、障碍物识别、超车、跟车、远程遥控等五大智慧功能。北斗卫星导航系统全球组网的新时代，为超过 400 万台载重货车提供定位导航服务。智能车库建设发展迅猛，AGV 智能泊车机器人、智能搬运器、圆形塔库、充电桩、公交立体车库等智能化车库产品陆续投入运营，产品设计理念和技术水平均达到世界领先。满足快递“最后一公里”智慧调配需要的智能快递柜快速发展。截至 2017 年年底，我国已建成智能快递箱 20.6 万组，通过其投递的比率达到 7%。

四、模式业态融合创新加快，“互联网 +”交通和“交通 +”经济产业持续深入

（一）共享经济提升城市交通服务，便捷交通发展逐步回归理性

自 2016 年 9 月“共享单车”出行服务出现以来，共享单车迅速补足了城市短距离出行“最后一公里”短板，得到了迅猛发展，成

为城市交通服务的重要组成部分。截至2017年12月，共享单车国内用户规模达2.21亿，占网民总量的28.6%。用户规模半年增加1.15亿，增长率达到108.1%。但短期内快速发展的市场加速推动了车辆供需的饱和。数据显示，目前我国一二线等主流城市基本已达到车辆供需的饱和。交科院最新数据显示，截至2017年12月，中国城市共享单车投放总量达2300万辆。其中，ofo车辆达1000万辆，摩拜共800万辆，其他所有平台共计500万辆。上海、北京、广州、深圳、南京、成都等一二线城市地方政府纷纷发布共享单车新政，限制平台继续投放新车。目前部分共享单车逐步退出市场，行业由粗放式发展进入精细化运营阶段。

（二）“互联网+”交通运输助推客货运市场服务提质增效

2017年，“互联网+便捷交通、高效物流”持续深入发展，推动客货运输服务提质增效。客运方面，除共享单车解决城市短距离出行“最后一公里”难题得到迅猛发展外，共享巴士、滴滴等也快速扩张发展，迅速形成规模效应。此外，互联网领先企业加快智能交通领域布局。腾讯成体系推进“0–1–3–5–7”智慧交通计划，0即停车场无感支付，1公里即共享单车，3公里即腾讯乘车码乘公交，5公里即滴滴打车，7公里即微信小程序乘车码乘地铁，并首次于广州实现二维码乘地铁及上海虹桥机场停车场无感支付。阿里集团则结合“未来公交”战略，在天津开展“智慧公交护航全运”，实现中心城区全覆盖，在上海和北京分别开展磁悬浮列车和地铁乘车功能扫码进站。百度与雄安新区利用人工智能、无人驾驶技术推进交通设施与无人驾驶技术并行的“车路协同”式发展，拓展智能交通链条。货运物流方面，菜鸟物流利用物联网和大数据，在雄安建设“智慧物流未来中心”，打造数字、安全、信用的智慧物流中枢体系和“决策大脑”。众包、众筹、共享等方式在物流领域应用深入，互联网+干线运输、同城配送等模式持续助力货运物流提质增效和创新发展。283 家无车承运人试点企业公布，28 家企业入选国家骨干物流信息平台，达达物流、货拉拉等同城配送平台飞速发展。

（三）推进现代供应链创新应用成为物流服务发展新动能和新增长点

2017 年，政策利好、行业重视以及传统企业向供应链企业转型等推动我国供应链管理和服务快速发展和变革，成为赋能实体经济、推动经济发展的新动能和新经济增长点。国务院发布的《关于积极推进供应链创新与应用的指导意见》，首次将供应链的创新与应用上升为国家战略，并明确以下目标：培育 100 家左右的全球供应链领先企业，重点产业的供应链竞争力进入世界前列，中国成为全球供应链创新与应用的重要中心。既有供应链企业怡亚通加快以消费者为核心，以互联网新技术为共享手段，构建多个跨界融合服务平台，联通品牌企业、物流商、金融机构、增值服务商等整体供应链发展。传统物流企业如厦门象屿股份有限公司、冀中能源国际物流集团积极融入制造、商贸企业供应链，开展供应商管理库存、物流仓配一体化、供应链金融等业务，优化供应链协作关系。苏宁物流收购天天快递、中外运收购招商局物流集团、青旅物流并购全峰物流、圆通收购先达国际、顺丰牵手 UPS，京东、顺丰与铁路总公司、中远海运达成战略合作，各企业通过收购、并购、合作，整合资源，补充供应链短板，提升竞争力。顺丰与中铁总“双十一”开通高铁快递，饿了么合作圆通、外卖小哥送快递，运满满联手平安产险，京东牵手新松机器人打造黑科技，滴滴启动城市配送，中铁物流联合万科开拓物流仓储市场，各企业通过跨界打通上下游、拓展产业链，创造更多价值。

（四）"交通 +"经济产业发展新模式初具规模

2017 年，交通持续加强与经济社会融合，交通 + 经济产业不断丰富发展内涵。交通 + 旅游方面，空巴联运、高铁接驳、城际快车、公务（商务）包车、校园快线、城际拼车等多种定制、联程运输服务得到发展。交通 + 露营产业飞速发展，截至 2017 年 12 月，全国共有 1273 个露营地，政策从交通、土地、乡村、人才等领域给予大力指导和支持。交通 + 安防或视频监控等，加快交通 + 智慧城市步伐，覆盖城市交通、公路交通、轨道交通、民航、水运领域业务，细分布局了平安城市、智慧枢纽、智慧停车、智慧公交、智慧出租、绿色出行、智慧路网灯，构建完整大交通产业链。随着移动互联网的快速发展，物流互联网快速兴起，大量物流设施通过传感器接入互联网，大量的托盘、集装箱等物流设施也接入互联网，物流连接呈现出快速增长态势。

五、述评：交通运输质量效益同提升，新旧动能转换孕育新发展

"十三五"以来，我国交通运输坚持服务人民思想，着力完善基础设施网络、加强运输服务一体衔接、提高运营管理智能水平、推行绿色安全发展模式，加快交通运输与经济社会深度融合发展，对经济社会的支撑引领作用更加凸显，为推动交通运输业高质量发展奠定基础。

（一）基础设施网络化建设夯实交通强国发展基础

“十三五”以来，交通基础设施持续加强投资，铁路、公路、水运航道、港口、机场、管道等交通基础设施网络建设运营规模持续扩大。截至 2017 年年底，我国综合交通网络总里程超过 500 万公里；高铁营业里程突破 2.5 万公里，高速公路总里程达 13.1 万公里，万吨级及以上泊位 2317 个，均居世界第一。在全球货物和集装箱吞吐量规模前十的港口中，我国均占据七席。基础设施网络建设为我国构筑起“五纵五横”国家综合运输大通道，并向“十纵十横”方向优化发展。在干支衔接和末端网络完善方面，交通运输加紧补短板，中西部地区铁路、集中连片特困地区农村扶贫公路、中西部支线机场和西部干线机场等项目建设加快投资，完善全国“干线 + 区域分拨 + 末端配送”网络。总体看，基础设施网络化建设，使得区域与区域之间联系、产业合作更加紧密，为双方创造了条件，为提升运输服务提供了更好的支撑，夯实了交通强国发展基础。

（二）供给侧结构性改革推动交通运输加快由“走得了”向“走得好”转变

“十三五”以来，交通运输供给侧结构性改革不断实现新突破，通过在投资、管理体制机制、新服务模式供给等方面的调整和深化改革，推进了行业提质增效，在实现“走得了”基础上推动向“走得好”转变。

第一，加大补足农村公路及中西部地区基础设施供给短板，完善整体网络。第二，加快物流业“降本增效”。取消政府还贷二级路收费站，落实“绿色通道”和重大节假日免费通行等政策措施，发展甩挂运输和取消营运车辆强制维护等措施，大幅减少行政事业性收费，清理规范经营性收费。第三，加快客货运服务创新。客运方面，积极推进省域道路客运联网售票和城市间一卡通互联互通。联程联运发展迅速，客运服务便捷化、个性化水平不断提高。城市公交取得新发展，公共汽电车和轨道交通年客运量超900亿人次，城市轨道交通发展迅速，定制公交、商务快巴、社区巴士等多元化公交服务便利了城乡居民出行。货运方面，推动运输装备加速提档升级。货运车型、船型及多式联运等装备设施标准化稳步推进，老旧运输船舶和单壳油轮报废更新进一步加快。加快铁路改革，18个铁路局已改制为集团有限公司，法人治理结构基本形成，新旧体制实现平稳过渡。与此同时，铁路总公司机关组织机构改革顺利完成，机关部门、内设机构、定员编制分别精简了10.3%、26.6%、8.1%，6个所属非运输企业改革方案已批复实施。同时，加快多式联运、无车承运等快速发展，货运服务效率、水平显著提升。

专栏1-3　18个铁路局均完成公司制改革

截至2017年11月15日，铁总所属18个铁路局均已完成公司制改革工商变更登记，19日正式挂牌，标志着铁路公司制改革取得重要成果，铁总从传统运输生产型企业向现代运输经营型企业转型发展迈出重要一步。

铁路局公司制改革坚持创新体制机制，努力构建体现中国制度优势、符合铁路行业特点、具有现代企业特征、落实加强党的领导要求的公司法人治理结构。主要包括：由铁路总公司行使出资人职责，不设股东会；设立党委会、董事会、经理层和监事会；依法建立职工董事、职工监事制度，健全以职工代表大会为基本形式的企业民主管理制度。在领导体制方面，改制后的公司坚持党的领导，实行“双向进入、交叉任职”的领导体制。在决策机制方面，将党委会研究讨论作为董事会、经理层决策重大问题的前置程序。

资料来源：《人民日报》（2017年11月20日01版）。

（三）模式业态创新助推交通运输高质量发展

“十三五”以来，随着互联网、移动互联网、大数据、云计算等技术在交通运输领域持续深入应用，交通运输新业态、新模式、新技术不断涌现，从而推动行业由高速增长向高质量发展转型。

一方面，不断拓展交通新领域新业态。推动交通物流融合发展，重点依托铁路总公司等开展货物“一单制”便捷运输制度试点，打造国家公路港网络工程。大力推进通用航空业发展，推动地方出台促进通用航空业发展的实施意见。推动市域（郊）铁路发展，推出第一批 11 个试点项目。积极推进城市停车场建设，选择若干城市在停车信息平台建设、停车设施规模化开发、融资方式多元化等方面进行试点示范。

另一方面，鼓励发展创新新模式。大力推动无车承运人试点运用。试点一年来，无车承运试点企业累计完成运单总数 1200.6 万单，月均增长率超过 145.7%。加快众包、众筹、共享等方式在物流领域的应用，通过互联网 + 技术赋能干线运输、同城配送等传统物流模式，推动货运物流转型升级和高质量发展。

此外，中欧班列等交通运输服务方式加快联动经济产业，培育我国经济发展新优势和新动能。2017 年，中欧班列开行数量迅猛增长，全年开行 3673 列，超过过往 6 年的总和。中欧班列快速发展，开行质量不断提升，货值显著增加，回程班列快速增长，有效带动了沿线各国间的经贸往来，并推动载体城市利用物流方案链接培育产业集群，有力带动了我国双向开放经济的快速发展。

（四）装备技术产业化智能化发展，助力现代化经济体系建设

“十三五”以来，我国交通装备技术和产业取得突破进展。我国自主研发的大型喷气式民用飞机 C919 成功首飞，C929、C939 等梦想机型也正在紧锣密鼓地研发中。我国时速 350 公里的具有完全自主知识产权、达到世界先进水平的“复兴号”中国标准动车组投入运营。一汽解放自主研发的无人驾驶智能卡车在吉林长春一汽技术中心进行首次开放演示获得成功。而智能电动车——蔚来汽车接受预订。类似大飞机、高铁、无人驾驶智能卡车、智能电动汽车等产业链长、关联度高、辐射带动作用大等高端装备制造逐步产业化智能化发展，将带动一批力学、材料科学、自动控制、电子技术、信息技术、制造技术、冶金、医学、气象学等基础科学技术的发展，也将推动新材料、新能源、高效计算机技术、先进微电子技术等新兴科学技术、新工艺和新方法等的创新，有效延长我国相关产业的产业链及创造价值链，形成产业集群，从而最终推动我国经济社会发展，促进我国产业迈向全球价值链中高端，助力建设现代化经济产业体系。

Chapter 02

第二章 改革政策

2017 年，我国交通运输领域以供给侧结构性改革为主线，积极谋划发展新举措，不断丰富宏观调控手段。针对新时代我国交通运输发展新要求和“放管服”改革、运输价格改革等焦点领域，出台一系列政策文件，夯实了“市场机制有效、微观主体有活力、宏观调控有度”的行业治理机制基础。

一、综述

（一）规划政策体系不断完善，强化战略导向作用

2017 年，我国交通运输领域出台了 1 项综合交通运输体系规

划、4项行业布局建设规划和多项行业专项发展规划。国务院发布了《“十三五”现代综合交通运输体系发展规划》，国家发展改革委、交通运输部等部门印发了《中长期油气管网规划》《铁路“十三五”发展规划》《全国民用运输机场布局规划》《通用航空“十三五”发展规划》《“十三五”铁路集装箱多式联运发展规划》《粮食物流业“十三五”规划》等行业规划。同时，围绕区域协同发展、新型城镇化建设、交通领域新业态等，国家发展改革委等部门印发了《关于促进市域（郊）铁路发展的指导意见》《推进京津冀民航协同发展实施意见》《关于加强城市轨道交通人才建设的指导意见》等近20项政策文件。

“十三五”以来，我国交通运输领域完成了铁路、民航、水运、邮政等行业的五年规划部署，并依托现代综合交通运输体系规划对多种运输方式协调发展进行统筹布局。规划范围涉及设施、服务、装备、信息化发展等多个维度，内容涵盖交通运输与经济社会融合发展的主要方面。规划体系建设遵循我国交通运输领域当前“中长期布局规划+五年发展建设规划+年度实施方案”的机制，厘清了“十三五”期间交通运输发展方向。同时，国家发展改革委及相关部门根据当前我国发展诉求和政府工作重点，围绕供给侧结构性改革相关要求，出台了逾30项政策措施，进一步完善交通运输政策体系，增强了宏观调控能力。

（二）供给侧结构性改革持续推进，降本增效初见成效

2017年，为推动综合交通运输体系运行效率和综合效益的优化和提升，我国交通运输领域围绕深化供给侧结构性改革发布了一系列政策文件。其中，为营造物流业良好发展环境，出台《关于进一步推进物流降本增效促进实体经济发展的意见》；为补足专业运输服

务供给保障能力短板，出台《关于加快发展冷链物流保障食品安全促进消费升级的意见》；为提升交通物流对实体经济发展的支撑作用，出台《关于积极推进供应链创新与应用的指导意见》。

“十三五”以来，我国针对降本增效、提升服务供给体系质量等焦点问题，出台近 20 项交通运输领域政策文件，调结构、补短板、强质量，推动交通运输领域供给侧结构性改革，更好地发挥交通运输对经济社会的支撑引领作用。

（三）交通“放管服”继续深化，市场配置资源效果更加明显

2017 年，经国务院批准同意，国家发展改革委把交通领域作为深化投资项目改革审批的重点，出台《关于进一步下放政府投资交通项目审批权的通知》，将除部分重大项目和中央投资为主的项目外的审批权限下放，强化规划引领和约束作用。同时，在铁路客货运、民航、邮政领域先后出台《关于深化铁路货运价格市场化改革等有关问题的通知》《关于进一步推进民航国内航空旅客运输价格改革有关问题的通知》等 4 项政策文件，完善运价体系，健全价格形成机制，深化运输价格市场化改革。推动行业信用体系建设，发布《关于对运输物流行业严重违法失信市场主体及其有关人员实施联合惩戒的合作备忘录》，约束市场主体行为，营造公平诚信的市场环境。

“十三五”以来，交通“放管服”改革不断深化，国家发展改革委通过不断取消和下放审批事项，交通领域审批事项压减了 90% 以上，审批时间也大幅压缩，提升了行政服务质量和水平，也激发了部门和地方的积极性和能动性。同时，加快健全由市场决定价格的机制，增强对运输价格的监测、监督和监管。交通运输领域宏观调

控与市场机制双管齐下，持续推进体制机制全面创新，充分发挥市场在资源配置中的决定性作用。

（四）监管方式深化改革，事中事后监管制度加快完善

2017 年，结合“放管服”改革不断推进，国家发展改革委针对创新监管方式开展相关研究，推动政府职能转变。探索交通运输管理部门职能转型，强化交通运输发展中综合管理部门规划引领、统筹衔接和后续监管职能，为监管政策和管理方式创新提供了理论支撑。

“十三五”以来，围绕事中事后监管的相关举措和安排稳步推行，国家发展改革委和相关管理部门结合交通行政审批制度改革深化，增强监管的有效性，推动构建跨部门、跨领域的监管制度，发挥管理部门对交通运输发展中的协调引领作用，交通运输领域共同监管格局逐步形成。

二、重大规划和政策

2017 年，国务院印发了《“十三五”现代综合交通运输体系规划》，并出台了 3 项交通运输领域政策文件。国家发展改革委颁布了 16 项政策文件，会同相关部门出台了《铁路“十三五”发展规划》《中长期油气管网规划》《“十三五”铁路集装箱多式联运发展规划》等一系列规划。同时，结合各子行业发展需要，交通运输部（含国家铁路局、中国民航局、国家邮政局）等行业管理部门亦出台了相关专项规划和政策文件。部分重大规划和政策文件内容如下。

（一）交通战略规划

1.《铁路“十三五”发展规划》

铁路是国民经济大动脉、关键基础设施和重大民生工程，是综合交通运输体系的骨干和主要运输方式之一，在我国经济社会发展中的地位和作用至关重要。为贯彻《国民经济和社会发展第十三个五年规划纲要》《“十三五”现代综合交通运输体系发展规划》和《中长期铁路网规划》及铁路改革发展的要求，2017 年 11 月，国家发展改革委联合交通运输部、国家铁路局、中国铁路总公司印发《铁路“十三五”发展规划》，对“十三五”期间铁路发展和相关工作做出部署。

《铁路“十三五”发展规划》肯定了“十二五”时期我国铁路改革发展取得的成就，指出当前铁路发展水平基本适应经济社会发展需要。在既有发展基础上，以“协调发展，当好先行；改革引领，创新驱动；转型升级，提质增效；恪守红线，安全发展”为原则。《铁路“十三五”发展规划》提出了五年发展目标，到 2020 年，路网布局优化完善，装备水平先进适用，运输安全持续稳定，运营管理现代科学，创新能力不断提高，运输能力和服务品质全面提升，市场竞争力和国际影响力明显增强，适应全面建成小康社会需要。

《铁路“十三五”发展规划》对路网建设、运输服务、信息化建设做出进一步部署。路网建设方面，到 2020 年，全国铁路营业里程达到 15 万公里，其中高速铁路 3 万公里，复线率和电气化率分别达到 60% 和 70% 左右，基本形成布局合理、覆盖广泛、层次分明、安全高效的铁路网络。运输服务方面，构建覆盖范围更为广泛、旅客出行更为便捷、货物运输更为高效的铁路服务供给体系。信息化建设方面，实现客货服务网络化、运输组织智能化、安全监控自动化。

《铁路“十三五”发展规划》提出了“十三五”期间铁路发展的重点任务：一是完善铁路设施网络，构建高速铁路网络，完善干线铁路布局，推进城际铁路建设，统筹支线铁路建设，强化综合交通枢纽功能，实施周边互联互通工程，推动军民融合深度发展。二是提升技术装备水平，大力推进机车车辆装备升级，加快发展先进列车控制系统，着力强化监控检测保障能力。三是改善铁路运输服务，提高旅客运输能力，提升客运服务水平，拓展铁路货运市场，发展铁路现代物流。四是强化安全生产管理，突出抓好高速铁路安全，强化企业安全生产主体责任，落实政府安全监管责任，加强应急救援体系建设。五是推进智能化现代化，加强信息化智能化建设，提升安全监控自动化水平，推进信息综合集成应用。六是推动铁路绿色发展，发挥铁路比较优势，加强生态环境保护，加大节能减排力度。七是加强国际交流合作，推动铁路“走出去”，打造中欧班列物流品牌，提升中国铁路标准国际影响力。

根据“十三五”期间的发展任务，《铁路“十三五”发展规划》在持续深化改革、加强协同监管、防控债务风险、加大政策支持、健全法规标准、强化科技创新等方面进一步提出了保障措施，其中涉及全面推进铁路投融资体制改革、优质高速铁路企业资产证券化等内容。同时，结合新时代绿色发展要求，更好发挥铁路绿色高效的比较优势，更加着重铁路发展与生态环境的良性互动，强调环境影响的综合评价，并从生态保护、土地资源节约集约利用等方面提出针对环境保护的对策和措施。

2.《“十三五”铁路集装箱多式联运发展规划》

多式联运，特别是集装箱多式联运，是当前货物运输发展的重要方向。面对当前我国多式联运发展战略机遇期，为提高铁路货运市场竞争能力，提升整体运行效率和综合效益，根据《国民经济和社会发展第十三个五年规划纲要》《“十三五”现代综合交通运输体系发展规划》《中长期铁路网规划》《营造良好市场环境推动交通物流融合发展实施方案》以及铁路发展改革等要求，2017 年 4 月，国家发展改革委、交通运输部、中国铁路总公司联合印发《“十三五”铁路集装箱多式联运发展规划》，明确了“十三五”期间铁路集装箱多式联运发展布局的发展方向、总体目标和重点任务。

《“十三五”铁路集装箱多式联运发展规划》总结了当前铁路集装箱多式联运发展中呈现的良好势头。截至 2016 年年底，全国铁路营业里程达 12.4 万公里，其中客货共线铁路 10 万公里，铁路集装箱发送量达 761 万标箱，同比增长 39.5%，中欧班列累计开行 2964 列。同时，进一步辨明了当前铁路集装箱发展的形势要求，深刻分析了经济发展新常态下货物需求的深远变化、铁路转型升级路径转换下对铁路货运的新诉求、全方位对外开放新格局下的新机遇和新业态新模式下的新变革。

《“十三五”铁路集装箱多式联运发展规划》以“优化服务，拓展市场；统筹协调、开放融合；创新引领，衔接高效；发挥优势、扩大供给”为原则，提出了到 2020 年的发展目标，届时，布局合理、设施完善、便捷高效、协调融合、全程服务的铁路集装箱运输系统基本建成，铁路集装箱多式联运发展取得明显成效，为经济和社会发展提供安全、高效、便捷、绿色的运输服务，从而实现铁路集装箱多式联运基础网络更加高效完善、集装箱运量快速增长、先进技术模式广泛应用、综合效率效益显著提升。

《“十三五”铁路集装箱多式联运发展规划》提出了“十三五”期间铁路多式联运发展的五大重点任务：一是完善联运通道功能，

提升传统运输通道能力，推进国际运输通道建设；二是加强综合枢纽建设，优化集装箱场站布局，强化枢纽衔接配套，加快疏港铁路建设，推进内陆港建设；三是扩大服务有效供给，以打造国际联运链条、加强铁水联运衔接、优化公铁联运模式来强化多式联运组织衔接，通过完善集装箱供需体系、加强运输时效性管理、拓展延伸增值服务以创新铁路服务方式；四是加快技术装备升级，更新升级铁路传统设施设备，加快研发多式联运设施设备；五是推动信息开放共享，构建信息共享服务平台，打造“互联网+”服务模式。由此，进一步提出健全工作体制机制、加大政策支持力度、拓展投资融资渠道、健全运价调节机制等保障措施，并结合环境影响评价和要求，提出对规划环境影响的总体评价，提出相应预防和减轻不良环境影响的措施。

《“十三五”铁路集装箱多式联运发展规划》是铁路集装箱多式联运发展新理念的集中体现，准确把握了经济发展新常态下的新形势、新要求，切实转变发展思路、方式和路径，统筹推进“五位一体”总体布局和协调推进“四个全面”战略布局，对发展中创新开放与传承延续的关系、自身发展与融合联动的关系、市场配置与政府作用的关系等发展聚焦进行了积极探索，力争到2020年，将铁路集装箱多式联运打造成为铁路货运发展的新引擎。

3.《通用航空“十三五”发展规划》

“十二五”期间，我国通用航空作业总量、在册航空器、通航企业的年均增长率分别为14.8%、17.2%、17.9%，通用机场数量年均增长率也达到4%左右。在通用航空发展规模快速增长的同时，实现了通用航空保障能力提升、管理能力增强以及发展环境优化。针对发展现状和存在的问题，落实《国务院办公厅关于促进通用航空业发展的指导意见》，2017 年 2 月，中国民航局出台《通用航空“十三五”发展规划》，对“十三五”期间通用航空发展做出布局规划。

《通用航空“十三五”发展规划》以“保安全、扩规模、调结构、强基础、重保障”为主线，以“安全第一，创新驱动；市场主导，政府引导；统筹推进，重点突破；协同融合，高效集约”为原则，提出 2020 年的发展目标：“通用航空安全保障能力、行业服务能力与质量明显提升，初步建成功能齐全、服务规范、类型广泛的通用航空服务体系，培育一批示范性骨干企业，实现发展规模、质量、效益全面提升，较好适应国民经济社会发展需要”。到 2020 年，通用航空飞行总量达到 200 万小时，机队规模达到 5000 架以上，重大飞行事故万时率小于 0.09，通用机场数量达到 500 个，飞行员数量 7000 人。

《通用航空“十三五”发展规划》明确了“十三五”期间通用航空发展的三大重点任务：一是深化体制机制改革，加强法律规章标准建设，加快提升安全监管能力，积极推进市场管理改革，促进扩大低空空域开放；二是夯实基础保障能力，推进通用机场建设，提升飞行服务能力，提升油料保障能力，着力培养人力资源；三是提升产业发展水平，加快发展公益性服务，积极培育消费型服务，巩固发展工农林航空，着力发展飞行培训，大力培育低空经济。同时，根据发展任务，从加强组织协调、加大资金支持、推动科研创新、推广航空文化、加强实施保障等方面提出相关措施保障规划顺利进行。

《通用航空“十三五”发展规划》坚持问题导向，紧扣制约发展关键环节，结合时代发展要求，明确转型升级发展主线。结合发展面临的全局性、系统性问题，深化改革创新，构建动力转换新格局。在规划中遵循发展规律，从资源配置入手，以全面深化改革创新为抓手，突出“破”与“立”，突破传统发展理念与格局的局限，营造通用航空发展的良好氛围。

（二）交通运输政策

1.《关于加快发展冷链物流保障食品安全促进消费升级的意见》

近年来，随着我国经济社会发展和人民群众生活水平不断提高，冷链物流需求日趋旺盛，整体来看，我国冷链物流行业实现了较快发展。结合当前发展现状和存在的问题，根据《食品安全法》、《农产品质量安全法》和《物流业发展中长期规划（2014—2020年）》等，经国务院同意，2017年4月，国务院办公厅出台《关于加快发展冷链物流保障食品安全促进消费升级的意见》（以下简称《加快发展冷链物流意见》），推动我国冷链物流行业健康规范发展，保障生鲜农产品和食品消费安全。

《加快发展冷链物流意见》立足于推动冷链物流发展，着眼于保障民生和促进消费升级，着力于带动上下游产业协同发展，聚焦于发掘和培育经济增长新动能这一系统性目标，体现了鲜明的供给侧结构性改革发展思路。同时，以"市场为主，政府引导；问题导向，补齐短板；创新驱动，提高效率；完善标准，规范发展"为原则，提出2020年发展目标，届时"初步形成布局合理、覆盖广泛、衔接顺畅的冷链基础设施网络，基本建立'全程温控、标准健全、绿色安全、应用广泛'的冷链物流服务体系，培育一批具有核心竞争力、综合服务能力强的冷链物流企业，冷链物流信息化、标准化水平大幅提升，普遍实现冷链服务全程可视、可追溯，生鲜农产品和易腐食品冷链流通率、冷藏运输率显著提高，腐损率明显降低，食品质量安全得到有效保障"。

《加快发展冷链物流意见》遵循产业协同发展的总体逻辑，系统推进冷链物流发展，从健全冷链物流标准和服务规范体系、完善冷链物流基础设施网络、鼓励冷链物流企业经营创新、提升冷链物流信息化水平、加快冷链物流技术装备创新和应用、加大行业监管力度、创新管理体制机制、完善政策支持体系、加强组织领导等方面提出了具体措施。《加快发展冷链物流意见》将冷链物流的发展置于生产、加工、流通、消费整个产业链环节中统筹考虑，强调依据本源的产业关系逻辑推动冷链物流发展，避免了就事论事的冷链物流发展局限，对推动冷链物流科学发展、挖掘产业链整体带动价值具有积极作用。

《加快发展冷链物流意见》强调构建系统推进的发展格局、形成创新驱动的发展方式、营造规范有序的发展环境，契合了冷链物流的发展特点，顺应了当前消费升级的总体发展趋势和要求，是新的经济社会发展形势下推动冷链物流健康和可持续发展的重要指导性文件。

2.《关于进一步推进物流降本增效促进实体经济发展的意见》

按照党中央、国务院关于深入推进供给侧结构性改革、降低实体经济企业成本的决策部署，结合《国务院办公厅关于转发国家发展改革委营造良好市场环境推动交通物流融合发展实施方案的通知》《国务院办公厅关于转发国家发展改革委物流业降本增效专项行动方案（2016—2018 年）的通知》，为进一步推进物流降本增效、着力营造物流业良好发展环境、提升物流业发展水平、促进实体经济健康发展，2017 年 8 月，国务院办公厅印发《关于进一步推进物流降本增效促进实体经济发展的意见》（以下简称《推进物流降本增效意见》）。

《推进物流降本增效意见》从七个方面提出了 27 项具体措施，

其中主要任务包括：一是深化“放管服”改革，激发物流运营主体活力；二是加大降税清费力度，切实减轻企业负担；三是加强重点领域和薄弱环节建设，提升物流综合服务能力；四是加快推进物流仓储信息化标准化智能化，提高运行效率；五是深化联动融合，促进产业协同发展；六是打通信息互联渠道，发挥信息共享效用；七是推进体制机制改革，营造优良营商环境。

《推进物流降本增效意见》切实深化“放管服”改革，不仅系统解决物流降本增效问题，有利于激发物流运营主体活力，营造实体企业转型升级环境，也准确把握了物流降本增效不仅是物流问题，更是实体企业转型升级发展模式问题这一关键核心，既厘清了降低物流成本与实体经济发展转型升级的关系，体现了鲜明的供给侧结构性改革发展思路，又聚焦突出问题的解决，进一步细化和深化落实降本增效行动。

《推进物流降本增效意见》强调系统推进物流降本增效，并将物流业与产生物流需求的产业作为一对供给需求匹配问题进行政策设计，不仅很好解构了供给侧结构性改革内涵，也具体践行了供给侧结构性改革，指明了我国产业转型升级的方向和模式创新目标，对物流业的健康、稳定、持续发展有利，对一、二、三产业强化物流管理，创新供应链管理模式，提升产业发展竞争力，挖掘我国内需拉动下的产业综合发展价值，实现产业总体运行方式和发展模式的代际更替，对我国由传统加工制造业、农业和商贸大国向物流供应链管理和价值创造强国转变，均具有重要价值。

3.《关于积极推进供应链创新与应用的指导意见》

随着经济社会与科技创新的不断发展，当前我国供应链已发展到与互联网、物联网深度融合的智慧化新阶段。为加快供应链创新与应用，促进产业组织方式、商业模式和政府治理方式创新，推进供给侧结构性改革，2017 年 10 月，国务院办公厅印发《关于积极推进供应链创新与应用的指导意见》（以下简称《供应链创新应用意见》）。《供应链创新应用意见》是国务院首次就供应链的创新发展出台的指导性文件，对提升我国供应链发展水平发挥重要作用。

《供应链创新应用意见》明确了供应链创新与应用的指导思想，设定了发展目标，即：到 2020 年，形成一批适合我国国情的供应链发展新技术和新模式，基本形成覆盖我国重点产业的智慧供应链体系，显著增强供应链在促进降本增效、供需匹配和产业升级中的作用，成为供给侧结构性改革的重要支撑，同时培育 100 家左右的全球供应链领先企业，届时将中国打造成为全球供应链创新与应用的重要中心。

《供应链创新应用意见》立足振兴实体经济，针对贸工农三大实体产业，以及对经济社会发展具有重要战略意义的供应链金融、绿色供应链和全球供应链三大领域，提出六项重点任务：一是推进农村一二三产业融合发展；二是促进制造协同化、服务化、智能化；三是提高流通现代化水平；四是积极稳妥发展供应链金融；五是积极倡导绿色供应链，努力构建全球供应链。同时，为保障相关工作顺利开展，进一步提出营造良好的供应链创新与应用政策环境、积极开展供应链创新与应用试点示范、加强供应链信用和监管服务体系建设、推进供应链标准体系建设、加快培养多层次供应链人才、加强供应链行业组织建设等措施。针对提高流通现代化水平，进一步提出推动流通创新转型、推进流通与生产深度融合、提升供应链服务水平等具体要求，鼓励流通企业与生产企业合作，应用供应链理念和技术推动新模式新业态发展，引导传统流通企业向供应链服务企业转型，提升流通供应链智能化水平和服务供给质量和效率。

《供应链创新应用意见》将对推动降本增效和产业升级、提升我国经济全球竞争力、推进“一带一路”建设发挥重要作用。

4.《关于促进市域（郊）铁路发展的指导意见》

“十二五”期间，我国干线铁路、城际铁路、城市轨道交通建设取得了长足进步。截至 2016 年，我国铁路运营里程达到 12.4 万公里，其中高速铁路达到 2.2 万公里，另有一批城际铁路开通运营；中国大陆地区共计 30 座城市开通了城市轨道交通，开通线路 134 条，运营线路总长度 4153 公里。轨道交通领域的建设成就，为国民经济发展和缓解城市交通压力发挥了积极的作用。但结合当前我国部分超大城市和大城市出现“大城市病”等现象来看，我国轨道交通的结构不尽合理，城市中心城区与周边城镇组团间、城镇组团相互间缺乏通勤化、快速度、大运量的市域（郊）铁路联接。

2017 年 6 月，为贯彻中央城镇化工作会议、中央城市工作会议精神，落实《国务院关于深入推进新型城镇化建设的若干意见》《国民经济和社会发展第十三个五年规划纲要》《城镇化地区综合交通网规划》的要求，有序推进市域（郊）铁路发展，国家发展改革委会同住房城乡建设部、交通运输部、国家铁路局、中国铁路总公司联合发布《关于促进市域（郊）铁路发展的指导意见》（以下简称《市域（郊）铁路发展意见》），对市域（郊）铁路发展的总体要求和重点任务做出部署，促进市域（郊）铁路科学有序、健康发展，对改善我国轨道交通结构、优化城镇空间布局、促进新型城镇化建设将发挥重要作用。

《市域（郊）铁路发展意见》以“改革创新，引领发展；因地制宜，统筹规划；资源共享，互利共赢；先行先试，复制推广”为原则，提出了到 2020 年的发展目标：京津冀、长江三角洲、珠江三角洲、长江中游、成渝等经济发达地区的超大、特大城市及具备条件的大城市，市域（郊）铁路骨干线路基本形成，构建核心区至周边主要区域的 1 小时通勤圈；其余城市群和城镇化地区具备条件的城市启动市域（郊）铁路规划建设工作。同时，《市域（郊）铁路发展意见》提出了市域（郊）铁路第一批试点项目，涵盖北京副中心线、上海金山铁路等在内的 11 个项目。

根据我国城市发展阶段、铁路建设和运营实际，《市域（郊）铁路发展意见》提出四大重点方向：一是加强规划指导，科学编制规划，健全审核体系；二是统筹有序发展，优先利用既有资源，有序推进新建线路，加强各种方式衔接，提升运营服务水平，鼓励多种运管模式，完善运营补偿机制；三是创新投融资模式，拓展投融资渠道，发挥综合开发效能；四是完善发展制度体系，健全技术标准体系，选择重点推进项目，加强实施过程监管。

值得一提的是，《市域（郊）铁路发展意见》多次提到“充分利用铁路资源”扩大城市交通供给能力，是联系我国发展实际非常务实和有效的做法，但同时也应在充分论证、分析可行性的基础上因线施策，充分调动各方积极性共同合作。《市域（郊）铁路发展意见》中“充分利用铁路资源”的发展思路，是缓解城市交通拥堵、加快市域（郊）铁路发展、扩大交通有效供给、促进新型城镇化建设的有效途径，是实现 2020 年市域（郊）铁路建设目标的有力抓手。相关各方应采用创新的思维破解体制机制阻碍，探索出新型合作之路，共同为新型城镇化发展做出贡献，实现合作共赢。

5.《推进京津冀民航协同发展实施意见》

推动京津冀协同发展，是党中央、国务院在新的历史条件下确定的重大国家战略，是一项历史性工程。深化区域民航协同发展是京津冀交通一体化发展的重要抓手之一。为深化改革创新、率先突破，加快京津冀民航协同发展，根据《京津冀协同发展规划纲要》和《京津冀协同发展交通一体化规划》，2017 年 11 月，国家发展改革委联合民航局印发《推进京津冀民航协同发展实施意见》（以下简称《京津冀民航协同意见》），对推进京津冀民航协同发展、打造京津冀世界级航空机场群等做出部署。

《京津冀民航协同意见》以“分工协作，互利共赢；协调联动，两翼齐飞；互联互通，一体发展；创新融合，扩大开放”为原则，提出：到 2020 年，初步形成统一管理、差异化发展的格局，京津冀机场群协同发展水平显著提升，整体服务水平、智能化水平、运营管理力争达到国际先进水平；到 2030 年，基本实现京津冀地区主要机场与轨道交通等有效衔接，打造形成分工合作、优势互补、空铁联运、协同发展的世界级机场群。

《京津冀民航协同意见》提出了如下十大重点任务：一是提升机场综合保障能力；二是优化航路航线网络结构；三是提高空管保障服务水平；四是打造通用航空服务网络；五是统筹区域机场运行管理；六是建设以枢纽机场为核心的综合交通枢纽；七是推动空铁联程联运；八是加大政策支持引导；九是提升政府监管能力；十是强化规划约束作用。通过多部门统一思想认识、密切协同合作、主动担当作为，届时，北京地区民航运输保障能力和辐射带动作用将大幅提高，同时新建多个支线机场形成协同发展，结合联程联运等领域工作开展，为京津冀世界级城市群发展提供重要支撑。

三、述评：供给侧结构性改革深入推进，政策规划导向作用更加突出

“十三五”以来，交通运输领域紧扣社会主要矛盾变化，深入推进供给侧结构性改革，主动作为，精准对接发展诉求。在发展中不断丰富交通运输规划政策体系，着力解决发展不平衡不充分问题，推进交通运输领域治理体系和治理能力现代化，为加快推进交通运输现代化发展、建设新时代交通强国提供制度保障。

（一）交通规划政策战略导向作用更加突出

“十三五”以来，根据发展战略安排，交通运输领域先后出台 1 项综合交通运输体系五年规划和 10 余项区域、行业发展规划，完成了对五种运输方式的五年规划部署。同时，还出台了铁路和油气管网中长期规划、民用运输布局规划等中长期布局规划，较好地实现了对交通运输发展前瞻性谋划。整体来看，规划管理体系不断健全，贯彻绿色发展要求，突出目标导向、问题导向，指标体系定性定量结合、预期性和约束性兼具，首次提出积极引导交通运输新领域新业态发展，着重群众切身感受，体现新时代综合交通运输体系发展要求，在规划中也提出深化交通运输关键环节和重点领域改革的重要任务。随着全面贯彻实施不断深入，规划政策不仅为交通运输发展提供了实施路径和行动指南，更阐释了国家战略意图、明确了政府工作重点及引导了市场主体行为，充分发挥了战略导向作用。

专栏 2-1 《“十三五”现代综合交通运输体系发展规划》的新变化

《“十三五”现代综合交通运输体系发展规划》的指标体系设置了一系列有时代特征、能够让老百姓有切身感受的效果性指标。规划选取了步道自行车路网、邮轮游艇、通用航空等交通消费升级的重点工程为抓手，释放发展红利，让老百姓实实在在地体验到交通与经济深度融合发展的成效，提出了提升全国铁路客运动车服务比重、实现村村直接通邮、具备条件的建制村通客车、城市公共交通出行比例不断提高、全国交通枢纽站点无线接入网络广泛覆盖等具体要求。

规划大幅增加了运输服务方面的内容，强调高效服务、便利服务、智能服务，在不断满足基本公共服务需求的同时，更好地满足不断增长的新兴交通需求。在旅客联程运输、城际城市客运、城乡客运等事关出行体验的各个环节都提出了具体要求。站在新的发展起点上，交通运输要准确把握新形势和新要求，坚持交通运输服务人民，更好地发挥对经济社会发展的支撑引领作用。通俗地讲，就是交通运输发展要从“走得了”升级到“走得快”、“走得好”。

资料来源：从“走得了”升级到“走得快”、“走得好”——解读《“十三五”现代综合交通运输体系发展规划》[OL].新华网，2017-03-02.

（二）简政放权继续深化，加快释放市场活力

“十三五”以来，交通运输领域着力推进“放管服”改革，以发展改革委交通行政审批制度改革为突出代表，审批事项取消和下放基本完成，核准投资项目改革稳步推进。以规划管理为主线，强化规划指导和约束作用，不断提升行政服务质量和水平，交通运输领域简政放权取得明显成效。通过不断取消和下放审批事项、简化审

批流程，激发部门和地方的主动性和积极性，同时结合良好市场环境营造、价格改革等政策发挥市场调节机制，在减少制度成本的同时保证市场主体的灵活性，激发市场活力，推动资源配置机制优化和调整，形成经济增长的内生动力。

专栏 2-2 民航票价改革相关情况

围绕新政发布是否意味着不少航班和航线机票会涨价、对于票价改革新政应当如何看待等问题，中国民用航空飞行学院社科部主任张世良认为，密切关注民航机票的出行者不必担心民航票价过分增长。我国一直在推进民航价格机制改革工作，该由市场调节的就应当放给市场。上次民航票价改革是在 2016 年，有 375 条国内航线实行市场调节价，现在已增加至 681 条，民航票价改革最终目的是有序推进价格市场化、不断完善价格形成机制、改进价格管理机制，沿着理性有序的市场发展方向前进，当前依然可以实现对价格的有力调控。

民航票价市场化定价，受供求关系影响，首先遵循的是“淡季票价低，旺季票价高”的规律。“整体上来讲，淡季以及 800 公里以下短途航线票价受到的影响不大。在旺季以及黄金航线上，航空公司虽有了提价空间，但会推出更多层次票价，满足不同消费水平的出行需求。”张世良说。

中国航空运输协会专家委员綦琦分析认为，《关于进一步推进民航国内航空旅客运输价格改革有关问题的通知》（以下简称《民航客运价格改革通知》）只是许可提升最高价格，但是民航客票往往以折扣票的形式成交，有很强的市场价格弹性。“成交价格和最高限价是两回事，航空公司只是将上限打开，春运等航线紧张时刻肯定会涨，但平时没有那个需求，机票还是会打折，成交价事实上没有太多的变化。”綦琦说。

事实上，防止民航票价上涨有制度安排。相关记者查阅《民航客运价格改革通知》发现，为了保证航空公司的提价幅度不超过 10%，《民航客运价格改革通知》要求各级价格主管部门要加强对国内旅客运价的监管，建立日常巡查、重点检查和“双随机”抽查相结合的监督检查机制。一旦发现航空公司未依规调整票价，乘客可拨打12358价格监管平台举报。

资料来源：机票价格改革不等于涨价［N］. 经济日报，2018-01-15.

专栏2-3　铁路货运价格改革相关情况

随着国家发展改革委发布《关于深化铁路货运价格市场化改革等有关问题的通知》，价改再破一块“坚冰”——铁路货运价格市场调节价扩围并提高波幅。

根据《铁路货运价格改革通知》，实行政府指导价的整车运输各货物品类基准运价不变，铁路运输企业可以国家规定的基准运价为基础，在上浮不超过15%、下浮不限的范围内，根据市场供求状况自主确定具体运价水平。

今年11月份，国家发展改革委发布《关于全面深化价格机制改革的意见》(以下简称《铁路货运价格改革通知》)，明确未来三年价格改革的任务，该文件提出要“扩大铁路货运市场调节价范围”。

此次铁路货运价改还涉及“电力附加费”。《铁路货运价格改革通知》称，将执行国铁统一运价电气化路段收取的电力附加费并入国铁统一运价，不再单独收取。

铁路货运价格改革是一种机制上的改革，目的是“市场在配置资源中发挥决定性作用”，而价格的市场调节必然不是单向向上的，而是“波动”的“能上能下”的。因此，铁路货运价改“升级”后，铁路系统要提高自身竞争力，才能赢得更多市场份额。

资料来源：铁路货运价改“升级” 扩围并提高波幅［OL］. 新华网，2017-12-27.

（三）监管方式不断创新，市场资源配置决定性作用逐步发挥

“十三五”以来，交通运输领域在简政放权的同时不断加强事中事后监管，创新政策和方法，结合研究开展，推进简政放权、放管结合、优化服务，深入分析新型政府管理体制核心内容，探索宏观管理新模式。以发展改革委运输市场价格监管为典型，探索市场化、法制化方式，对价格改革领域开展了有针对性的监管，逐步厘清政府和市场的边界，既提高了“管”的有效性，又增强了“服”的主动性。同时，逐步推进交通运输领域信用体系建设，构建公平市场环境，多管齐下，激发市场活力和社会创造力，从而更好地发挥市场在资源配置中的决定性作用。

专栏 2-4 国家发展改革委交通运输领域监管方式发展情况

国家发展改革委基础产业司认真贯彻“放管服”改革要求，在减少交通审批事项的同时，以规划管理为主线，着力强化事中事后监管，不断提升行政服务质量和水平，职能转变取得显著成效。

一是健全规划管理体系。强化交通规划编制、审批和组织实施，实现简政放权后的有效管控。组织编制和完善铁路、公路、内河高等级航道、沿海港口、民用机场、油气管道等中长期布局规划，组织编制并上报国务院印发《“十三五”现代综合交通运输体系发展规划》，编制或审批国防交通、城际铁路、城市轨道交通、高速公路、内河高等级航道、沿海港口、空管系统等专项建设规划，建立健全“中长期布局规划 + 五年发展建设规划 + 年度滚动实施方案”相结合的规划管理体系。

二是完善协调工作机制。搭建跨部门、上下联动工作平台，及时掌握规划实施情况和投资计划执行情况，推进项目建设。发挥铁路建设和前期工作协商机制作用，加强重大项目协调调度，确保完成铁路建设目

标任务。印发《关于加强城市轨道交通规划建设管理的通知》，切实加强城市轨道交通项目审批权限下放后的落实和衔接工作。

三是开展规划实施评估。对申报新一轮轨道交通建设规划的城市，要求开展上一轮规划实施情况评估，评估结果作为本轮规划审批的重要参考。印发《关于开展城市轨道交通建设规划中期评估工作的通知》，选取北京、成都、武汉等8个城市开展城市轨道交通建设规划实施情况中期评估。

四是严肃处理违规行为。严格规划实施监管，针对部分地方违规审批城市轨道交通项目的情况，采取约谈、通报等形式提出严肃批评，并责令限期整改，整改期间暂停相关地方轨道交通建设规划审批。

下一步，将继续深化“放管服”改革，紧紧围绕加强规划管理这条主线，不断探索交通项目审批核准权限下放后的宏观管理新模式，进一步强化规划的指导和约束作用，切实履行好交通投资项目监管职责。

资料来源：加强规划管理完善事中事后监管［N］. 中国改革报，2017-11-16.

2017年国务院、国家发展改革委颁发的重要交通运输政策文件见表2-1。

表 2-1　　2017 年国务院、国家发展改革委交通运输政策文件颁发情况

序号	文件名称	文件号	发文单位	颁发日期
1	关于印发“十三五”现代综合交通运输体系发展规划的通知	国发〔2017〕11 号	国务院	2017 年 2 月 3 日
2	关于加快发展冷链物流保障食品安全促进消费升级的意见	国办发〔2017〕29 号	国务院办公厅	2017 年 4 月 13 日
3	关于进一步推进物流降本增效促进实体经济发展的意见	国办发〔2017〕73 号	国务院办公厅	2017 年 8 月 7 日
4	关于积极推进供应链创新与应用的指导意见	国办发〔2017〕84 号	国务院办公厅	2017 年 10 月 5 日
5	关于加强交通出行领域信用建设的指导意见	发改运行〔2017〕10 号	国家发展改革委、交通运输部、公安部、中国民用航局、中国铁路总公司	2017 年 1 月 3 日
6	关于加强城市轨道交通人才建设的指导意见	发改基础〔2017〕74 号	国家发展改革委、教育部、人力资源和社会保障部	2017 年 1 月 11 日
7	关于进一步下放政府投资交通项目审批权的通知	发改基础〔2017〕189 号	国家发展改革委	2017 年 1 月 25 日
8	关于印发全国民用运输机场布局规划的通知	发改基础〔2017〕290 号	国家发展改革委、中国民用航空局	2017 年 2 月 13 日
9	关于印发《铁路普通旅客列车运输定价成本监审办法（试行）》的通知	发改价格规〔2017〕371 号	国家发展改革委	2017 年 2 月 28 日
10	关于印发《粮食物流业“十三五”发展规划》的通知	发改经贸〔2017〕432 号	国家发展改革委、国家粮食局	2017 年 3 月 3 日
11	关于调整完善邮政普通包裹寄递资费体系结构有关问题的通知	发改价格规〔2017〕629 号	国家发展改革委、财政部、国家邮政局	2017 年 4 月 7 日

续表

序号	文件名称	文件号	发文单位	颁发日期
12	关于印发《“十三五”铁路集装箱多式联运发展规划》的通知	发改基础〔2017〕738 号	国家发展改革委、交通运输部、中国铁路总公司	2017 年 4 月 19 日
13	关于印发《中长期油气管网规划》的通知	发改基础〔2017〕965 号	国家发展改革委、国家能源局	2017 年 5 月 19 日
14	关于促进市域（郊）铁路发展的指导意见	发改基础〔2017〕1173 号	国家发展改革委、住房和城乡建设部、交通运输部、国家铁路局、中国铁路总公司	2017 年 6 月 20 日
15	印发《关于对运输物流行业严重违法失信市场主体及其有关人员实施联合惩戒的合作备忘录》的通知	发改运行〔2017〕1553 号	国家发展改革委、人民银行、交通运输部、中央编办、中央文明办、公安部、财政部、人力资源和社会保障部、国土资源部、国资委、海关总署、税务总局、工商总局、质检总局、银监会、证监会、保监会、国家铁路局、中国民用航空局、国家邮政局	2017 年 8 月 24 日
16	关于核定天然气跨省管道运输价格的通知	发改价格规〔2017〕1581 号	国家发展改革委	2017 年 8 月 29 日

续表

序号	文件名称	文件号	发文单位	颁发日期
17	关于印发《铁路“十三五”发展规划》的通知	发改基础〔2017〕1996号	国家发展改革委、交通运输部、国家铁路局、中国铁路总公司	2017年11月20日
18	关于印发《推进京津冀民航协同发展实施意见》的通知	发改基础〔2017〕2048号	国家发展改革委、中国民用航空局	2017年11月27日
19	关于深化铁路货运价格市场化改革等有关问题的通知	发改价格〔2017〕2163号	国家发展改革委	2017年12月14日
20	关于进一步推进民航国内航空旅客运输价格改革有关问题的通知	民航发〔2017〕146号	中国民用航空局、国家发展改革委	2017年12月17日
21	关于印发民用航空国内运输市场价格行为规则的通知	民航发〔2017〕145号	中国民用航空局、国家发展改革委	2017年12月17日
22	关于促进交通运输与旅游融合发展的若干意见	交规划发〔2017〕24号	交通运输部、国家旅游局、国家铁路局、中国民用航空局、中国铁路总公司、国家开发银行	2017年7月18日
23	《通用航空“十三五”发展规划》	–	中国民用航空局	2017年2月17日

注：1. 文件形式包括规划、意见、决定、通知、办法等；

2. 文件范围指国家发展改革委颁发、联合其他部委颁发、与交通运输相关的国务院 / 国办 / 中办发文等文件。

Chapter 03

第三章 交通建设

2017年，交通建设发展势头总体良好，铁路建设稳步推进，“四纵四横”高铁网基本建成，公路建设规模继续扩大，水运设施建设结构调整优化，民航机场和城市轨道加快投产，除铁路营业里程外，其他主要交通设施建设“十三五”规划预期任务完成比例均超过40%，预计“十三五”现代交通运输体系规划的交通建设任务能够顺利完成，但需要进一步创新投融资模式，切实防范地方政府债务风险。

一、交通建设进展情况

（一）铁路建设有序推进，“四纵四横”高铁网建成运营

2017年，全国铁路投产新线3038公里，其中，高速铁路

2182 公里。全国铁路营业里程达到 12.7 万公里，高速铁路营业里程达到 2.5 万公里。全国铁路复线里程 7.2 万公里，复线率 56.5%；电气化里程 8.7 万公里，电化率 68.2%。武汉至九江、宝鸡至兰州、西安至成都、石家庄至济南高铁和九江经景德镇至衢州铁路等重大项目按期投产。2017 年全国重大铁路项目建成投产情况见表 3–1。

表 3–1 2017 年全国重大铁路项目建成投产情况

序号	铁路项目	长度（公里）	设计时速（公里 / 小时）	总投资（亿元）	开工建成时间	
					开工时间	建成时间
1	白阿铁路葛根庙至乌兰浩特扩能改造	33.73	160	17.87	2014–08	2017–05
2	成昆铁路扩能改造工程彭思段	42	160	–	2014	2017–06
3	宝兰高铁	402.6	250	631.3	2012–10	2017–07
4	张呼高铁乌兰察布至呼和浩特东段	126	250	–	2014–03	2017–08
5	长春至白城至乌兰浩特铁路	412	200	236.42	2014–07	2017–08
6	武九高铁	224	250	194	2013–12	2017–09
7	兰州至重庆铁路	886	160	829.16	2008–09	2017–09
8	西成高铁	658	250	693.7	2012–10	2017–12
9	龙口至烟台铁路	113	160	–	2013–11	2017–12
10	长株潭城际铁路	105	200	–	2010–06	2017–12
11	石济高铁	298	250	–	2014–04	2017–12
12	九景衢铁路	333.3	200	259.2	2013–12	2017–12
13	莞惠城际铁路常平东至道滘段	44.2	200	–	–	2017–12
14	淮萧客车联络线	27.1	250	–	–	2017–12

数据来源：本报告整理。

2017 年 12 月 28 日石济高铁开通运营，标志着我国 2004 年规划并于 2008 年调整的“四纵四横”客运专线基本建成运营。“四纵四横”客运专线开通运营时间见表 3–2。

表 3–2　　“四纵四横”客运专线开通运营时间

通道名称		关键结点	开通运营时间
“四纵”客运专线	京沪高铁	北京—上海	2011 年 6 月 30 日
	京广高铁	北京—武汉—广州	2012 年 12 月 26 日
	京哈客运专线	北京—沈阳—哈尔滨	2012 年 12 月 1 日
	东南沿海客运专线	上海—杭州—宁波—福州—深圳	2015 年 12 月 28 日
“四横”客运专线	沪汉蓉客运专线	南京—武汉—重庆—成都	2014 年 7 月 1 日
	沪昆客运专线	杭州—南昌—长沙—贵阳—昆明	2016 年 12 月 28 日
	徐兰客运专线	徐州—郑州—兰州	2017 年 7 月 1 日
	青太客运专线	青岛—石家庄—太原	2017 年 12 月 28 日

资料来源：本报告整理。

专栏 3–1　“四纵四横”客运专线

《中长期铁路网规划》（2004 年版本）“四纵四横”客运专线。“四纵”客运专线：北京—上海，北京—武汉—广州—深圳，北京—沈阳—哈尔滨（大连），杭州—宁波—福州—深圳；“四横”客运专线：徐州—郑州—兰州，杭州—南昌—长沙，青岛—石家庄—太原，南京—武汉—重庆—成都。

《中长期铁路网规划》（2008 年调整）“四纵四横”客运专线。“四纵”客运专线：北京—上海，北京—武汉—广州—深圳，北京—沈阳—哈尔滨（大连），上海—杭州—宁波—福州—深圳；“四横”客运专线：徐州—

郑州—兰州，杭州—南昌—长沙—贵阳—昆明，青岛—石家庄—太原，南京—武汉—重庆—成都。

比较上述两版规划发现，2008 版“四纵四横”客运专线在 2004 版基础之上，对横向客运专线“杭州 ~ 宁波 ~ 福州 ~ 深圳”和纵向客运专线“杭州 ~ 南昌 ~ 长沙”进行了延伸。其中，横向客运专线“杭州 ~ 宁波 ~ 福州 ~ 深圳”向上海方向延伸，变为“上海 ~ 杭州 ~ 宁波 ~ 福州 ~ 深圳”；纵向客运专线“杭州 ~ 南昌 ~ 长沙”向贵州和云南方向延伸，变为“杭州 ~ 南昌 ~ 长沙 ~ 贵阳 ~ 昆明”。

2016 年再次修编《中长期铁路网规划》，“四纵四横”客运专线升级为“八纵八横”高铁通道，不但增加了四条横向和四条纵向高速铁路通道，还在以前客运专线基础上进行了延伸，对比情况见表 3-3。截至 2017 年年底，虽然京沈高铁没有修通，但是可以通过绕行秦皇岛实现北京与沈阳之间的高铁联通，因此，2008 版“四纵四横”客运专线已经基本建成。

资料来源：本报告整理。

“十三五”以来，全国铁路营业里程从 12.1 万公里增至 12.7 万公里，增长 0.6 万公里，其中，高速铁路营业里程增加 0.5 万公里，占全国新增铁路营业里程比重达 83.3%。全国铁路路网密度从 126 公里 / 万平方公里增至 132.2 公里 / 万平方公里，增加 6.2 公里 / 万平方公里。复线里程从 6.4 万公里增至 7.2 万公里，增长 12.5%；复线率从 52.9% 增至 56.5%，提高 3.6 个百分点。电气化里程从 7.4 万公里增至 8.7 万公里，增长 17.6%；电气化率从 60.8% 增至 68.2%，提高 7.4 个百分点。“十三五”以来全国铁路网规模见图 3-1。

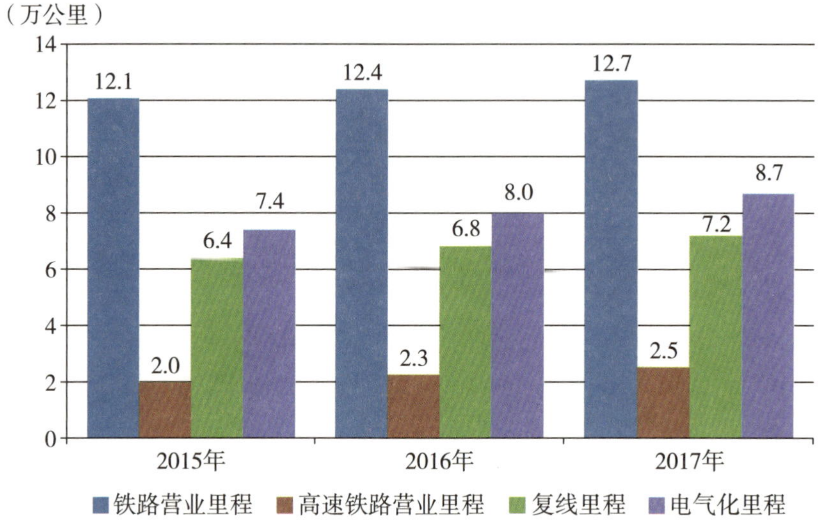

图 3-1 “十三五”以来全国铁路网规模

资料来源：历年中国铁道统计公报。

表 3-3 2008 版“四纵四横”客运专线与 2016 版“八纵八横”高速铁路通道比较情况

通道名称		2008 版	2016 版	比较情况
『八纵』高速铁路通道	沿海通道	上海—杭州—宁波—福州—深圳	大连（丹东）—秦皇岛—天津—东营—潍坊—青岛（烟台）—连云港—盐城—南通—上海—宁波—福州—厦门—深圳—湛江—北海（防城港）	北延至大连（丹东），南延至北海（防城港）
	京沪通道	北京—上海	北京—天津—济南—南京—上海（杭州）	南延至杭州
	京港（台）通道	无	北京—衡水—菏泽—商丘—阜阳—合肥（黄冈）—九江—南昌—赣州—深圳—香港（九龙）	新增
	京哈—京港澳通道	北京—沈阳—哈尔滨、北京—武汉—广州	哈尔滨—长春—沈阳—北京—石家庄—郑州—武汉—长沙—广州—深圳—香港	两条纵向连接，并且南延至香港

续表

通道名称		2008 版	2016 版	比较情况
“八纵”高速铁路通道	呼南通道	无	呼和浩特—大同—太原—郑州—襄阳—常德—益阳—邵阳—永州—桂林—南宁	新增
	京昆通道	无	北京—石家庄—太原—西安—成都（重庆）—昆明	新增
	包（银）海通道	无	包头—延安—西安—重庆—贵阳—南宁—湛江—海口（三亚）	新增
	兰（西）广通道		兰州（西宁）—成都（重庆）—贵阳—广州	新增
“八横”高速铁路通道	绥满通道		绥芬河—牡丹江—哈尔滨—齐齐哈尔—海拉尔—满洲里	新增
	京兰通道		北京—呼和浩特—银川—兰州	新增
	青银通道	青岛—石家庄—太原	青岛—济南—石家庄—太原—银川	向西延至银川
	陆桥通道	徐州—郑州—兰州	连云港—徐州—郑州—西安—兰州—西宁—乌鲁木齐	向东延至连云港，向西延至乌鲁木齐
	沿江通道	南京—武汉—重庆—成都	上海—南京—合肥—武汉—重庆—成都	向东延至上海
	沪昆通道	杭州—南昌—长沙—贵阳—昆明	上海—杭州—南昌—长沙—贵阳—昆明	向东延至上海
	厦渝通道	无	厦门—龙岩—赣州—长沙—常德—张家界—黔江—重庆	新增
	广昆通道	无	广州—南宁—昆明	新增

资料来源：本报告整理。

（二）公路规模继续扩大，农村公路扶贫取得新进展

2017 年，全国公路总里程 477.35 万公里，高速公路里程 13.65 万公里，其中，国家高速公路 10.23 万公里。全国四级及以上等级公

路里程 433.86 万公里，二级及以上等级公路里程 62.22 万公里。国道 35.84 万公里，省道 33.38 万公里。农村公路里程 400.93 万公里，其中，县道 55.07 万公里，乡道 115.77 万公里，村道 230.08 万公里。

2017 年，国家高速公路网（以下简称“71118 网”）加快形成，7 条首都放射线中的京哈、京沪、京港澳、京昆、京新等 5 条放射线，11 条北南纵线中的鹤大、济广、大广、包茂等 4 条纵线，18 条东西横线中的青银、宁洛、沪陕、沪蓉、沪渝、沪昆、福银、泉南、广昆、厦蓉等 10 条横线均已贯通。其中首都放射线中的京新大通道于 2017 年 7 月 15 日实现全线高速化，北京进疆公路里程比经西安或兰州绕道连霍高速公路缩短近 1300 公里。已经贯通的国家高速线路见表 3–4。

表 3–4　已经贯通的国家高速线路情况

线路名称		里程（公里）	沿线省份	贯通时间
首都放射线	京哈高速（G1）	1209	北京—河北—辽宁—吉林—黑龙江	2000–09
	京沪高速（G2）	1262	北京—河北—天津—山东—江苏—上海	1993–09
	京港澳高速（G4）	2285	北京—河北—河南—湖北—湖南—广东—香港—澳门	1996–12
	京昆高速（G5）	2865	北京—河北—山西—陕西—四川—云南	2015–12
	京新高速（G7）	2540	北京—内蒙古—甘肃—新疆	2017–07
北南纵线	鹤大高速（G11）	1474	黑龙江—吉林—辽宁	2016–10
	济广高速（G35）	2110	山东—河南—安徽—江西—广东	2016–12
	大广高速（G45）	3550	黑龙江—吉林—内蒙古—河北—北京—河南—湖北—江西—广东	2015–12
	包茂高速（G65）	3130	内蒙古—陕西—四川—重庆—湖南—广西—广东	2017–11

续表

线路名称		里程（公里）	沿线省份	贯通时间
东西横线	青银高速（G20）	1610	山东—河北—山西—宁夏	2006-03
	宁洛高速（G36）	722	江苏—安徽—河南	2006-09
	沪陕高速（G40）	1490	上海—江苏—安徽—河南—陕西	2012-08
	沪蓉高速（G42）	1966	上海—江苏—安徽—湖北—重庆—四川	2014-12
	沪渝高速（G50）	1768	上海—江苏—浙江—安徽—湖北—重庆	2009-12
	沪昆高速（G60）	2730	上海—浙江—江西—湖南—贵州—云南	2011-09
	福银高速（G70）	2485	福建—江西—湖北—陕西—甘肃—宁夏	2011-12
	泉南高速（G72）	1635	福建—江西—湖南—广西	2015-01
	广昆高速（G80）	1386	广东—广西—云南	2012-09
	厦蓉高速（G76）	2295	福建—江西—湖南—广西—贵州—四川	2017-10

资料来源：本报告整理。

专栏 3-2 "71118 网"建设情况

2013 年，国务院批准《国家公路网规划（2013 年—2030 年）》，规划国家高速公路网由 7 条首都放射线、11 条北南纵线、18 条东西横线，以及地区环线、并行线、联络线等组成，简称"71118 网"，总长约 11.8 万公里，另规划远期展望线约 1.8 万公里。

1. 首都放射线（7 条）：北京—哈尔滨、北京—上海、北京—台北、北京—港澳、北京—昆明、北京—拉萨、北京—乌鲁木齐。京哈、京沪、京港澳、京昆、京新 5 条放射线已经贯通。

2. 北南纵线（11 条）：鹤岗—大连、沈阳—海口、长春—深圳、济南—广州、大庆—广州、二连浩特—广州、呼和浩特—北海、包头—茂名、银川—百色、兰州—海口、银川—昆明。鹤大、济广、大广、包茂等 4 条纵线已经贯通。

3. 东西横线（18 条）：绥芬河—满洲里、珲春—乌兰浩特、丹东—锡林浩特、荣成—乌海、青岛—银川、青岛—兰州、连云港—霍尔果斯、南京—洛阳、上海—西安、上海—成都、上海—重庆、杭州—瑞丽、上海—昆明、福州—银川、泉州—南宁、厦门—成都、汕头—昆明、广州—昆明。青银、宁洛、沪陕、沪蓉、沪渝、沪昆、福银、泉南、广昆、厦蓉等 10 条横线已经贯通。

资料来源：本报告整理。

2017 年，交通扶贫脱贫攻坚取得重大成果，“四好农村路”建设深入推进。贫困地区建成旅游路、资源路和产业路 1.3 万公里，新增通硬化路建制村 1.1 万个。全国通公路的乡（镇）占全国乡（镇）总数的 99.99%，其中，通硬化路面的乡（镇）占全国乡（镇）总数的 99.39%。通公路的建制村占全国建制村总数的 99.98%，其中，通硬化路面的建制村占全国建制村总数的 98.35%。

专栏 3-3　习近平对“四好农村路”建设做出重要指示

中共中央总书记、国家主席、中央军委主席习近平近日对“四好农村路”建设做出重要指示。他强调，近年来，“四好农村路”建设取得了实实在在的成效，为农村特别是贫困地区带去了人气、财气，也为党在基层凝聚了民心。

习近平指出，交通运输部等有关部门和各地区要认真贯彻落实党的十九大精神，从实施乡村振兴战略、打赢脱贫攻坚战的高度，进一步深化对建设农村公路重要意义的认识，聚焦突出问题，完善政策机制，既要把农村公路建好，更要管好、护好、运营好，为广大农民致富奔小康、为加快推进农业农村现代化提供更好保障。

中共中央政治局常委、国务院总理李克强做出批示，要求认真总结地方经验，进一步完善政策和工作机制，注重发挥地方、基层和农民的积极性，有效提升农村公路建设、管护和运营水平，为实施乡村振兴战略、推动农民脱贫致富和加快农业农村现代化提供有力支撑。

2017 年 12 月 25 日，交通运输部召开全国交通运输工作会议，传达学习习近平重要指示和李克强批示精神，研究部署贯彻落实相关工作。会议强调，习近平总书记的重要指示，既是充分肯定、极大鼓舞，更是殷切期望、巨大鞭策。要认真贯彻落实党的十九大精神和习近平新时代中国特色社会主义思想，聚焦突出问题，完善政策机制，推动“四好农村路”迈入高质量发展的新阶段。

党的十八大以来，习近平对农村公路建设高度重视，多次做出重要指示，要求建好、管好、护好、运营好农村公路。交通运输部等部门和各级党委政府认真贯彻落实习近平重要指示精神，扎实推进“四好农村路”建设并取得明显成效。5 年来，全国新建改建农村公路 127.5 万公里，99.24% 的乡镇和 98.34% 的建制村通上了沥青路、水泥路，乡镇和建制村通客车率分别达到 99.1% 和 96.5% 以上，城乡运输一体化水平接近 80%，农村“出行难”问题得到有效解决，交通扶贫精准化水平不断提高，农村物流网络不断完善，广大农民群众得到了实实在在的获得感、幸福感。

资料来源：《人民日报》（2017 年 12 月 26 日 01 版）。

“十三五”以来，全国公路总里程从 457.70 万公里增至 477.35 万公里，增加 19.65 万公里。高速公路里程从 12.30 万公里增至 13.65 万公里，增加 1.35 万公里。公路密度从 47.68 公里 / 百平方公里增至 49.72 公里 / 百平方公里，增加 2.04 公里 / 百平方公里。全国四级及以上等级公路里程从 404.60 万公里增至 433.86 万公里，增加 29.26 万公里；等级公路占全国公路总里程比例从 88.4% 增至 90.9%，提高 2.5 个百分点。二级及以上等级公路里程从 57.50 万公里增至 62.22 万公里，增加 4.72 万公里；二级及以上等级公路占全国公路总里程比重从 12.6% 增至 13.0%，提高 0.4 个百分点。农村公路里程从 398.00 万公里增至 400.93 万公里，增加 2.93 万公里。[1]“十三五”以来全国公路网规模见图 3–2。

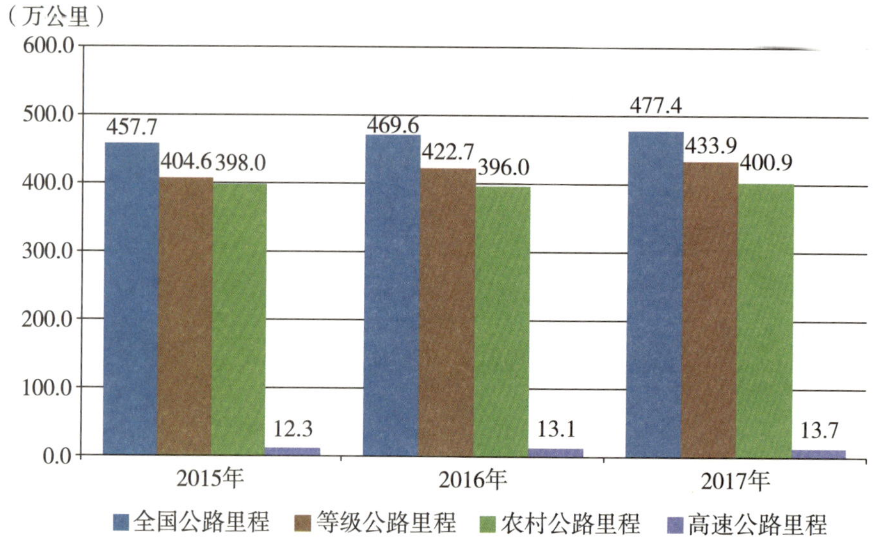

图 3–2 “十三五”以来全国公路网规模

资料来源：历年交通运输行业发展统计公报。

（三）水运设施建设放缓，内河航运条件进一步改善

2017 年，内河航道条件持续改善，通江达海、干支衔接的航道网络进一步完善。全国内河航道通航里程 12.70 万公里，等级航道 6.62

[1] 按照《国家公路网规划（2013 年—2030 年）》，结合各省（自治区、直辖市）路网调整情况，2016 年和 2017 年交通运输行业发展统计公报中国道、省道、县道、乡道、村道里程的统计口径做了部分调整。

万公里，其中，三级及以上航道 1.25 万公里，占总里程的 9.8%。各等级内河航道通航里程分别为：一级航道 1546 公里，二级航道 3999 公里，三级航道 6913 公里，四级航道 10781 公里，五级航道 7566 公里，六级航道 18007 公里，七级航道 17348 公里。等外航道 6.09 万公里。各水系内河航道通航里程分别为：长江水系 64857 公里，珠江水系 16463 公里，黄河水系 3533 公里，黑龙江水系 8211 公里，京杭运河 1438 公里，闽江水系 1973 公里，淮河水系 17507 公里。

专栏 3-4 我国长江干线瓶颈航道整治进展

2017 年 11 月 8 日，随着“汉工排 6 号”工程船将一片片沉排缓缓沉入江中，长江中游蕲春航道整治工程正式开工，拉开了人们期盼已久的“武汉至安庆 6 米水深、武汉至宜昌 4.5 米水深航道整治工程”（“645 工程”）建设序幕。

宜昌至安庆段水道全长 1026 公里，水道蜿蜒曲折、滩多水浅，是制约长江干线通过能力的“肠梗阻”。此前的 4 月 15 日，历时 27 个月建设、投资 43.3 亿元的长江中游荆江航道整治工程正式交付使用，河段枯水期最低维护水深提高至 3.8 米，初步打通了长江中游“肠梗阻”，为“645 工程”顺利实施奠定了坚实的基础。

“645 工程”的实施，将有效解决长江干线航道“两头深、中间浅”问题，形成一条串起湘、鄂、赣、皖四省的“水上高速公路”，有利于武汉长江中游航运中心建设，长江干线航道通航能力也将整体飞跃。

“645 工程”实施后，1.3 万吨级内河船和 1 万吨级江海船将直达武汉、5000 吨级内河船直达宜昌。投入运营后（按 20 年测算），航运直接经济效益达 547 亿元，沿江物流成本大幅降低，还将产生巨大的生态效益。2020 年、2030 年和 2040 年将可节约船舶能耗约 2.8 万吨、4 万吨、4.2 万吨。

黄金水道正在发挥黄金效益。长江南京以下 12.5 米深水航道初通，有效提升了长江江苏段大型海轮的实载率，改变了进入二期工程河段的 5 万吨级大型船舶需减载、亏载 15% 至 30% 运输的情况。据统计，初通航道试运行以来，吃水超过初通前 9.7 米限制标准的到港船舶数量增加了 30% 以上，其中 7 万吨级以上船舶到港数量增加了 20% 以上。

资料来源：新华社报道：《我国大力整治长江干线瓶颈航道 构建“水上高速公路”》。

2017 年，全国港口拥有生产用码头泊位 27578 个，沿海港口生产用码头泊位 5830 个，内河港口生产用码头泊位 21748 个。全国港口拥有万吨级及以上泊位 2366 个，其中，沿海港口万吨级及以上泊位 1948 个，内河港口万吨级及以上泊位 418 个。全国万吨级及以上泊位中，专业化泊位 1254 个，通用散货泊位 513 个，通用件杂货泊位 388 个。

“十三五”以来，全国内河航道通航里程基本稳定，保持在 12.7 万公里。等级航道从 6.64 万公里增至 6.62 万公里，减少 200 公里；占总里程比重从 52.2% 降至 52.1%，减少 0.1 个百分点。其中，三级及以上航道从 1.20 万公里增至 1.25 万公里，增加 500 公里；占总里程比重从 9.1% 增至 9.8%，提高 0.7 个百分点。五级及以上航道从 3.00 万公里增至 3.08 万公里，增加 800 公里；占总里程比重从 23.7% 增至 24.3%，提高 0.6 个百分点。全国港口拥有万吨级及以上泊位从 2221 个增至 2366 个，增加 145 个。其中，专业化泊位从 1173 个增至 1254 个，通用散货泊位从 473 个增至 513 个，通用件杂货泊位从 371 个增至 388 个，分别增加 81 个、140 个和 17 个。

“十三五”以来全国水路路网规模见图 3–3。

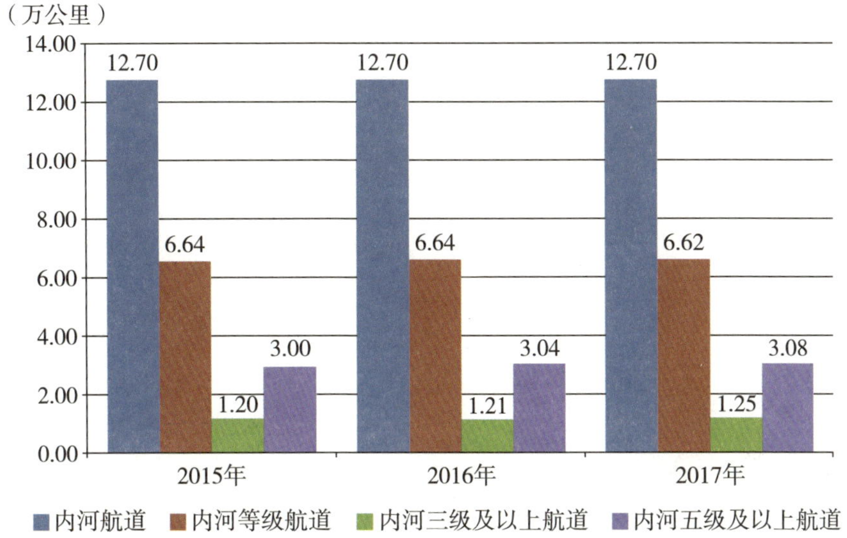

图 3-3 “十三五”以来全国水路路网规模

资料来源：历年交通运输行业发展统计公报。

（四）民航机场加快投产，全国机场覆盖率持续提高

2017 年，我国民用运输机场建设稳步推进。截至 2017 年年底，颁证民用航空机场 229 个，其中定期航班通航机场 228 个，定期航班通航城市 224 个。

北京新机场、成都新机场、青岛新机场以及上海浦东、贵阳、海口等枢纽机场项目加快建设，重庆、武汉等枢纽机场改扩建项目取得积极进展。白城、承德、澜沧、上饶、霍林郭勒、武冈、莎车、松原、建三江、仁怀、五大连池等 11 个支线机场相继建成投运。绥芬河、达州、梧州、甘孜等一批机场项目开工建设，我国机场布局不断完善，综合保障能力和服务水平进一步提高。

2017 年全国运输机场项目建成投产情况见表 3-5。

表 3-5　　2017 年全国运输机场项目建成投产情况

序号	机场项目	飞行区等级	总投资（亿元）	建成时间
1	白城机场	4C	6.07	2017-03
2	承德机场	4C	15.90	2017-05
3	澜沧机场	4C	15.14	2017-05
4	上饶机场	4C	8.00	2017-05
5	霍林郭勒机场	4C	4.27	2017-06
6	武冈机场	4C	9.57	2017-06
7	莎车机场	4C	6.03	2017-08
8	松原机场	4C	7.84	2017-10
9	建三江机场	4C	7.50	2017-10
10	仁怀机场	4C	24.37	2017-10
11	五大连池机场	4C	6.79	2017-11

数据来源：本报告整理。

"十三五"以来全国机场数量变化情况见图 3-4。

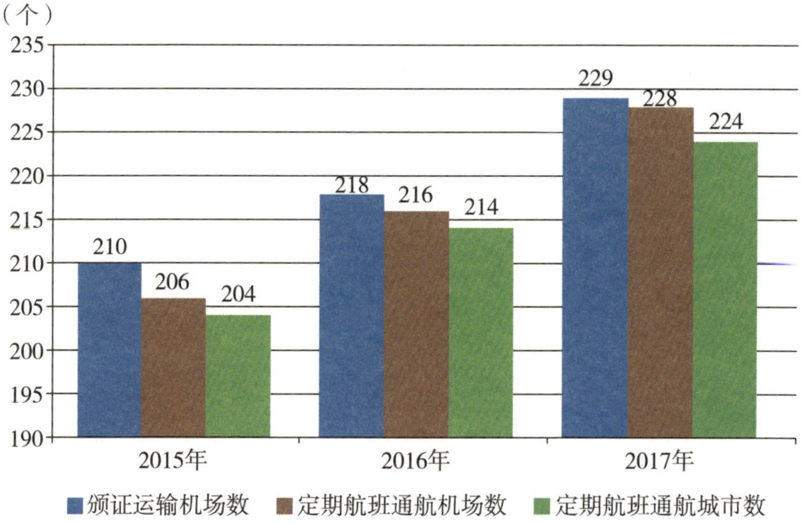

图 3-4 "十三五"以来全国机场数量

资料来源：历年民航行业发展统计公报。

如图 3–4 所示，“十三五”以来，我国境内民用航空（颁证）机场从 210 个增至 229 个（不含香港、澳门和台湾地区，下同），其中，定期航班通航机场从 206 个增至 228 个，定期航班通航城市从 204 个增至 224 个，分别增加 19 个、22 个和 20 个。

（五）城市轨道建设加快，投产规模大制式呈多样化

2017 年，我国内地（不含香港、澳门和台湾地区，下同）新增城市轨道交通运营线路 880 公里，首次单年新增线路突破 800 公里。全国内地城市轨道交通开通运营总长度 5032.7 公里，其中，地铁 3883.8 公里，所占比重为 77.2%。开通新增运营线路 32 条，共计开通线路 165 条。城市轨道交通新增石家庄、贵阳、厦门和珠海 4 个城市[1]，全国开通城市轨道交通并投入运营的城市达 34 个。随着城市轨道交通制式不断丰富，拥有两种以上制式投产运营的城市已经达到 16 个，分别是北京、上海、广州、深圳、重庆、天津、武汉、南京、大连、成都、沈阳、长沙、长春、苏州、郑州和青岛。

截至 2017 年，全国规划批复地铁和轻轨里程总和为 9969.7 公里，其中，地铁里程 9536.6 公里。地铁和轻轨规划里程总和超过 500 公里的城市有 5 个，分别是北京、上海、广州、深圳和天津。据不完全统计（贵阳和厦门数据缺失），全国在建城市轨道交通里程达到 5006.8 公里，其中，地铁 4681.1 公里，所占比例为 93.5%。在建规模超过 200 公里的城市共有 9 个，其中，在建规模超过 400 公里的城市是成都，在建规模在 200 至 400 公里之间的城市是北京、上海、广州、深圳、

---

[1] 与 2017 版不同，此次城市轨道交通包括市域列车和有轨电车。2016 年兰州有市域列车，淮安有有轨电车。2017 年城市轨道交通新增城市中，除珠海新增有轨电车外，其他城市均为新增地铁。

武汉、南京、杭州和青岛。2017年全国城市轨道交通基本情况见表3-6。

表3-6　　2017年全国城市轨道交通基本情况

序号	城 市	规划批复总规模（公里）			运营规模（公里）		在建规模（公里）	
		总计	地铁	轻轨	总计	地铁	总计	地铁
1	北 京	998.5	998.5	0.0	685.1	588.5	343.9	301.9
2	上 海	806.5	806.5	0.0	732.2	637.3	256.6	219.0
3	广 州	792.0	792.0	0.0	364.8	353.2	348.5	334.1
4	深 圳	583.9	583.9	0.0	297.6	285.9	263.3	263.3
5	重 庆	410.2	311.7	98.5	264.0	165.6	198.6	170.6
6	天 津	513.0	461.0	52.0	175.3	115.2	183.0	183.0
7	武 汉	400.0	366.6	33.4	251.2	196.5	247.5	215.4
8	南 京	367.0	367.0	0.0	364.3	176.8	233.0	113.2
9	大 连	298.6	197.6	101.0	182.1	54.1	37.3	37.3
10	成 都	387.0	387.0	0.0	269.3	175.1	405.5	405.5
11	沈 阳	158.9	158.9	0.0	123.4	54.0	105.0	100.8
12	西 安	243.2	243.2	0.0	89.0	89.0	194.9	194.9
13	苏 州	216.0	216.0	0.0	138.4	120.7	170.9	142.1
14	昆 明	201.1	201.1	0.0	88.7	88.7	120.6	120.6
15	杭 州	384.9	384.9	0.0	103.7	103.7	341.6	341.6
16	宁 波	171.6	171.6	0.0	74.5	74.5	110.7	110.7
17	无 锡	112.9	112.9	0.0	55.7	55.7	58.2	58.2
18	长 沙	263.4	263.4	0.0	67.3	48.8	140.6	140.6
19	长 春	119.1	57.5	61.6	82.0	18.1	41.6	22.8
20	郑 州	166.1	166.1	0.0	136.6	93.6	76.2	76.2
21	佛 山	137.0	137.0	0.0	33.5	33.5	123.2	123.2
22	哈尔滨	89.6	89.6	0.0	22.7	22.7	69.7	69.7
23	合 肥	170.0	170.0	0.0	52.3	52.3	151.0	151.0
24	南 昌	134.9	134.9	0.0	48.5	48.5	100.2	100.2
25	青 岛	231.7	231.7	0.0	53.6	44.8	300.9	300.9
26	福 州	144.6	144.6	0.0	24.6	24.6	129.1	129.1

续表

序号	城　市	规划批复总规模（公里）			运营规模（公里）		在建规模（公里）	
		总计	地铁	轻轨	总计	地铁	总计	地铁
27	南　宁	128.2	128.2	0.0	53.1	53.1	100.2	100.2
28	东　莞	164.3	164.3	0.0	37.8	37.8	63.5	63.5
29	石家庄	80.4	80.4	0.0	28.4	28.4	56.5	56.5
30	济　南	80.6	80.6	0.0				
31	太　原	49.2	49.2	0.0				
32	兰　州	35.0	35.0	0.0	61.0	0.0	35.0	35.0
33	贵　阳	170.1	170.1	0.0	12.8	12.8		
34	乌鲁木齐	89.7	89.7	0.0				
35	呼和浩特	51.4	51.4	0.0				
36	厦　门	227.5	227.5	0.0	30.3	30.3		
37	徐　州	67.0	67.0	0.0				
38	常　州	53.9	53.9	0.0				
39	南　通	59.6	59.6	0.0				
40	芜　湖	46.9	0.0	46.9				
41	绍　兴	41.1	41.1	0.0				
42	洛　阳	41.3	41.3	0.0				
43	包　头	42.1	42.1	0.0				
44	吉　林	39.7	0.0	39.7				
45	珠　海	0.0	0.0	0.0	8.9			
46	淮　安	0.0	0.0	0.0	20.0			
合　计		9969.7	9536.6	433.1	5032.7	3883.8	5006.8	4681.1

资料来源：本报告整理。

“十三五”以来，全国城市轨道交通运营线路长度从 3618 公里增至 5033 公里，增加 1415 公里。其中，地铁从 2658 公里增至 3884 公里，增加 1226 公里，占新增城市轨道交通运营里程比重为 86.6%；地铁占城市轨道交通运营线路长度的比重从 73.5% 增至 77.2%，提高了 3.7 个百分点。“十三五”以来全国城市轨道交通规模见图 3–5。

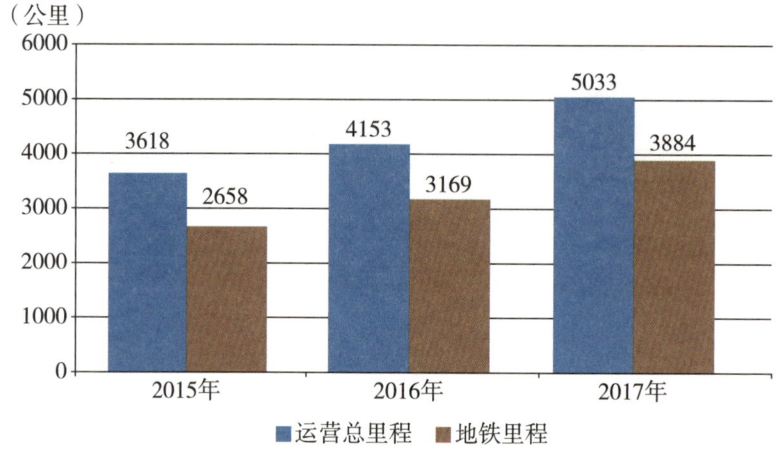

图 3-5 “十三五”以来全国城市轨道交通规模

资料来源：《城市轨道交通 2017 年统计分析报告》。

二、重大交通建设项目

（一）国家铁路项目

2017 年，国家发展改革委共批复 4 个铁路项目，批复总里程 711.22 公里，估算总投资 1436.67 亿元，项目资本金由中国铁路总公司和沿线地方政府共同筹集，其余资金使用国内银行贷款。其中，有 3 个铁路项目的设计时速为 350 公里，批复总里程 599.42 公里，占全年批复里程的 84.3%；项目估算总投资 1068.47 亿元，占全年批复项目估算投资总额的 74.4%。

（二）公路项目

2017 年，国家发展改革委共批复 5 个公路项目，批复总里程 302.24 公里，估算总投资 361.42 亿元。其中，政府与社会资本合作（PPP）项目 2 个，项目估算总投资为 190.42 亿元，占全年批复项目估算投资总额的 52.7%。从项目建设标准来看，批复项目有双向六车和双向四车两种。其中，双向六车道项目 2 个，批复总里程为 61.64 公里，占全年批复里程的 20.4%；项目估算总投资 155.07 亿元，占全年批复项目估算投资总额的 42.9%。

（三）水运项目

2017 年，国家发展改革委共批复 2 个水运项目，大型海事巡逻船和大型海事巡航求助船项目各 1 个。项目资金全部来自中央预算内资金，估算总投资 11.5 亿元，其中，大型海事巡逻船总投资 7.32 亿元，占比 63.7%。

（四）机场项目

2017 年，国务院、中央军委和国家发展改革委共批复 8 项机场项目，估算总投资 523.7 亿元。分审批环节看，国务院、中央军委批复新建机场立项 1 项，估算投资 18 亿元，占批复机场项目总投资的 3.4%；国家发展改革委批复机场可行性研究报告 7 项，估算总投资 505.7 亿元，占批复机场项目总投资的 96.6%。

在批复机场可行性研究报告中，批复新建机场项目 6 项，估算总投资 95.24 亿元，占批复机场可行性研究报告总投资的 18.8%；批复机场改扩建项目 1 项，估算总投资 410.5 亿元，占批复机场可行性研究报告总投资的 81.2%。

2017 年批复的国家铁路、公路、水运和机场项目分别见表 3–7、表 3–8、表 3–9 和表 3–10。

表 3-7　　2017 年批复的国家铁路项目

序号	项目名称	投资主体	建设地点	设计时速（公里 / 小时）	建设内容	建设工期	总投资（亿元）
1	新建上海至南通铁路太仓至四团段	中铁总、上海市、江苏省	太仓、嘉定、宝山、浦东新区、奉贤	200	新建上海至南通铁路太仓至四团段 111.8 公里，配置建设外高桥铁路集装箱办理站等相关工程	5 年	368.20
2	新建盐城至南通铁路	中铁总、江苏省、	盐城、东台市、海安、如皋、南通	350	新建盐城至南通高速铁路 156.6 公里，配置建设联络线、动车所等相关工程	4 年	305.50
3	新建常德至益阳至长沙铁路	中铁总、湖南省	常德、汉寿、桃江、益阳、宁乡、长沙	350	新建常德至益阳至长沙高速铁路 156.82 公里，配置建设联络线、动车所等相关工程	4 年	277.27
4	新建南昌经景德镇至黄山铁路	中铁总、江西省、安徽省	南昌、上饶、景德镇、黄山	350	新建南昌经景德镇至黄山高速铁路 286 公里，配置建设联络线等相关工程	4 年	485.70

表 3-8　2017 年批复的国家公路项目

序号	项目名称	投资主体	建设地点	建设内容	总投资（亿元）
1	克什克腾至承德公路内蒙古自治区段	内蒙古高等级公路建设开发有限公司	经棚、公沟店、臭水井子、元宝山牧场、乌兰布统苏木	双向四车道高速公路 97 公里	61.53
2	津石国家高速公路海滨大道至长深高速段	天津滨海新区高速公路投资发展有限公司	滨海新区、西青区	双向四车道高速公路 31.3 公里，同步建设津石高速至荣乌高速连线等相关工程	76.20
3	溧阳至宁德公路江苏段	江苏交通控股有限公司	南渡、天目湖、周城、社渚	双向六车道高速公路 23.7 公里	33.27
4	首都地区环线高速公路通州至大兴段	北京首都环线高速公路有限公司	西集、永乐店、漷县、于家务、采育	双向六车道高速公路 37.94 公里	121.80
5	宁夏回族自治区宁东至天水堡（宁甘界）公路	宁夏银百高速公路建设管理有限公司	高沙窝、马家滩、王乐井、冯记沟、大水坑、惠安堡、甜水堡	双向四车道高速公路 112.3 公里，同步建设萌城互通连接线等相关工程	68.62

表 3-9　2017 年批复的国家水路项目

序号	项目名称	资金来源	总投资（亿元）
1	大型海事巡逻船	中央预算内资金	7.32
2	台湾海峡大型海事巡航求助船	中央预算内资金	4.18

表 3-10　　2017 年批复的机场项目

序号	项目名称	审批环节	投资主体	建设地点	飞行区等级	建设内容	总投资（亿元）
1	山东菏泽民用机场	立项		菏泽	4C	新建 1 条长 2600 米的跑道，新建航站楼 1 万平方米、7 个机位的站坪及其他配套设施	18.00
2	乌鲁木齐机场改扩建工程	可研	新疆机场集团有限公司和中国航空油料集团公司	乌鲁木齐	4F	新建长 3600 米、宽 60 米的第二跑道，新建长 3200 米、宽 60 米的第三跑道，新建 45 万平方米的北区航站楼、180 个机位的站坪及其他配套设施	410.50
3	安徽芜湖宣城民用机场	可研	芜湖宣城机场建设投资有限公司	宣城	4C	建设 1 条长 2800 米、宽 45 米的跑道，1.5 万平方米的航站楼和 11 个机位的站坪及其他配套设施	13.99
4	湖北荆州民用机场	可研	荆州机场建设投资有限公司	荆州	4C	建设 1 条长 2600 米、宽 45 米的跑道，7000 平方米的航站楼和 5 个机位的站坪及其他配套设施	11.96
5	湖南湘西民用机场	可研	湘西厚驿机场有限责任公司	湘西	4C	建设 1 条长 2600 米、宽 45 米的跑道，3000 平方米的航站楼和 4 个机位的站坪及其他配套设施	16.69
6	湖南郴州民用机场	可研	郴州市交通建设投资有限责任公司	郴州	4C	建设 1 条长 2600 米、宽 45 米的跑道，6000 平方米的航站楼和 6 个机位的站坪及其他配套设施	19.56
7	贵州威宁民用机场	可研	贵州威宁草海民用机场有限责任公司	威宁	4C	建设 1 条长 3000 米、宽 45 米的跑道，4000 平方米的航站楼和 5 个机位的站坪及其他配置设施	18.16
8	广西玉林民用机场	可研	玉林交通旅游投资集团有限公司	玉林	4C	建设 1 条长 2600 米、宽 45 米的跑道，8000 平方米的航站楼和 6 个机位的站坪及其他配套设施	14.88

三、重大交通建设规划

2017年，由国家发展改革委批复的交通建设规划共3项，全部为城市轨道交通建设规划，共计22个项目，并且都为地铁项目，批复里程528.29公里，总投资4380.35亿元。其中，有2项交通建设规划在珠三角城市广州和深圳，共计15个项目，批复里程407公里，占全年批复总里程的77%；项目总投资3540.22亿元，占全年批复总投资的80.8%。

2017年批复的交通建设规划见表3-11。

表3-11　　　　2017年批复的交通建设规划

序号	规划类型	项目名称	项目数（个）	批复里程（公里）	总投资（亿元）
1	城市轨道交通建设规划	长沙市城市轨道交通第三期建设规划（2017–2022年）	7	121.29	840.13
2		广州市城市轨道交通第三期建设规划（2017–2023年）	10	258.10	2195.72
3		深圳市城市轨道交通第四期建设规划（2017–2022年）	5	148.90	1344.50

四、述评：交通建设稳步推进，防范化解重大风险要求交通投融资模式加大创新力度

（一）交通建设稳步推进，“十三五”规划预期任务进展顺利

“十三五”以来，全国交通固定资产投资逐年增加，交通建设稳步推进。截至2017年年底，交通设施规划项目建设进展顺利，除铁路营业里程外，其他主要交通设施建设任务目标完成比例均超过40%。“十三五”主要交通设施规划目标完成情况见表3-12。

表3-12 “十三五”主要交通设施规划目标完成情况

指标名称	2015年	2017年	2020年	“十三五”目标完成率
铁路营业里程（万公里）	12.1	12.7	15	20.7%
高速铁路营业里程（万公里）	2	2.5	3	50.0%
铁路复线率（%）	53	56.5	60	94.2%
铁路电气化率（%）	61	68.2	70	97.4%
公路通车里程（万公里）	458	477.35	500	46.1%
高速公路建成里程（万公里）	12.4	13.65	15	48.1%
沿海港口万吨级及以上泊位数（个）	2207	2366	2527	49.7%
民用运输机场数（个）	207	229	260	41.5%
城市轨道交通运营里程（公里）	3300	5032.7	6000	64.2%

资料来源：本报告整理。其中2020年的数据为规划目标。

分方式看，虽然铁路营业里程规划目标完成率仅为20.7%，但高速铁路建设热情较高，截至2017年年底，高铁营业里程完成了“十三五”规划目标的50%。只是因为“十三五”规划普速铁路项

目尚未进入投产期，影响指标任务完成。铁路复线和电气化率分别达到“十三五”规划目标值的 94.2% 和 97.4%，总体看，铁路基础设施质量提升处于领先地位。“十三五”规划建设公路里程和高速公路里程分别是 42 万公里和 2.6 万公里，沿海港口万吨级及以上泊位和民用运输机场预期增加是 320 个和 53 个，截至 2017 年年底，分别已经完成“十三五”规划目标的 46.1%、48.1%、49.7% 和 41.5%。公路、水路和民航领域基础设施建设略有超前。城市轨道交通建设步伐较快，两年时间已经完成“十三五”规划预期通车运营里程的 64.2%。

（二）交通 PPP 快速发展，建设资金渠道不断拓宽

“十三五”以来，政府和社会资本合作（PPP）模式在我国快速发展，成为传统基础设施领域与公共服务领域投资的主流模式。交通基础设施对经济和社会的外溢效益明显，成为 PPP 模式的实践重点。以财政部 2017 年公布的第四批 PPP 示范项目为例，交通运输类项目有 63 个，项目数占比 15.9%；投资总额 3090.48 亿元，投资总额占比 40.7%。随着 PPP 模式在交通运输领域的广泛使用，交通设施建设资金渠道不断拓宽，有力支撑交通设施建设。

专栏 3-5　财政部第四批 PPP 示范项目交通运输类占比超过四成

在财政部公布的第四批 PPP 示范项目中交通运输类项目有 63 个，项目数占比 15.9%；交通运输投资总额 3090.48 亿元，投资总额占比 40.7%。下面从区域和行业两个方面介绍其分布情况。

1. 从交通运输项目区域分布情况来看，西部地区投资占比最大，其后依次是东部地区、中部地区，东北地区没有示范项目。

西部地区 33 个，投资总额占比为 66.4%，其中，内蒙古自治区 2 个、广西壮族自治区 1 个、重庆市 1 个、四川省 5 个、贵州省 6 个、云南省 8 个、陕西省 5 个、甘肃省 1 个、宁夏回族自治区 1 个、新疆维吾尔自治区 3 个。东部地区 20 个，投资总额占比为 29.9%，其中，北京市 2 个、河北省 5 个、山东省 4 个、江苏省 1 个、浙江省 5 个、福建省 2 个、广东省 1 个。中部地区 10 个，投资总额占比为 3.7%，其中，江西省 1 个、河南省 1 个、湖北省 4 个、湖南省 4 个。

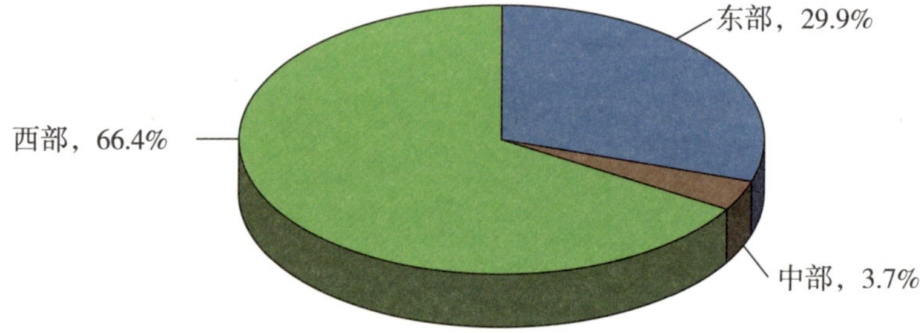

各个地区投资总额占比示意图

2. 交通运输类项目主要集中在公路和轨道，两者投资总额之和占比高达 86.7%。

公路项目 26 个，投资总额占比为 67.7%，其中，二级公路 1 个、高速公路 19 个、一级公路 5 个和高速公路机电系统网络升级 1 个。轨道项目 6 个，投资总额占比为 19%，其中，轨道交通 3 个、铁路 1 个和有轨电车 2 个。城市交通项目 19 个，投资总额占比为 6.7%，其中，公交 4 个、市政道路 7 个和停车场 8 个。物流项目 4 个，投资总额占比为 2.4%，其中，仓储物流 3 个和物流园 1 个。水路项目 2 个，投资总额占比为 2.1%，包括港口码头 1 个和航道航运 1 个。另外，还有桥梁项目 2 个，投资总额占比为 1.1%；交通枢纽项目 4 个，投资总额占比为 1%。

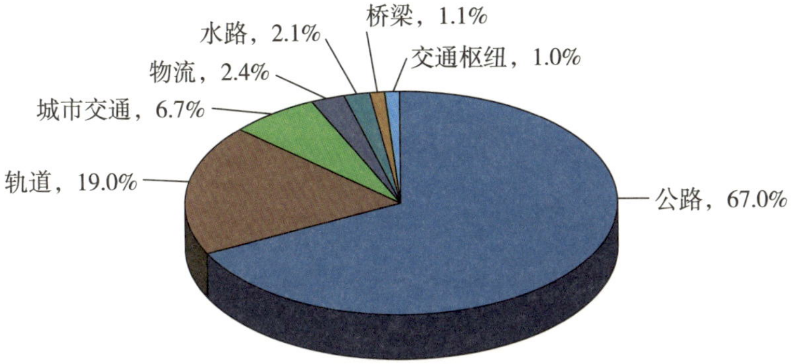

各行业投资总额占比示意图

资料来源：财政部第四批 PPP 示范项目交通运输类占比超过四成［OL］.《综合运输与经济》公众号平台，2018-02-09.

（三）防范化解重大风险要求交通投融资模式加大创新力度

2017 年 10 月 18 日，习近平总书记在党的十九大报告中提出，要坚决打好防范化解重大风险、精准脱贫、污染防治的攻坚战，其中防范化解重大风险要求地方政府严控地方债务风险。财政部在关于坚决制止地方政府违法违规举债遏制隐性债务增量情况的报告指出，坚持谁举债、谁负责，严格落实地方政府属地管理责任。地方政府债务风险受到关注之后，各方加大力度规范 PPP 发展，国家发展改革委和财政部发布的《关于进一步增强企业债券服务实体经济能力，严格防范地方债务风险的通知》（发改办财金〔2018〕194 号）指出，严格 PPP 模式适用范围，审慎评估政府付费类 PPP 项目、可行性缺口补助 PPP 项目发债风险，严禁采用 PPP 模式违法违规或变相举债融资。PPP 在交通领域的创新空间受到限制，交通建设投融资模式创新难度加大。

交通站点是人流和物流密集地，往往也是交通与经济社会融合的空间凸现点，交通设施的经济社会价值通过交通站点周围土地的价值得到较好的体现。运用交通站点周围土地综合开发，将交通设施的经济社会价值以市场的方式转化为交通项目的财务收益，将成为交通建设投融资模式创新的突破口。

Chapter 04

第四章 区域发展

2017年，在国家四大板块、三大战略等区域发展战略的指引下，我国区域交通发展格局进一步优化，交通运输对区域协调发展、协同发展、绿色发展和全方位开放开发的匹配支撑能力显著提升。四大板块交通基础设施建设总体仍呈现快速发展态势，特别是西部地区的铁路、高速铁路、公路、高速公路的建设进程加速，各地区板块间交通基础设施发展相对速度的差距进一步缩小。各地区板块的客货运输需求总体保持平稳较快增长，东部、中部和西部地区分别在铁路客运量、民航机场货邮吞吐量、民航机场旅客吞吐量指标上出现显著增长，各地区运输服务发展结构进一步调整优化。在三大战略相关区域，随着一批重大交通项目的建成，交通基础设施互联互通水平和空间经济联系强度进一步提高，“一带一路”沿线国家交通设施互联互通继续保持高位推动态势，中欧班列协调协作发展机制进一步完善，京津冀交通一体化进展加快，雄安新区交通先行发展，综合立体交通走廊稳步建设，长江干线货运量再创新高。各相关区域地方政府加强在规划、政策、标准、服务等方面的协调联动，有力增强了交通一体化发展的质量和效益。

一、四大板块交通发展情况

2017 年，东北、东部、中部和西部地区铁路营业里程占比分别为 13.5%、23.3%、22.2% 和 40.9%，西部地区占比最大；高速铁路里程占比分别为 9.5%、33.3%、25.8% 和 31.4%，东部地区占比最大；公路通车里程占比分别为 9.0%、24.2%、26.9% 和 40.0%，西部地区占比最大；高速公路里程占比分别为 8.7%、28.2%、25.7% 和 37.4%，西部地区占比最大；民航运输机场数量占比分别为 11.6%、23.2%、15.5% 和 49.8%，西部地区占比最大，具体见图 4-1 和表 4-1。

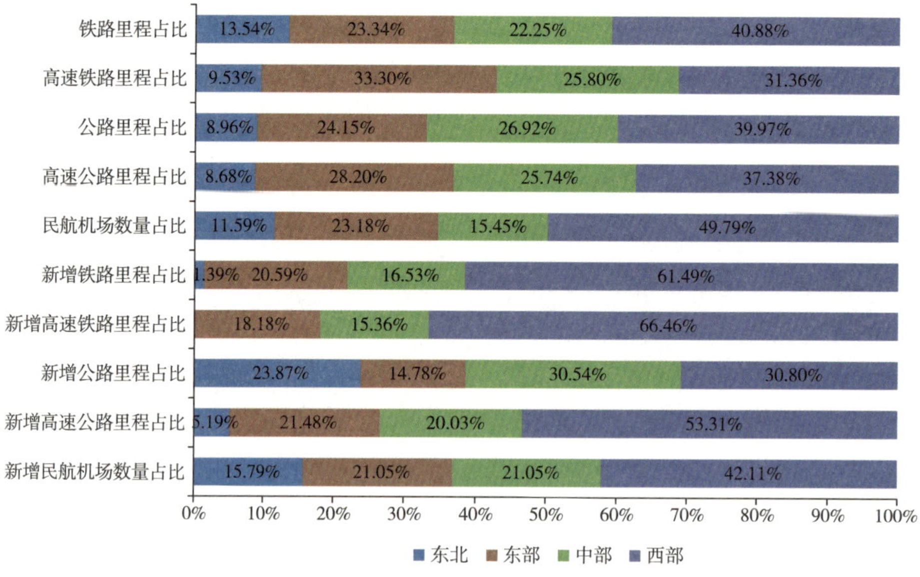

图 4-1　我国四大板块 2017 年现状和“十三五”新增交通基础设施结构

表 4-1 2017 年现状和“十三五”新增四大板块交通基础设施情况

类别指标		东北地区	东部地区	中部地区	西部地区
现状规模	铁路营业里程（公里）	17191	29633	28247	51900
	高速铁路里程（公里）	2316	8089	6267	7618
	公路通车里程（公里）	427654	1152768	1284796	1907844
	高速公路通车里程（公里）	11843	38473	35118	51002
	已建成机场个数（含建成未运营机场）（个）	27	54	36	116
同比增速	铁路里程同比增速	1.7%	1.9%	1.2%	3.2%
	高速铁路里程同比增速	0.00%	6.00%	2.30%	15.90%
	公路里程同比增速	10.30%	1.50%	1.40%	0.10%
	高速公路里程同比增速	1.60%	6.50%	2.00%	7.20%
	民航机场个数同比增速	12.50%	1.90%	9.10%	4.50%
区域结构	铁路里程占全国比重	13.5%	23.3%	22.2%	40.9%
	高速铁路里程占全国比重	9.5%	33.3%	25.8%	31.4%
	新增铁路里程占全国新增里程比重	1.4%	20.6%	16.5%	61.5%
	新增高速铁路里程占全国新增里程比重	0.0%	18.2%	15.4%	66.5%
	公路里程占全国比重	9.0%	24.2%	26.9%	40.0%
	高速公路里程占全国比重	8.7%	28.2%	25.7%	37.4%
	新增公路里程占全国新增里程比重	23.9%	14.8%	30.5%	30.8%
	新增高速公路里程占全国新增里程比重	5.2%	21.5%	20.0%	53.3%
	民航机场数量占全国比重	11.6%	23.2%	15.5%	49.8%
	新增民航机场数量占全国新增数量比重	15.8%	21.1%	21.1%	42.1%
路网密度	铁路网密度（公里 / 万平方公里）	218.13	323.57	274.85	79.25
	高速铁路网密度（公里 / 万平方公里）	29.39	88.32	60.98	11.63
	公路网密度（公里 / 万平方公里）	5426.39	12587.55	12501.66	2913.27
	高速公路网密度（公里 / 万平方公里）	150.27	420.10	341.71	77.88
	机场密度（个 / 万平方公里）	0.34	0.59	0.35	0.18

数据来源：根据各省（自治区、直辖市）发展改革委提供数据汇总整理。

2017 年，全国交通基础设施建设总体仍呈现快速发展态势，特别是西部地区的铁路、高速铁路、公路、高速公路的建设进程加速，新增设施分别占全国新增设施的61.5%、66.5%、30.8%和53.3%，居各板块之首。

（一）东北地区

东北地区包括辽宁、吉林和黑龙江3个省，国土面积78.8万平方公里，占全国国土总面积的8.2%。

1. 基础设施发展情况

2017年，东北地区铁路营业里程约1.7万公里，同比增长1.7%，其中，设计时速250公里以上的高速铁路里程约达2316公里，较上年没有变化。东北地区铁路网密度约为218.1公里/万平方公里，其中高速铁路网密度约为29.4公里/万平方公里。

东北地区公路通车里程约达42.8万公里，同比增长10.3%，其中，高速公路约达1.2万公里，同比增长1.6%（见表4–2）。东北地区公路网密度约为5426.4公里/万平方公里，其中高速公路网密度约为150.3公里/万平方公里。

东北地区已建成的民航运输机场达27个，其中投入运营的有27个，民航机场密度为0.3个/百万平方公里。沿海规模以上码头泊位达421个，同比增长2.4%，其中万吨级泊位为231个，同比增长1.8%。内河航道通航里程约为7529公里，其中等级航道里程为7079公里，三级及以上航道里程约2080公里，较上年均无变化。此外，内河规模以上码头泊位有111个，较上年无明显变化。

“十三五”以来，东北地区铁路营业里程增长91公里，增幅为0.5%，其中设计时速250公里以上的高速铁路里程没有变化。东北地区公路通车里程增长4.7万公里，增幅为12.3%，其中高速公路增长 671 公里，增幅为 6.0%。东北地区已建成的民航运输机场数增加 3 个，增幅为 12.5%。沿海规模以上码头泊位数增加 17 个，增幅为 4.2%，其中万吨级泊位数增加 17 个，增幅为 7.9%。内河航道通航里程增长 516.1 公里，增幅为 7.4%，其中等级航道里程和三级及以上航道里程均无变化。内河规模以上码头泊位数增加 12 个，增幅为 12.1%。

2015 年以来东北地区交通基础设施基本情况见表 4–2。

表 4–2　　2015 年以来东北地区交通基础设施基本情况

指　标	单位	2015 年	2016 年	2017 年	2017 年增速	“十三五”以来增幅
铁路营业里程	公里	17100	16900	17191	1.7%	0.5%
高速铁路里程（设计时速 250 公里及以上）	公里	2316	2316	2316	0.0%	0.0%
公路通车里程	公里	380923	387599	427654	10.3%	12.3%
高速公路里程	公里	11171	11658	11843	1.6%	6.0%
民航运输机场数（已建成的）	个	24	24	27	12.5%	12.5%
已开通运营的民航运输机场数	个	23	23	27	17.4%	17.4%
沿海主要规模以上港口码头泊位	个	404	411	421	2.4%	4.2%
沿海万吨级泊位	个	214	227	231	1.8%	7.9%
内河主要规模以上港口码头泊位	个	99	111	111	0.0%	12.1%
内河万吨级泊位	个	0	0	0	0.0%	0.0%
内河航道通航里程	公里	7013	7013	7529	7.4%	7.4%
等级航道里程	公里	6517	6517	6517	0.0%	0.0%
三级及以上航道里程	公里	2080	2080	2080	0.0%	0.0%

数据来源：2015 年、2016 年铁路营业里程、内河航道里程数据来自国家统计局网站，2015 年、2016 年内河等级航道里程及 2017 年数据根据黑龙江、吉林、辽宁 3 省发展改革委提供的数据汇总。

2. 客货运输量情况

2017 年，东北地区铁路客运量约 3.2 亿人，同比增长 0.8%；公路客运量约 10.7 亿人，同比下降 7.0%。铁路货运量约 3.4 亿吨，同比增长 14.4%；公路货运量约 27.3 亿吨，同比增长 4.6%。沿海规模以上港口货物吞吐量约 11.3 亿吨，同比增长 3.3%，其中集装箱吞吐量约 1950 万 TEU，同比增长 3.7%。内河规模以上港口货物吞吐量约 335 万吨，同比下降 3.2%，其中集装箱吞吐量为零，较上年无变化。民航机场旅客吞吐量约达 7178 万人，同比增长 18.9%；货邮吞吐量约达 54.7 万吨，同比增长 5.0%。

“十三五”以来，东北地区铁路客运量增加 2406 万人，增幅达到 8%；公路客运量下降 15129 万人，降幅达 12.4%。铁路货运量增加 4093 万吨，增幅达到 13.7%；公路货运量增加 18080 万吨，增幅达 7.1%。沿海规模以上港口货物吞吐量增长 7699 万吨，增幅达 7.3%，其中集装箱吞吐量增长 112 万 TEU，增幅达 6.1%。内河规模以上港口货物吞吐量下降 32 万吨，降幅达 8.7%，集装箱吞吐量始终为零。民航机场旅客吞吐量增长 2749 万人，增幅达 62.1%；货邮吞吐量增长 14.3 万吨，增幅达 35.5%。

2015 年以来东北地区客货运量及吞吐量基本情况见表 4–3。

表 4–3　2015 年以来东北地区客货运量及吞吐量基本情况

指　标	单位	2015 年	2016 年	2017 年	2017 年增速	“十三五”以来增幅
铁路客运量	万人	29864	32060	32341	0.8%	8.0%
公路客运量	万人	121914	114790	106785	–7.0%	–12.4%
铁路货运量	万吨	27837	29310	33998	14.4%	13.7%
公路货运量	万吨	255048	261045	273128	4.6%	7.1%
沿海规模以上港口货物吞吐量	万吨	104859	109000	112558	3.3%	7.3%
集装箱吞吐量	万 TEU	1838	1880	1950	3.7%	6.1%

续表

指　标	单位	2015 年	2016 年	2017 年	2017 年增速	"十三五"以来增幅
内河规模以上港口货物吞吐量	万吨	367	346	335	−3.2%	−8.7%
集装箱吞吐量	万 TEU	0	0	0	0.0%	0.0%
民航机场旅客吞吐量	万人	4429	6039	7178	18.9%	62.1%
民航机场货邮吞吐量	万吨	40	52	55	5.0%	35.5%

注：本表数据暂缺少吉林省铁路客运、货运量的统计数据。
数据来源：根据黑龙江、吉林、辽宁 3 省发展改革委提供的数据汇总。

3. 重大交通项目进展及若干典型项目基本情况

2017 年，东北地区铁路领域新开工项目 2 个，建成投产项目 7 个；民航机场方面新开工项目 3 个，建成投产项目 3 个，具体情况见表 4–4 和表 4–5。

表 4–4　　2017 年东北地区铁路和机场重大交通项目基本情况

交通领域	新开工项目个数	建成投产项目个数
铁　　路	2	7
民航机场	3	3

注：因部分铁路项目属于跨省建设，本报告按省分段统计项目个数。
数据来源：根据黑龙江、吉林、辽宁 3 省发展改革委提供的数据汇总。

表 4–5　　2017 年东北地区铁路和机场重大交通项目名称

领域	新开工项目	建成投产项目
铁路	朝阳至秦沈高铁凌海南站铁路联络线工程、敦化至白河客专工程	滨洲铁路电气化改造、平齐铁路电气化改造、通让铁路电气化改造、哈尔滨枢纽夏家冷链物流基地建设、哈尔滨枢纽新香坊物流基地建设、海城至岫岩铁路（原为地方铁路）、沈西工业走廊火石岗至渤海铁路项目

续表

领域	新开工项目	建成投产项目
机场	长春机场改扩建工程、绥芬河机场工程、嫩江墨尔根通用机场升级改造项目	三江机场、五大连池机场、松原机场

资料来源：根据黑龙江、吉林、辽宁3省发展改革委提供的资料汇总。

总体来看，“十三五”以来，东北地区的交通运输取得了一定成就。铁路运输方面，东北地区高速铁路里程虽未增加（存在统计口径变化的原因），但铁路客货运量同“十三五”初年相比增长8%和13.7%。2017年，东北地区的高速铁路里程仍保持2316公里，同“十三五”初年比没有增加，但同期铁路客货运量的增速有所提高，铁路客运量与2016年相比增长0.8%，铁路货运量同比增长14.4%，扭转了2016年铁路客运量同比下降的趋势。民航运输方面，东北地区的民航运输机场个数小有增加，但民航机场的客货吞吐量较“十三五”初年均有大幅增加。2017年，东北地区已开通运营的民航运输机场个数达到27个，与2015年相比增加了3个；同期民航机场客货吞吐量也均有显著增加，民航机场旅客吞吐量增长62.1%，民航机场货邮吞吐量增长35.5%。

（二）东部地区

东部地区包括北京、天津、河北、上海、江苏、浙江、福建、山东、广东、海南等10个省（直辖市），国土面积91.6万平方公里，占全国国土总面积的9.5%。

1. 基础设施发展情况

2017 年，东部地区铁路营业里程达 3.0 万公里，同比增长 1.9%，其中，设计时速 250 公里以上的高速铁路里程达 8089 公里，同比增长 6.0%。东部地区铁路线网密度约为 323.6 公里 / 万平方公里，其中高速铁路网密度约为 88.3 公里 / 万平方公里。

东部地区公路通车里程达 115.3 万公里，同比增长 1.5%，其中，高速公路达 3.8 万公里，同比增长 6.5%。东部地区公路线网密度约为 12587.6 公里 / 万平方公里，其中高速公路网密度约为 420.1 公里 / 万平方公里。

东部地区已建成的民航运输机场达 54 个，其中投入运营的有 54 个，每万平方公里民用机场数为 0.6 个。沿海规模以上码头泊位达 5688 个，其中万吨级泊位为 1699 个，同比增长 2.9%。内河航道通航里程为 53089 公里，其中，等级航道里程 21579 公里，三级及以上航道里程 4195 公里。内河规模以上码头泊位有 11760 个，其中万吨级泊位为 1178 个，同比减少 0.8%。

"十三五"以来，东部地区铁路营业里程增长 1350 公里，增幅为 4.8%，其中设计时速 250 公里以上的高速铁路里程增长 653 公里，增幅为 8.8%。东部地区公路通车里程增长 28925 公里，增幅为 2.6%，其中高速公路里程增长 2782 公里，增幅为 7.8%。东部地区已建成的民航运输机场数增长 4 个，增幅为 8.0%。沿海规模以上码头泊位数减少 242 个，降幅为 4.1%，其中万吨级泊位数增长 103 个，增幅为 6.5%。内河航道通航里程减少 85 公里，降幅为 0.2%，其中，等级航道里程减少 233 公里，降幅为 1.1%；三级及以上航道里程增长 285 公里，增幅为 7.3%。内河规模以上码头泊位数增长 1770 个，增幅为 17.7%，其中内河万吨级泊位数减少

7 个，降幅为 0.6%。

2015 年以来东部地区交通基础设施基本情况见表 4–6。

表 4–6　　2015 年以来东部地区交通基础设施基本情况

指　标	单位	2015 年	2016 年	2017 年	同比增速	“十三五”以来增幅
铁路营业里程	公里	28283	29084	29633	1.9%	4.8%
高速铁路里程（设计时速 250 公里及以上）	公里	7436	7630	8089	6.0%	8.8%
公路通车里程	公里	1123843	1135618	1152768	1.5%	2.6%
高速公路里程	公里	35691	36137	38473	6.5%	7.8%
民航运输机场数（已建成的）	个	50	53	54	1.9%	8.0%
已开通运营的民航运输机场数	个	50	53	54	1.9%	8.0%
沿海主要规模以上港口码头泊位	个	5930	5785	5688	–1.7%	–4.1%
沿海万吨级泊位	个	1596	1651	1699	2.9%	6.5%
内河主要规模以上港口码头泊位	个	9990	13255	11760	–11.3%	17.7%
内河万吨级泊位	个	1185	1188	1178	–0.8%	–0.6%
内河航道通航里程	公里	53174	53168	53089	–0.1%	–0.2%
等级航道里程	公里	21811	21828	21579	–1.1%	–1.1%
三级及以上航道里程	公里	3910	3954	4195	6.1%	7.3%

数据来源：2015 年、2016 年相关数据来自国家统计局网站，2017 年数据根据北京、天津、河北、山东、上海、江苏、浙江、福建、广东、海南等 10 个省（直辖市）发展改革委提供的资料汇总。

2. 客货运输量情况

2017 年，东部地区铁路客运量约为 13.9 亿人，同比增长 10.1%；公路客运量约为 48.7 亿人，同比减少 2.9%。铁路货运量约为 7.2 亿吨，同比增长 6.3%；公路货运量 126.5 亿吨，同比增长 9.8%。沿海规模以上港口货物吞吐量约为 77.4 亿吨，同比增长 7.6%，其中集装箱吞吐量约为 18921 万 TEU，同比增长 7.9%。内河规模以上港口货物吞吐量约为 27.8 亿吨，同比增长 8.4%，其中集装箱吞吐量约为 1990 万 TEU，同比增长 10.0%。民航机场旅客吞吐量约达 6.1 亿人，同比增长 11.3%；货邮吞吐量达 1216 万吨，同比增长 7.5%。

“十三五”以来，东部地区铁路客运量增长 2.6 亿人，增幅为 22.5%；公路客运量减少 3.2 亿人，降幅为 6.2%。铁路货运量增长 0.4 亿吨，增幅为 6.3%；公路货运量增长 18.8 亿吨，增幅为 17.5%。沿海规模以上港口货物吞吐量增长 8.1 亿吨，增幅为 11.7%，其中集装箱吞吐量增长 1994 万 TEU，增幅为 11.8%。内河规模以上港口货物吞吐量增长 2.9 亿吨，增幅为 11.7%，其中集装箱吞吐量增长 268 万 TEU，增幅为 15.6%。民航机场旅客吞吐量增长 1.1 亿人，增幅为 22.3%；货邮吞吐量增长 158 万吨，增幅为 14.9%。

2015 年以来东部地区客货运量及吞吐量基本情况见表 4–7。

表 4–7　　2015 年以来东部地区客货运量及吞吐量基本情况

指　标	单位	2015 年	2016 年	2017 年	同比增速	“十三五”以来增幅
铁路客运量	万人	113452	126281	138982	10.1%	22.5%
公路客运量	万人	519305	501609	487298	–2.9%	–6.2%
铁路货运量	万吨	67848	67874	72119	6.3%	6.3%

续表

指　标	单位	2015 年	2016 年	2017 年	同比增速	“十三五”以来增幅
公路货运量	万吨	1076767	1152142	1264787	9.8%	17.5%
沿海规模以上港口货物吞吐量	万吨	692327	718604	773568	7.6%	11.7%
集装箱吞吐量	万 TEU	16927	17530	18921	7.9%	11.8%
内河规模以上港口货物吞吐量	万吨	248850	256306	277867	8.4%	11.7%
集装箱吞吐量	万 TEU	1722	1809	1990	10.0%	15.6%
民航机场旅客吞吐量	万人	50162	55111	61366	11.3%	22.3%
民航机场货邮吞吐量	万吨	1058	1131	1216	7.5%	14.9%

数据来源：2015 年、2016 年相关数据来自国家统计局网站，2017 年数据根据北京、天津、河北、山东、上海、江苏、浙江、福建、广东、海南等 10 个省（直辖市）发展改革委提供的资料汇总。

3. 重大交通项目进展及若干典型项目基本情况

2017 年，东部地区铁路领域新开工项目 16 个，建成投产项目 12 个；高速公路领域新开工项目 47 个，建成投产项目 30 个；民航机场方面新开工项目 4 个，建成投产项目 3 个；内河航道方面新开工项目 5 个，建成投产项目 10 个；港口方面新开工项目 35 个，其中万吨级以上泊位项目 15 个，建成投产项目 53 个，其中万吨级以上泊位项目 42 个，具体情况分别见表 4–8 和表 4–9。

表 4–8　　2017 年东部地区重大交通项目基本情况

交通领域	新开工项目个数	建成投产项目个数
铁　　路	16	12
民航机场	4	3

注：因部分铁路项目属于跨省建设，本报告按省分段统计项目个数。

数据来源：根据北京、天津、河北、山东、上海、江苏、浙江、福建、广东、海南等 10 个省（直辖市）发展改革委提供的资料汇总。

表 4-9　2017 年东部地区铁路和民航机场领域重大交通项目名称

领域	新开工项目	建成投产项目
铁路	石龙集装箱站、大田集装箱中心站、平湖南铁路物流基地、茂名至湛江铁路电气化改造、珠海市区至珠海机场横琴至珠海机场段、福厦客运专线、新建泉州至兴国铁路、鲁南高铁日照至临沂段、济莱高铁、连徐高铁、京滨铁路、京唐铁路、京唐城际唐山段、京雄城际北京至新机场段	佛山西站、东海岛铁路、莞惠城际常平至莞城段、黎湛铁路电气化改造、石济客专、龙烟铁路、九景衢铁路、大北环铁路、西南环线、石济客专、蓝丰铁路、虎丰铁路二期
机场	揭阳潮汕机场扩建、南京禄口机场 T1 航站楼改扩建、扬州泰州机场扩建、唐山机场机坪扩建	三沙永兴机场、承德机场

资料来源：根据北京、天津、河北、山东、上海、江苏、浙江、福建、广东、海南等 10 个省（直辖市）发展改革委提供的资料汇总。

"十三五"以来，东部地区基础设施和运输服务量质齐升，显示出高质量发展态势。

基础设施方面，铁路和公路营运里程分别增长 4.8% 和 2.6%，覆盖水平高位提升，面积密度分别达到每万平方公里 323.6 公里和 88.3 公里，其中高速铁路和高速公路里程分别增长 8.8% 和 7.8%；沿海规模以上码头泊位数减少 242 个，降幅为 4.1%，其中万吨级泊位数增长 103 个，增幅为 6.5%；内河航道通航里程减少 85 公里，降幅为 0.2%，其中三级及以上航道里程增长 285 公里，增幅为 7.3%，设施等级不断提升。

运输服务方面，铁路、民航客运量快速增长，增幅分别达到 22.5%、22.3%，公路客运量降幅达 6.2%，旅客运输进一步向铁路、民航等高水平运输方式转移。铁路、公路、民航货运量持续快速增长，增幅分别达到 6.3%、17.5% 和 14.9%。沿海规模以上港口货物吞吐量、集装箱吞吐量分别增长 11.7% 和 11.8%，内河规模以上港口货物吞吐量、集装箱吞吐量分别增长 11.7% 和 15.6%，宏观经济企稳回升趋势明显。

（三）中部地区

中部地区包括山西、安徽、江西、河南、湖北、湖南等 6 个省，国土面积 102.8 万平方公里，占全国国土总面积的 10.7%。

1. 基础设施发展情况

2017 年，中部地区铁路营业里程达 2.8 万公里，同比增长 1.2%，其中，设计时速 250 公里以上的高速铁路里程达 6267 公里，同比增长 2.3%。中部地区铁路线网密度约为 274.9 公里 / 万平方公里，其中高速铁路网密度约为 61.0 公里 / 万平方公里。

中部地区公路通车里程达 128.5 万公里，同比增长 1.4%，其中，高速公路达 3.5 万公里，同比增长 2.0%。中部地区公路线网密度约为 12501.7 公里 / 万平方公里，其中高速公路网密度约为 341.7 公里 / 万平方公里。

中部地区已建成的民航运输机场达 36 个，其中投入运营的有 35 个，每万平方公里民用机场数为 0.4 个。内河航道通航里程为 35030 公里，其中，等级航道里程 19996 公里，三级及以上航道里程 4327 公里；此外，内河规模以上码头泊位 1812 个，同比减少 13.2%，其中万吨级泊位为 17 个，同比持平。

2015 年以来中部地区交通基础设施基本情况见表 4–10。

表 4–10　　2015 年以来中部地区交通基础设施基本情况

指　标	单位	2015 年	2016 年	2017 年	2017 年增速	“十三五”以来增幅
铁路营业里程	公里	27163	27923	28247	1.2%	4.0%
高速铁路里程（设计时速 250 公里及以上）	公里	5715	6128	6267	2.3%	9.7%

续表

指　标	单位	2015 年	2016 年	2017 年	2017 年增速	“十三五”以来增幅
公路通车里程	公里	1225011	1267463	1284796	1.4%	4.9%
高速公路里程	公里	32524	34434	35118	2.0%	8.0%
民航运输机场数（已建成的）	个	32	33	36	9.1%	12.5%
已开通运营的民航运输机场数	个	31	33	35	6.1%	12.9%
内河主要规模以上港口码头泊位	个	2094	2088	1812	−13.2%	−13.5%
内河万吨级泊位	个	14	17	17	0.0%	0.0%
内河航道通航里程	公里	35013	35013	35030	0.0%	0.0%
等级航道里程	公里	19396	19714	19996	1.4%	3.1%
三级及以上航道里程	公里	3925	4276	4327	1.2%	10.2%

数据来源：2015 年、2016 年相关数据来自国家统计局网站，2017 年数据根据湖南、湖北、安徽、江西、河南、山西等 6 个省份发展改革委提供的资料汇总。

“十三五”以来，中部地区铁路营业里程增长 0.1 万公里，增幅为 4.0%，其中设计时速 250 公里以上的高速铁路里程增长 552 公里，增幅为 9.7%。中部地区公路通车里程增长 6.0 万公里，增幅为 4.9%，其中高速公路 2594 公里，增幅为 8.0%。中部地区已建成的民航运输机场数增长 4 个，增幅为 12.5%。内河航道通航里程增长 17 公里，增幅为 0.0%，其中，等级航道里程增长 600 公里，增幅为 3.1%，三级及以上航道里程增长 402 公里，增幅为 10.2%。内河规模以上码头泊位数减少 282 个，降幅为 13.5%，其中万吨级泊位数增长 3 个，增幅为 0.0%。

2. 客货运输量情况

2017 年，中部地区铁路客运量约为 7.3 亿人，同比增长 9.8%；公路客运量约为 41.3 亿人，同比减少 7.5%。铁路货运量约为 10.7 亿吨，同比增长 10.3%；公路货运量约为 108.5 亿吨，同比增长 13.5%。内河规模以上港口货物吞吐量约为 10.2 亿吨，同比减少 14.2%；集装箱吞吐量约为 409 万 TEU，同比增长 21.7%。民航机场旅客吞吐量约为 1.2 亿人，同比增长 19.4%；货邮吞吐量 103 万吨，同比增长 8.5%。

"十三五"以来，中部地区铁路客运量增长 1.3 亿人，增幅为 20.8%；公路客运量减少 6.1 亿人，降幅为 12.9%。铁路货运量增长 0.4 亿吨，增幅为 3.6%；公路货运量增长 18.7 亿吨，增幅为 20.8%。内河规模以上港口货物吞吐量减少 1.2 亿吨，降幅为 10.6%，其中集装箱吞吐量增长 109.6 万 TEU，增幅为 36.6%。民航机场旅客吞吐量增长 0.3 亿人，增幅为 36.2%；货邮吞吐量增长 17.6 万吨，增幅为 20.5%。

2015 年以来中部地区客货运量及吞吐量基本情况见表 4–11。

表 4–11　2015 年以来中部地区客货运量及吞吐量基本情况

指　标	单位	2015 年	2016 年	2017 年	2017 年增速	"十三五"以来增幅
铁路客运量	万人	60648	66688	73246	9.8%	20.8%
公路客运量	万人	473598	445854	412627	–7.5%	–12.9%
铁路货运量	万吨	103193	96972	106952	10.3%	3.6%
公路货运量	万吨	897805	955477	1084828	13.5%	20.8%
内河规模以上港口货物吞吐量	万吨	113736	118561	101733	–14.2%	–10.6%
集装箱吞吐量	万 TEU	300	336	409	21.7%	36.6%
民航机场旅客吞吐量	万人	8977	10236	12227	19.4%	36.2%
民航机场货邮吞吐量	万吨	86	95	103	8.5%	20.5%

数据来源：2015 年、2016 年相关数据来自国家统计局网站，2017 年数据根据湖南、湖北、安徽、江西、河南、山西等 6 省发展改革委提供的资料汇总。

3. 重大交通项目进展及若干典型项目基本情况

2017 年，中部地区铁路领域新开工项目 7 个，建成投产项目 8 个；高速公路领域新开工项目 21 个，建成投产项目 14 个；民航机场方面新开工项目 1 个，建成投产项目 3 个；内河航道方面新开工项目 11 个，建成投产项目 2 个；港口方面新开工项目 22 个，其中万吨级以上泊位项目 1 个，建成投产项目 15 个，其中万吨级以上泊位项目 0 个。具体情况分别见表 4–12 和表 4–13。

表 4–12　　2017 年中部地区重大交通项目基本情况

交通领域	新开工项目个数	建成投产项目个数
铁　路	7	8
民航机场	1	3

注：因部分铁路项目属于跨省建设，本报告按省分段统计项目个数。

数据来源：根据湖南、湖北、安徽、江西、河南、山西等 6 省发展改革委提供的资料汇总。

表 4–13　2017 年中部地区铁路和民航机场领域重大交通项目名称

领域	新开工项目	建成投产项目
铁路	常益长铁路、怀柳铁路电化、湘桂铁路永州地区扩能、安庆至九江高铁（安徽段）、安九客专（湖北段）、安九铁路（江西段）、汉宜铁路大福至仙桃支线	长株潭城际铁路长沙站往西段、淮北高铁联络线、庐铜铁路、武九客专（江西段）、九景衢铁路、南同蒲铁路侯马至风陵渡电气化改造、京原铁路太原局管段电气化改造、武汉至九江客运专线铁路（湖北段）
机场	宜昌三峡机场改扩建	长沙机场飞行区东扩第二跑道建设项目、邵阳武冈机场、上饶三清山机场

数据来源：根据湖南、湖北、安徽、江西、河南、山西等 6 省发展改革委提供的资料汇总。

“十三五”以来，中部地区交通基础设施规模增长较快，特别是高等级基础设施增幅居前，其中高速铁路增长 9.7%，高速公路增长 8.0%，民航运输机场个数增长 12.5%。运输量方面，民航旅客和货邮吞吐量均实现快速增长，增幅分别达到 36.2% 和 20.5%；内河港口集装箱运量增幅达 36.6%；铁路客运量保持了较快增长速度，增幅达 20.8%，铁路货运量保持平稳增长，增幅为 3.6%；相比之下，公路客运量出现一定程度下滑，降幅为 12.9%。交通基础设施和运输量的变化，反映出在经济结构转型升级大背景下，交通运输领域的结构优化进程也正在稳定推进，高质量发展特征明显。

其中，2017 年建成的武九客专往北可以连接京广客运专线，往南连接昌九城际铁路，是国家规划的“五纵五横”综合运输走廊武汉至台北支线的组成部分，将大幅拉近鄱阳湖生态经济区与武汉都市圈时间距离，同时成为江西又一条快捷的进京通道。邵阳武冈机场位于湖南省西南部区域中心，可辐射周边衡阳、怀化、永州、桂林等地，是湘西南乃至中国西南黄金旅游线上的一个重要节点；上饶三清山机场所在的上饶市地处赣浙闽皖四省交界区域，有着独特的区位优势和丰富的旅游资源，上述两个机场的建成，将有力推动中部地区旅游产业发展。

（四）西部地区

西部地区包括内蒙古、广西、重庆、四川、贵州、云南、西藏、陕西、甘肃、青海、宁夏、新疆共 12 个省（自治区、直辖市），国土面积 687.9 万平方公里，占全国国土总面积的 71.6%。

1. 基础设施发展情况

2017 年，西部地区铁路营业里程约 5.2 万公里，同比增长 3.2%，其中，设计时速 250 公里以上的高速铁路里程约 7618 公里，同比增长 15.9%。西部地区铁路网密度约为 79.3 公里 / 万平方公里，其中高速铁路网密度约为 11.6 公里 / 万平方公里。

西部地区公路通车里程约 190.8 万公里，同比增长 0.1%，其中，高速公路约 5.1 万公里，同比增长 7.2%；西部地区公路网密度约为 2913.3 公里 / 万平方公里，其中高速公路网密度约为 77.9 公里 / 万平方公里。

西部地区已建成的民航运输机场达 116 个，其中投入运营的有 112 个，民航机场密度为 0.2 个 / 百万平方公里。沿海规模以上码头泊位达 263 个，同比增长 1.2%，其中万吨级泊位为 86 个，同比增长 3.6%。内河航道通航里程约为 31957.5 公里，同比下降 5.5%，其中，等级航道里程为 18221.0 公里，同比下降 3.0%，三级及以上航道里程约 2138.3 公里，较上年无变化。此外，内河规模以上码头泊位 2109 个，同比下降 9.4%。

2015 年以来西部地区交通基础设施基本情况见表 4–14。

表 4–14　2015 年以来西部地区交通基础设施基本情况

指　标	单位	2015 年	2016 年	2017 年	2017 年增速	“十三五”以来增幅
铁路营业里程	公里	47868	50289	51899	3.2%	8.4%
高速铁路里程（设计时速 250 公里及以上）	公里	5230	6575	7618	15.9%	45.7%
公路通车里程	公里	1847549	1905432	1907844	0.1%	3.3%

续表

指　标	单位	2015年	2016年	2017年	2017年增速	“十三五”以来增幅
高速公路里程	公里	44098	47570	51002	7.2%	15.7%
民航运输机场数（已建成的）	个	108	111	116	4.5%	7.4%
已开通运营的民航运输机场数	个	104	109	112	2.8%	7.7%
沿海主要规模以上港口码头泊位	个	256	260	263	1.2%	2.7%
沿海万吨级泊位	个	79	83	86	3.6%	8.9%
内河主要规模以上港口码头泊位	个	2365	2329	2109	-9.4%	-10.8%
内河航道通航里程	公里	33569	33810	31958	-5.5%	-4.8%
等级航道里程	公里	20091	18779	18221	-3.0%	-9.3%
三级及以上航道里程	公里	2043	2138	2138	0.0%	4.6%

数据来源：2015年、2016年铁路营业里程、高速公路里程、内河航道里程数据来自国家统计局网站，2017年相应数据根据内蒙古、陕西、四川、重庆、贵州、云南、广西、甘肃、宁夏、青海、新疆、西藏12个省（自治区、直辖市）发展改革委提供的数据汇总。

“十三五”以来，西部地区铁路营业里程增加了4031.7公里，增幅为8.4%，其中设计时速250公里以上的高速铁路里程增加2388公里，增幅为45.7%。西部地区公路通车里程增长6.0万公里，增幅为3.3%，其中高速公路里程增长6903.9公里，增幅为15.7%。西部地区已建成的民航运输机场数增加8个，增幅为7.4%。沿海规模以上码头泊位数增加7个，增幅为2.7%，其中万吨级泊位数增加7个，增幅为8.9%。内河航道通航里程下降1611.4公里，降幅为4.8%。其中等级航道里程下降1870.3公里，降幅为9.3%；三级及以上航道里程增长95.0公里，增幅为4.6%。内河规模以上码头泊位数下降256个，降幅为10.8%，其中万吨级泊位数始终为0。

2. 客货运输量情况

2017 年，西部地区铁路客运量约达为 3.6 亿人，同比增长 11.5%；公路客运量约为24.1亿人，同比下降1.1%。铁路货运量约为13.3亿吨，同比增长 12.7%；公路货运量约为 60.7 亿吨，同比增长 8.2%。沿海规模以上港口货物吞吐量约为 2.2 亿吨，同比增长 7.4%，其中集装箱吞吐量约为 227.8 万 TEU，同比增长 26.9%。内河规模以上港口货物吞吐量约为 12620 万吨，同比增长 7.7%，其中集装箱吞吐量为 90.6 万 TEU，同比增长 25.8%。民航机场旅客吞吐量约为 14526.3 万人，同比增长 20.5%；货邮吞吐量约为 169.2 万吨，同比增长 8.1%。

“十三五”以来，西部地区铁路客运量增长 6598.0 万人，增幅达 22.3%；公路客运量减少 3453 万人，降幅达 1.4%。铁路货运量增加 18168.0 万吨，增幅达 15.9%；公路货运量增加 80417 万吨，增幅达 15.3%。沿海规模以上港口货物吞吐量增加 1418 万吨，增幅达 6.9%，其中集装箱吞吐量增加 86.3 万 TEU，增幅达 61.0%。内河规模以上港口货物吞吐量增长 1647 万吨，增幅达 15.0%，其中集装箱吞吐量增长 27.6 万 TEU，增幅达 43.9%。民航机场旅客吞吐量增长 4284.2 万人，增幅达 41.8%；货邮吞吐量下降 9.1 万吨，降幅达 5.1%。

2015 年以来西部地区客货运量及吞吐量基本情况见表 4–15。

表 4–15　2015 年以来西部地区客货运量及吞吐量基本情况

指　标	单位	2015 年	2016 年	2017 年	2017 年增速	“十三五”以来增幅
铁路客运量	万人	29641	32504	36239	11.5%	22.3%
公路客运量	万人	244876	244104	241423	–1.1%	–1.4%

续表

指　标	单位	2015 年	2016 年	2017 年	2017 年增速	“十三五”以来增幅
铁路货运量	万吨	114374	117644	132542	12.7%	15.9%
公路货运量	万吨	526275	560689	606692	8.2%	15.3%
沿海规模以上港口货物吞吐量	万吨	20482	20392	21900	7.4%	6.9%
集装箱吞吐量	万 TEU	142	180	228	26.9%	61.0%
内河规模以上港口货物吞吐量	万吨	10973	11718	12620	7.7%	15.0%
集装箱吞吐量	万 TEU	63	72	91	25.8%	43.9%
民航机场旅客吞吐量	万人	10242	12054	14526	20.5%	41.8%
民航机场货邮吞吐量	万吨	178	157	169	8.1%	-5.1%

数据来源：2015 年、2016 年铁路营业里程、高速公路里程、内河航道里程数据来自国家统计局网站，2017 年相应数据根据内蒙古、陕西、四川、重庆、贵州、云南、广西、甘肃、宁夏、青海、新疆、西藏 12 个省（自治区、直辖市）发展改革委提供的数据汇总。

3. 重大交通项目进展及若干典型项目基本情况

2017 年，西部地区铁路领域新开工项目 11 个，建成投产项目 19 个；民航机场方面新开工项目 18 个，建成投产项目 11 个。具体情况分别见表 4–16 和表 4–17。

表 4–16　2017 年西部地区铁路和机场重大交通项目基本情况

交通领域	新开工项目个数	建成投产项目个数
铁　路	11	19
民航机场	18	11

注：因部分铁路、公路项目属于跨省建设，本报告按省分段统计项目个数。

数据来源：根据内蒙古、陕西、四川、重庆、贵州、云南、广西、甘肃、宁夏、青海、新疆、西藏 12 个省（自治区、直辖市）发展改革委提供的数据汇总。

表 4–17 2017 年西部地区铁路和机场重大交通项目

领域	新开工	建 成
铁路	中卫至兰州铁路、贵阳至南宁铁路、兰州至重庆铁路	呼张客专内蒙古段、西安至成都铁路、渝贵铁路、宝兰客专、宝鸡至兰州客运专线
机场	石拐区通用机场、达茂旗通用机场	莫力达瓦旗通用机场、呼和浩特白塔机场航班备降保障工程、澜沧机场、江北机场 T3A 航站楼和第三跑道、遵义茅台机场

资料来源：根据内蒙古、陕西、四川、重庆、贵州、云南、广西、甘肃、宁夏、青海、新疆、西藏 12 个省（自治区、直辖市）发展改革委提供的资料汇总。

总体来看，“十三五”以来，西部地区铁路、公路、民航等基础设施和客货运量均保持较快增长。同 2015 年相比，西部地区铁路、高速铁路、高速公路的建设均保持较快增长，增幅分别为 8.4%、45.7% 和 15.7%。其中宝兰高铁的正式开通运营标志着“四纵四横”高铁网络中的陆桥通道全线贯通，大大缩短了西北与东、中部地区的时空距离，极大程度地解决了西北地区陆桥通道运输能力问题，对进一步优化我国快速铁路网络、促进区域均衡协调发展具有重要意义。

这一情况也体现出我国继续加快西部地区发展的区域发展战略以及“十三五”时期我国交通基础设施建设力度继续向西部倾斜的发展趋势。截至 2017 年，西部地区的铁路营业里程已超过 5.1 万公里，投入使用的民航运输机场超过 110 个，成为我国四大板块中铁路营业里程和民航机场个数最多的区域。与此相适应，运输服务方面，“十三五”以来西部地区的铁路客运量和民航机场旅客吞吐量增幅分别达到 22.3% 和 41.8%，均有大幅度增加，铁路货运量增幅达 15.9%，也有较大幅度增加。

二、“三大战略”相关区域交通发展情况

（一）京津冀地区

京津冀地区包括北京、天津、河北三个省（直辖市），国土面积21.6平方公里，占全国国土总面积的2.2%。

1. 京津冀交通一体化主要进展概述

2017年，党的十九大胜利召开，我国经济进入高质量发展阶段，京津冀地区的雄安新区、北京城市副中心、北京冬奥会和冬残奥会、新机场建设等进入新阶段，京津冀交通一体化发展进入新的历史时期，开始适应新的发展形势、发展要求，加快调整发展理念、思路与重点任务。

在交通基础设施互联互通方面，在大北环铁路和西南环线建成通车、南港铁路主体工程基本完工的同时，京滨城际铁路北段、京张高铁、京唐城际铁路以及京哈铁路蓟州南站改造工程、京霸铁路相继开工建设，石济高铁正式开通运营，天津至雄安城际铁路以及天津至首都机场联络线纳入《雄安新区及周边地区铁路布局规划》，三地铁路路网将进一步延伸。值得一提的是，2017年4月，京津冀城际铁路发展基金会在北京举办签约仪式，今后12家金融投资机构将涉足总投资达6100亿的京津冀城际铁路网的建设。京秦高速、首都地区环线高速（密涿高速）、唐廊高速的天津段一期路段、津汉高速和津港高速二期等工程加快建设，并已基本贯通，新机场北线高速、石家庄到天津、唐山到廊坊等高速公路项目也相继开工，高速公路网不断完善。

在综合运输服务提升方面，一是“公交省际化、省际公交化”成

为可能，京津冀之间开通了一批跨省（市）公交线路，河北省重点实施了北京平谷至河北三河等多条省（市）际毗邻地区客运的公交化改造，39 条“出京公交”常态化运营，包括开往廊坊的 805 路等 3 条线路和开往燕郊、三河的 815 等 14 条线路，共辐射 14 个重要毗邻县市，日均客运量 40 万人次，更加便利沿途群众跨省（市）出行；二是三地道路客运联网售票系统建成，并覆盖区域内 100 个二级（含）以上客运站，其中北京六里桥、赵公口、木樨园等 8 个省际长途客运站接入系统；三是“一卡走遍京津冀”的出行模式初步形成，京津冀互通卡可在北京地面公交、轨道交通线路及京津冀区域内接入省级平台城市的指定线路刷卡乘车，北京市公共交通基本实现与京津冀区域内接入省级平台城市的互联互通；四是“轨道上的京津冀”有了更高标准，“复兴号”列车开始在京津城际铁路上飞驰，继京津城际铁路延伸线（天津至于家堡）开通、京津城际推出同城优惠卡及延伸线票价打折等诸多便民惠民新举措之后，京津城际列车以“公交化”服务助力区域“同城化”发展，北京南至保定途经雄安新区白沟站和白洋淀站的两对动车组列车正式开行，北京至雄安新区有了直达动车组列车，京津地区利用既有铁路开行了北京副中心线、北京至蓟州等市郊列车；五是机场综合化、协同化发展取得新成效，天津机场交通中心实现了各种交通方式的无缝接驳，形成覆盖京津冀区域及天津全市域的地面交通 1 小时行程圈，再通过津秦客专、津保客专等铁路网，机场腹地可扩大至 100 公里服务圈，2017 年全年北京地区来天津机场乘坐国际旅游航班旅客达 80 万人次，天津机场在 20 座城市设置的候机楼全年共接待旅客 42.7 万人次，河北机场集团从功能定位出发，着力发展低成本航空，2017 年，石家庄机场低成本航空公司的载客量占比达 48.6%，比 2012 年提升了 20 多个百分点，空铁联运客流量达到 73.77 万人次，同比增长 78.98%，其中北京客流占比达 30%。

2. 京津冀地区交通发展情况

（1）基础设施发展情况。

2017 年，京津冀地区铁路营业里程达 9575 公里，同比增长 2.6%，其中，设计时速 250 公里以上的高速铁路里程达 1664 公里，较上年增长 22.8%。京津冀地区铁路线网密度达 447 公里 / 万平方公里，其中高速铁路网密度为 77.1 公里 / 万平方公里。京津冀地区公路通车里程达23.2万公里，同比增长2.1%，其中，高速公路里程达8612公里，同比减少 1.3%。京津冀地区公路线网密度达 10741 公里 / 万平方公里，其中高速公路网密度为 399 公里 / 万平方公里。京津冀地区已建成的民航运输机场达 9 个，均已投入运营，机场密度达 0.42 个 / 万平方公里。沿海规模以上码头泊位达 368 个，同比减少 1.9%。

2015 年以来京津冀地区交通基础设施基本情况见表 4–18。

表 4–18　　2015 年以来京津冀地区交通基础设施基本情况

指　标	单位	2015 年	2016 年	2017 年	同比增速	“十三五”以来增幅
铁路营业里程	公里	9251	9335	9575.2	2.6%	3.5%
高速铁路里程（设计时速 250 公里及以上）	公里	1329	1355	1664	22.8%	25.2%
公路通车里程	公里	223003	227190	232006	2.1%	4.0%
高速公路里程	公里	8438	8723	8612	–1.3%	2.1%
民航运输机场数（已建成的）	个	8	8	9	12.5%	12.5%
已开通运营的民航运输机场数	个	8	8	9	12.5%	12.5%
沿海主要规模以上港口码头泊位	个	331	375	368	–1.9%	11.2%
沿海万吨级泊位	个	258	298	308	3.4%	19.4%

数据来源：2015 年和 2016 年数据来源于国家统计局，2017 年数据根据北京、天津、河北 3 省（直辖市）发展改革委提供的数据及相关行业数据汇总。

"十三五"以来，京津冀地区铁路设施营业里程增幅达 3.5%，其中高速铁路营业里程增幅为 25.2%；公路设施通车里程增幅达 4.0%，其中高速公路通车里程增幅为 2.1%；民航运输机场新增 1 个；沿海主要规模以上港口码头泊位增幅达 11.2%，其中万吨级以上泊位增幅 19.4%。

（2）客货运输量情况。

2017 年，京津冀地区铁路客运量为 3.0 亿人，同比增长 4.7%；公路客运量为 9.6 亿人，同比减少 5.8%。铁路货运量为 2.7 亿吨，同比增长 5.3%；公路货运量为 26 亿吨，同比增长 7.1%。沿海规模以上港口货物吞吐量和集装箱吞吐量同比分别增长 5.3% 和 7.1%。民航机场旅客吞吐量为 1.3 亿人次，同比增长 7.4%；货邮吞吐量达 236 万吨，同比增长 5.0%。

2015 年以来京津冀地区客货运量及吞吐量基本情况见表 4–19。

表 4–19　2015 年以来京津冀地区客货运量及吞吐量基本情况

指　标	单位	2015 年	2016 年	2017 年	同比增速	"十三五"以来增幅
铁路客运量	万人	26678	28793	30250	5.1%	13.4%
公路客运量	万人	107713	101706	95798	–5.8%	–11.1%
铁路货运量	万吨	27255	25224	26572	5.3%	–2.5%
公路货运量	万吨	225232	242695	259955	7.1%	15.4%
沿海规模以上港口货物吞吐量	万吨	145051	150056	158056	5.3%	9.0%
集装箱吞吐量	万 TEU	1664	1757	1881	7.1%	13.1%
民航机场旅客吞吐量	万人次	11637	12535	13461	7.4%	15.7%
民航机场货邮吞吐量	万吨	214	225	236	5.0%	10.3%

数据来源：2015 年和 2016 年数据来源于国家统计局，2017 年数据是根据北京、天津、河北 3 省（直辖市）发展改革委提供的数据及相关行业数据汇总。

"十三五"以来，京津冀地区铁路客运量增长 13.0%，公路客运量减少 11.1%，高速铁路的大规模投入运营使“轨道上的京津冀”初显形态，旅客运输领域“公转铁”效果明显。铁路货运量减少 2.5%，而公路货运量增长 15.4%，公路运输占货运市场的份额仍十分可观。沿海规模以上港口货物吞吐量增长 9.0%，其中集装箱吞吐量增长 13.1%。民航机场客货吞吐量继续保持高速增长态势，旅客吞吐量和货邮吞吐量分别增长 15.7% 和 10.3%。

（3）重大交通项目进展情况。

2017 年，京津冀地区铁路新开工项目 4 个，建成投产项目 5 个；高速公路新开工项目 4 个，建成投产项目 4 个；民航运输机场新建项目 1 个，建成投产项目 1 个；港口新开工项目 1 个，建成投产项目 4 个。具体情况分别见表 4–20 和表 4–21。

表 4–20　2017 年京津冀地区重大交通项目基本情况

交通领域	新开工项目个数	建成投产项目个数
铁　路	4	5
高速公路	4	4
民航机场	1	1
港　口	1	4

数据来源：根据北京、天津、河北 3 省（直辖市）发展改革委提供的数据汇总。

表 4–21　2017 年京津冀地区铁路和民航机场重大交通项目名称

领域	新开工项目	建成投产项目
铁路	京滨铁路、京唐铁路	石济客专引入济南方向、大北环铁路、西南环线
机场	——	——

资料来源：根据北京、天津、河北 3 省（直辖市）发展改革委提供资料汇总。

（二）长江经济带

长江经济带地区包括上海、江苏、浙江、安徽、江西、湖北、湖南、重庆、四川、云南、贵州等 11 省（直辖市），国土面积 203.8 万平方公里，占全国国土总面积的 21.2%。

1. 长江干线航运情况

按照河道水文和地理特征，长江上中下游划分区段为：宜昌以上河段为上游，宜昌至湖口河段为中游，湖口以下河段为下游。按照航道养护管理的特点，长江上中下游划分区段为：宜昌以上为长江上游航道，宜昌至汉口为长江中游航道，汉口至长江口为长江下游航道。

长江干线航道上起云南水富，下至长江入海口，全长 2838 公里。其中，云南水富至四川宜宾合江门段 30 公里由四川省交通运输厅负责养护管理，湖北宜昌中水门至秭归庙河段 59 公里由长江三峡通航管理局负责养护管理，江苏太仓浏河口至上海长江口（南汊）段 120 公里由长江口航道管理局负责养护管理，其余河段由长江航道局负责养护管理。

2017 年，长江航道完成维护疏浚量 7952 万立方米（其中长江口 6024 万立方米），长江干线航道维护水深保证率 100%，航标正常率 100%；两坝船闸高效运行。航道通过能力继续提高，黄石至安庆河段枯水期航道维护水深由 4.5 米试运行提高至 5.0 米，叙渝段航道枯水期 2.9 米航道维护水深正式运行。此外，长江中游蕲春航道整治工程开工建设，标志着长江“645 工程”（武汉至安庆 6 米水深、武汉至宜昌 4.5 米水深航道整治工程）建设正式拉开序幕。长江电子航道图推广应用目标超额完成，466 艘通过三峡船闸的“三类船舶”免费安装了长江电子航道图，总安装率达 85%。航道行政管理不断加强，长航局修订并发布《长航局航道行政管理规定》，完成了重点水域通航风险等专项排查工作，长江沿江应取缔的959座非法码头全部拆除，其中809座完成了生态复绿，恢复生态岸线100多公里，长江沿江非法码头得到有效整治，推动“非法采砂入刑”实践。三峡通航保障能力持续提升，长航局圆满完成了三峡北线船闸停航检修及检修期通航保障工作，启动了长江干线过坝船舶联动控制，开展了三峡升船机第二阶段实船试航、满负荷运行试验及适航验证等工作。

2017年，长江干线货物通过量达25亿吨（其中江海联运14.1亿吨），同比增长8.0%；长江干线规模以上港口货物吞吐量24.4亿吨，同比增长7.5%；完成集装箱吞吐量1650万TEU，同比增长8.2%。长航局推动34家省际液货危险品船、客船运输企业实施了兼并重组，开展长江航运市场秩序专项治理，查纠资质不达标经营者1200余家（户），对12艘省际液货危险品船实施停航整顿，对涉及的11家企业负责人进行了安全生产约谈，长江干线事故4项指标同比全面下降：等级事故件数下降25.7%，死亡失踪人数下降10.2%，沉船艘数下降26.9%，直接经济损失下降19.4%。长江黄金水道的通过能力持续增长，在国家战略中的主通道作用、在沿江综合立体交通走廊建设中的主骨架作用、在沿江产业布局中的主支撑作用、在多式联运中的主枢纽作用和在生态文明建设中的主基调作用日益凸显。

船型标准化稳步推进，资金清算合规性审查共核准中央补贴资金14亿元，审核船舶21855艘次，总计1417万总吨；长航局与长江流域14省市签订了船型标准化目标责任书；完成老旧船舶拆解改造11682艘，鼓励新建三峡船型、高能效船型、LNG船型共57艘。

此外，由上港集团等9家港口集团和长航集团等5家航运企业共同发起长江经济带航运联盟在上海成立。联盟将贯彻落实推动长江经济带发展的重大战略部署，秉承生态优先、绿色发展理念，发挥联盟的协同联动作用，以长江经济带港口建设和航运发展为导向，推进长江航运资源优化配置和协同发展，着力提升黄金水道功能，实现航道畅通、枢纽互通、江海联通和关检直通，降低企业综合物流成本，更好地服务长江经济带贸易增长，促进经济发展。

2. 长江经济带交通发展情况

（1）基础设施发展情况。

2017 年，长江经济带地区铁路营业里程约 3.7 万公里，同比增长 1.8%，其中，设计时速 250 公里以上的高速铁路里程达 9477 公里，同比增长 3.5%。长江经济带地区铁路线网密度达 186.0 公里 / 万平方公里，其中高速铁路网密度为 46.5 公里 / 万平方公里。公路通车里程约 208.1 万公里，同比增长 1.8%，其中，高速公路约达 5.4 万公里，同比增长 7.1%。长江经济带地区公路线网密度达 10211.2 公里 / 万平方公里，其中高速公路网密度达 263.1 公里 / 万平方公里。已建成民航运输机场达 85 个，其中投入运营的有 85 个，每万平方公里民航机场数达到 0.42 个。沿海规模以上码头泊位数为 2322 个，其中万吨级泊位为 546 个。内河航道通航里程为 89083 公里，其中三级及以上航道里程 8366 公里，同比增长 2.2%。此外，内河规模以上码头泊位 13722 个，其中万吨级泊位为 1195 个，同比减少 0.8%。

2015 年以来长江经济带地区交通基础设施基本情况见表 4–22。

表 4–22　2015 年以来长江经济带地区交通基础设施基本情况

指　标	单位	2015 年	2016 年	2017 年	同比增速	“十三五”以来增幅
铁路营业里程	公里	34662	36708	37385	1.8%	7.9%
高速铁路里程	公里	7673	9156	9477	3.5%	23.5%

续表

指　标	单位	2015 年	2016 年	2017 年	同比增速	“十三五”以来增幅
公路通车里程	公里	2001983	2044245	2081347	1.8%	4.0%
高速公路里程	公里	48145	50051	53629	7.1%	11.4%
民航运输机场数（已建成的）	个	79	82	85	3.7%	7.6%
已开通运营的民航运输机场数	个	78	81	85	4.9%	9.0%
沿海主要规模以上港口码头泊位	个	2567	2397	2332	−2.7%	−9.2%
沿海万吨级泊位	个	569	531	546	2.8%	−4.0%
内河主要规模以上港口码头泊位	个	12490	15756	13722	−12.9%	9.9%
内河万吨级泊位	个	1199	1205	1195	−0.8%	−0.3%
内河航道通航里程	公里	90952	91146	89083	−2.3%	−2.1%
等级航道里程	公里	45528	43769	43778	0.0%	−3.8%
三级及以上航道里程	公里	7696	8185	8366	2.2%	8.7%

数据来源：2015 年和 2016 年相关数据来源于国家统计局，2017 年数据是根据上海、江苏、浙江、安徽、江西、湖北、湖南、重庆、四川、云南、贵州 11 个省（直辖市）发展改革委提供的数据汇总。

“十三五”以来，长江经济带地区铁路营业里程、公路通车里程分别增长了 7.9% 和 4.0%，其中高速铁路和高速公路里程分别增长 23.5% 和 11.4%，设施技术等级结构进一步改善。新投入运营的民航运输机场增加 7 个，增幅为 9.0%。港口码头资源得到进一步优化整合，特别是长江沿江非法码头得到有效整治，沿海规模以上港口码头泊位、沿海万吨级泊位以及内河万吨级泊位数量有所减少，分别减少了 9.2%、4.0% 和 0.3%。

（2）客货运输量情况。

2017 年，长江经济带地区铁路客运量约为 13.1 亿人，同比增长 11.9%；铁路货运量约 5.2 亿吨，同比增长 0.2%。公路客运量约为 75.8 亿人，同比下降 6.2%；公路货运量为 130.0 亿吨，同比下降 6.2%。沿海规模以上港口货物吞吐量达 23.0 亿吨，同比增长 9.2%，其中集装箱吞吐量为 7202 万 TEU，同比增长 9.7%。内河规模以上港口货物吞吐量达 36.5 亿吨，同比增长 1.0%，其中集装箱吞吐量为 1898 万 TEU，同比增长 11.2%。民航机场旅客吞吐量约为 4.8 亿人次，同比增长 11.6%；货邮吞吐量为 864 万吨，同比增长 9.2%。

2015 年以来长江经济带地区客货运量及吞吐量基本情况见表 4–23。

表 4–23　2015 年以来长江经济带地区客货运量及吞吐量基本情况

指　标	单位	2015 年	2016 年	2017 年	同比增速	"十三五"以来增幅
铁路客运量	万人	104403	117383	131377	11.9%	25.8%
公路客运量	万人	860727	807601	757856	–6.2%	–12.0%
铁路货运量	万吨	52395	51538	51616	0.2%	–1.5%
公路货运量	万吨	1315546	1386401	1300116	–6.2%	–1.2%
沿海规模以上港口货物吞吐量	万吨	205018	210314	229715	9.2%	12.0%
集装箱吞吐量	万 TEU	6429	6565	7202	9.7%	12.0%
内河规模以上港口货物吞吐量	万吨	348003	361568	365223	1.0%	4.9%
集装箱吞吐量	万 TEU	1587	1707	1898	11.2%	19.6%
民航机场旅客吞吐量	万人次	38558	42950	47918	11.6%	24.3%
民航机场货邮吞吐量	万吨	736	791	864	9.2%	17.4%

数据来源：根据上海、江苏、浙江、安徽、江西、湖北、湖南、重庆、四川、云南、贵州 11 个省（直辖市）发展改革委提供的数据汇总。

"十三五"以来，随着高铁的快速发展，长江经济带地区铁路客运量增长了 25.8%，公路客运量减少了 12.0%，客运结构得到进一步改善，旅客运输领域"公转铁"效果明显。沿海及内河规模以上港口货物吞吐量分别增长 12.0% 和 4.9%，其中集装箱吞吐量分别增长 12.0% 和 19.6%，内河特别是长江水域江海联运、铁水联运得到快速发展。民航机场客货吞吐量继续保持高速增长态势，旅客吞吐量和货邮吞吐量分别增长 24.3% 和 17.4%。

（3）重大交通项目进展及若干典型项目基本情况。

2017 年，长江经济带省份铁路新开工项目 9 个，建成投产项目 10 个；高速公路新开工项目 39 个，建成投产项目 50 个；民航运输机场新开工项目 9 个，建成投产项目 7 个。具体情况分别见表 4–24 和表 4–25。

表 4–24　2017 年长江经济带重大交通项目基本情况

交通领域	新开工项目个数	建成投产项目个数
铁　路	9	10
高速公路	39	50
民航机场	9	7

数据来源：根据上海、江苏、浙江、安徽、江西、湖北、湖南、重庆、四川、云南、贵州 11 个省（直辖市）发展改革委提供的数据汇总。

表 4–25　2017 年长江经济带铁路和民航机场领域重大交通项目名称

领域	新开工项目	建成投产项目
铁路	常益长铁路、安庆至九江高铁、安九客专	武九客专、九景衢铁路、淮北高铁联络线、庐铜铁路
机场	宜昌三峡机场改扩建	信阳明港军民合用机场

资料来源：根据上海、江苏、浙江、安徽、江西、湖北、湖南、重庆、四川、云南、贵州 11 个省（直辖市）发展改革委提供的资料汇总。

（三）"一带一路"相关地区

1. 沿线互联互通重大交通项目基本情况

2017 年是"一带一路"建设取得突破性进展的一年。首届"一带一路"国际合作高峰论坛在北京成功举办，为各方凝聚发展动力、推进务实合作、实现互利共赢提供了重要平台，共形成 76 大项、270 多项具体成果。其中，设施联通共取得 14 大项成果，交通方面涉及 7 个大项，包括中国政府与乌兹别克斯坦、土耳其、白俄罗斯政府签署国际运输及战略对接协定，中国政府部门与巴基斯坦有关部门签署关于交通工程项目合作的谅解备忘录和框架协议，中国商务部与柬埔寨公共工程与运输部签署关于加强基础设施领域合作的谅解备忘录，中国交通运输部与柬埔寨、巴基斯坦、缅甸等国有关部门签署“一带一路”交通运输领域合作文件，中国铁路总公司与有关国家铁路公司签署《中国、白俄罗斯、德国、哈萨克斯坦、蒙古国、波兰、俄罗斯铁路关于深化中欧班列合作协议》，中国国家开发银行与印度尼西亚、斯里兰卡、巴基斯坦、老挝、埃及等国家有关机构签署交通基础设施项目融资的合作协议，中国进出口银行与塞尔维亚、柬埔寨、埃塞俄比亚、哈萨克斯坦、越南、蒙古国、缅甸、肯尼亚等国相关部门签署贷款协议，等等。

“一带一路”沿线国际合作重大交通工程项目有序推进。中缅原油管路工程正式投入运行，哈萨克斯坦南线天然气管道项目完工，中俄原油管道二线工程全线贯通；肯尼亚蒙内铁路建成通车，印度尼西亚雅万高铁瓦利尼隧道工程、匈塞铁路塞尔维亚段、中泰铁路等铁路项目相继开工；中斯汉班托塔港合作项目正式启动，汉班托塔港通过合资方式交由中国招商局港口控股有限公司运营，内罗毕集装箱内陆港正式移交并启动运营。

此外，国际运输便利化水平也得到大幅提升。截至 2017 年 6 月底，我国与“一带一路”沿线 15 个国家签署了 16 个双边和多边汽车运输协定，成功开通 356 条国际道路客货运输线路；与沿线 47 个国家签署了 38 个双边和区域海运协定，海上运输服务覆盖“一带一路”沿线所有国家；成功实现沿线 43 个国家空中直航，每周航班数达到4200个左右，“一带一路”空中大通道日益畅通。

2. 中欧班列发展的基本情况

2017年，中欧班列共开行3673列，同比增长115.8%，累计达到6637列。其中，回程班列占总数的30%，占去程的50%以上；重庆、成都、郑州、武汉四地班列开行数量占总数的90%以上，重庆、成都两地班列开行数量合计占总数的50%以上；经阿拉山口进出境的班列数量接近总数的70%，满洲里占20%左右。

国内开行班列的城市达38个，到达欧洲13个国家36个城市，较2016年新增5个国家23个城市；铺画运行线路达61条。全程运行时间从开行初期的20天以上逐步缩短至12～14天；整体运输费用较开行初期下降约40%。

2017年，我国铁路部门进一步加强了与沿线国家铁路部门及国内班列运营平台之间的协作与协调力度。4月20日，中国、白俄罗斯、德国、哈萨克斯坦、蒙古、波兰、俄罗斯等七国铁路部门正式签署《关于深化中欧班列合作协议》。主要内容包括：一是推动铁路基础设施发展规划衔接，打造中欧铁路运输大通道，共同组织安全、畅通、快速、便利和有竞争力的中欧铁路运输；二是加强全程运输组织，加快集装箱作业，采用信息技术，提高班列在各自国家境内的旅行速度；三是推动服务标准统一、信息平台统一，实现全程信息追踪，建立突发情况通报和处理合作机制，保障货物运输安全；四是加强中欧班列营销宣传，扩大班列服务地域，开发新的运输物流产品，推进跨境电商货物、国际邮包、冷链运输，促进中欧班列运量持续增长；五是协调沿线国家海关等联检部门，简化班列货物通关手续，优化铁路口岸站作业，压缩通关时间；六是成立中欧班列运输联合工作组及专家工作组，及时协商解决班列运输过程中的问题。5月26日，中国铁路总公司与重庆、成都、郑州、武汉、苏州、义乌、西安等7家班列平台公司共同发起成立中欧班列运输协调委员会，重点协调推进10项工作：一是实施中欧班列中转集结组织；二是开通95306国际联运信息平台；三是搭建中欧班列冷藏箱信息共享平台；四是推出全程铁路保险服务；五是推进中欧班列提单研究和使用，进一步适应国际贸易多式联运的单证需求；六是探索开展宽轨集并组织，进一步降低班列全程运输成本；七是加强对外价格谈判；八是共同构建班列境外运营能力；九是共同推进编制全程运行图；十是开辟新的运输通道。

三、述评：交通运输对区域发展的战略支撑力显著增强

（一）网络枢纽格局渐变推动区域经济增长动力转换

随着我国综合交通设施网络的不断延伸和拓展，不同地区特别是作为节点的城市经济发展的相对区位优势正在发生较大的变化。尤其是“四纵四横”高铁网络的基本建成，对区域经济发展格局产生一系列重要影响，各枢纽城市的层级、地位和功能作用在逐渐调整，单纯以低成本要素为吸引的传统产业布局和发展模式已越来越不适应新的发展格局的要求，区域和地方经济发展日益重视通过完善综合交通枢纽设施功能和以运输物流通道为支撑引导的供应链组织优化来促进地区产业及城镇化的发展。通道经济、枢纽经济正在成为促动区域经济增长的新动力，比如，2016年12月，上海、广东、广西、贵州、云南五省份签署合作框架协议，共同建设沪黔滇、粤桂滇高铁经济带；2017年8月，南京市政府印发《南京市“十三五”

枢纽经济发展规划》，提出“以建设空港枢纽经济区、海港枢纽经济区、高铁枢纽经济区为突破口，把综合枢纽优势转化为发展竞争优势，进一步提升南京作为江苏省会、南京都市圈核心城市、泛长三角门户城市的枢纽功能和枢纽经济竞争力”。通过依托综合交通运输体系，发展通道经济、枢纽经济来推进沿线产业互动、促进要素优化整合、支撑经济增长和转型升级，已成为普遍的发展共识，并不断扩大着实践范围。

（二）交通互联互通支撑“一带一路”建设的作用积极显现

“十三五”以来，“一带一路”沿线国家交通设施互联互通持续保持高位推动态势，国际道路运输便利化、民航海运航线网络化、中欧班列运营常态化等运输服务发展态势良好，对推动沿线国家和区域间经贸合作以及国内各地区全方位开放开发发挥了重要的先行作用。具体来讲，一是促进了沿线国家间的经贸交流以及国内特别是内陆省份外向型经济的发展，在国际贸易发展总体相对低迷的环境下，陆海双向统筹的交通运输体系，促进了货物和服务贸易的稳中有进，便利了人员往来和民心相通；二是促进了相关产业国际产能合作，随着交通基础设施海外投资建设及运营项目的增加，加快了我国相关设施建造、装备制造及其标准、运营管理服务等领域“走出去”步伐，进一步推动相关领域的理念创新、技术创新和服务创新，同时也促动相关产业围绕运输通道改造供应链系统并优化布局；三是促进我国更好地参与全球治理体系，在陆向运输体系中，随着中欧班列等国际联运系统在网络幅员、运量规模、国内外协调协商机制等方面的快速发展以及加载商贸、物流、金融等功能的综合服务系统的逐步完善，将有助于进一步提升我国在全球贸易运输规则体系中的话语权。

专栏 4-1 一带一路与我们息息相关的福利：境内外交通更便捷（节选）

《愿景与行动》提出：

“优先打通缺失路段，畅通瓶颈路段，配套完善道路安全防护设施和交通管理设施设备，提升道路通达水平。”“增加海上航线和班次。打造‘中欧班列’品牌。”

成果：据交通部介绍，我国与“一带一路”沿线国家签署了 130 多个涉及铁路、公路、海运、航运和邮政的双边和区域运输协定。通过 73 个公路和水路口岸，与相关国家开通了 356 条国际道路客货运输线路，与 43 个沿线国家实现空中直航，每周有约 4200 个航班。

资料来源：新浪综合，2017-05-14：08：23。

（三）京津冀交通一体化的基础结构初步夯实

“十三五”以来，相关部委、京津冀三省市紧紧围绕党中央、国务院领导重要指示和批示精神，在京津冀协同发展领导小组的统一领导下，从基础设施、运输服务和交通运输管理体制等三个主要方面，夯实了交通一体化发展的基础结构，交通率先突破、取得成效，为京津冀协同发展提供了有力支撑。具体来讲：一是持续加快推进交通基础设施互联互通，为构建京津冀交通一体化格局夯实基础，通过不断完善交通网络化布局，着力打造“轨道上的京津冀”，加快推进新建机场项目，加密机场航线，打通“断头路”，实现环京津贫困地区高等级公路全覆盖等系列举措，基本建立起以轨道交通为骨干的多节点、网格状、全覆盖的交通网络；二是着力提升综合运输服务水平，为推动京津冀交通一体化服务立柱架梁，利用既有铁路开行市郊铁路取得进展，公路客运一体化程度提升，公铁、空铁、铁水等联运快速发展，沿海港口大宗物资铁水联运比例不断提升，交通智能化发展水平不断提高，区域交通运输组织和服务现代化水平得到提升；三是积极构建现代综合交通治理体系，为实现京津冀交通一体化发展积厚成势，京津冀三地建立了推进京津冀交通一体化发展工作机制，三地交通协同管理水平不断提升，政策、标准、执法与信息统一工作持续推进，市场机制在协同发展中的作用进一步增强，京津冀三省市政府及中国铁路总公司共同组建京津冀城际铁路投资有限公司，天津港集团和唐山港集团共同组建津唐国际集装箱码头有限公司，天津、石家庄机场实现由首都机场集团代管，以资本为纽带的合作不断深化，统一开放的区域运输市场格局初步形成。此外，作为京津冀协同发展的重大决策部署，雄安新区的设立，也使得京津冀地区交通一体化以建设世界级城市群为目标迈向纵深发展。

专栏 4-2　京津冀交通一体化惠及跨城通勤族（节选）

在六环之外　他们环抱梦想

社科院 6 月 5 日发布的调查报告显示，在京津冀协同发展方面，取得最大进展的是交通一体化。随着三地交通的飞速发展，北京上班族的栖息地，以京城为圆心，逐步向外辐射，从燕郊到三河、大厂、廊坊、涿州、固安、天津……他们多了一种选择——住在环京地区，或是权宜之计，为继续打拼赢得喘息之机，或是安家置业，在生活和工作之间寻找相对幸福的平衡点。

40 万迁徙族在这里落脚

与通州一河之隔的燕郊，凭借区位优势，多年前就成为跨城上班族的聚集地。北京房价高、房租贵，在北京上班的年轻人选择在燕郊买房或租住。如今，住在燕郊的北京上班族多达 40 万人。

燕郊“移民”里，很多在国贸上班。燕郊到国贸 30 多公里，搭乘公交很方便，不堵车的话一个小时就到。

平谷线规划之初就备受关注，尤其是在燕郊的北京上班族。去年年底，平谷线正式开工，拟率先开通东段 9 站，其中燕郊设两站——“燕郊北”和“燕顺路”。地铁建成后，从燕郊到国贸仅间隔 8 站，中途换乘两次。

除了建设中的地铁，燕郊“迁徙族”尤其是开车上班的人们讨论最多的近在眼前的好消息——即将完工的连接燕郊与通州的潮白河大桥，盼着大桥尽早通车。

三地交通一体化按下快进键

交通路网的延伸，给跨城上班族带来更多福利。

社科院发布的《京津冀协同发展指数报告（2016）》显示，在京津冀协同发展方面，取得最大进展的是交通一体化。三地受访者中，近 65% 的受访者认为京津冀交通出行环境更便利了。

此外，还有一大波交通利好在路上：京霸铁路正式开工，京唐城际有了新进展，天津段进入土地勘测定界阶段，廊涿固保城际正在设计阶段，铁路建成后，京津保半小时交通圈将基本建成。

三地之间的高速公路网也正在进一步织密。京秦高速公路京冀、冀津连接线正抓紧施工，预计今年年底建成。津石高速将于年内开工，预计 2019 年建成通车。北京新机场北线高速路、京新高速公路至京藏高速公路联络线等工程力争年内开工。到今年年底，三地高速公路“断头路”将全部打通。

资料来源：北京晚报，2017-06-12：4：48。

（四）坚持长江经济带保护性开发，推进绿色低碳综合交通运输走廊建设

“十三五”以来，国家相关行业主管部门和沿江各省份，紧密围

绕中央关于长江经济带“坚持生态优先，绿色发展，共抓大保护，不搞大开发”的发展要求，加快推进和完善综合交通运输走廊建设，长江经济带交通网络规模不断扩大，运输组织和运输结构不断优化，多种运输方式之间的衔接不断强化，综合运输能力和品质不断提升，有力支撑了长江经济带的发展。其中，许多有益的做法充分体现了交通绿色发展的理念。具体来讲：一是大力推进航道和码头整治，长江水域通航能力大幅提升，通航风险进一步降低，众多非法码头和上百公里岸线实现了绿色和生态恢复；二是安全生产和节能减排工作成效显著，长江干线事故4项指标同比全面下降，船型标准化稳步推进，沿江铁路运营里程、铁路客货运量、长江干线货运量以及江海联运、铁水联运等得到显著增长，运输方式结构更加适应节能环保的要求；三是沿线地方政府之间以及运输市场经营主体之间的协同、协作机制进一步深化，在规划衔接、标准对接、管理协同、企业联动等方面更好地发挥了综合交通运输资源整合和优化配置的作用，有助于实现降本增效和推动高质量发展。

专栏4-3　让母亲河焕发出更大活力

——长江经济带综合交通发展成就综述（节选）

黄金水道运输潜能进一步释放

今年4月15日，长江中游荆江航道整治工程通过竣工验收。至此，3000吨级货船组成的万吨级船队可昼夜双向通航，长江中游航道“瓶颈”得到初步缓解。

在上游重庆，以铁、水、空三大枢纽、三大口岸和三个保税区为载体，加快打造西南地区综合交通枢纽；在中游，荆江航道整治工程在20年内可提升航运直接经济效益207亿元，拉动GDP增长1700亿元，节约能源97万吨标准煤、减少碳排放320万吨，实现经济效益与生态效益双丰收；

在下游，12.5 米深水航道已初步贯通至南京，长江出海口至南京可全程通航 5 万吨级及以上船舶。

综合交通网络进一步完善

海铁联运、江海联运战略让宁波舟山港焕发新生。来自江西上饶、安徽合肥等地的货运班列抵达后，可就地完成装卸，从宁波出海，驶往东南亚、欧洲、非洲。

当前，以长江黄金水道为依托，综合立体交通走廊作为先行领域正在加快构建，通过加强港口和集疏运体系建设，加快互联互通，完善综合交通运输网络。

支撑区域经济发展

“大运量、高密度、公交化、服务好”的武黄城际铁路开通后，武汉、黄石两地居民工作和生活的范围逐步扩大，异地就业、置业、消费、就医的现象日益增多。

为对接长江经济带建设，2015 年，江西打通鄱阳湖主要支流连通长江的出海通道后，九江口岸成为全国进境粮食指定口岸，打通了粮食进口快速通关通道。这改变了以往江西进口粮食只能从上海、南通等口岸进境再散装转运的局面，企业成本大幅降低。

交通运输部统计数据显示，目前长江沿江地区已形成以冶金、电子、机械、汽车、原油、化工等为主体、以高新技术产业为主导的新型产业布局，全国 500 强企业有近 200 家分布在沿江地带，是我国最富活力和最具竞争力的经济区域之一。

资料来源：新华社记者赵文君，新华社北京 2017 年 10 月 17 日电。

Chapter 05

第五章 发展展望

2018 年是全面贯彻党的十九大精神的开局之年，是改革开放 40 周年，是决胜全面建成小康社会、实施“十三五”规划承上启下的关键一年。2018 年交通运输领域发展将以习近平新时代中国特色社会主义思想为指导，全面贯彻党的十九大精神，以供给侧结构性改革为主线，推进交通运输质量变革、效率变革、动力变革，打好防范化解重大风险、精准脱贫、污染防治攻坚战，持续推进现代综合交通运输体系，为建设现代化经济体系、实现高质量发展提供有力支撑。

一、党的十九大全面开启建设交通强国新征程

2017 年 10 月，党的十九大报告首次提出“建设交通强国”这一

战略任务，并将其纳入现代化经济体系，使之成为建设现代化经济体系的重要组成部分，标志着我国正式进入全面建设交通强国的新征程。站在习近平新时代中国特色社会主义新起点，如何布局谋篇交通强国成为 2018 年交通运输行业最主要的工作。

当前我国经济已由高速增长阶段转向高质量发展阶段，社会的主要矛盾也已转化为人民日益增长的美好生活需要和不平衡不充分的发展之间的矛盾，从而对交通运输提出新的要求。交通运输支撑引领经济社会发展的作用将转为构建现代综合交通运输体系，实现自身高质量发展，建成“交通强国”，从而推动社会主义现代化经济体系建设和为把我国建设成为社会主义现代化强国保驾护航。

依托改革开放 40 年来取得的巨大发展成就，目前我国交通基础设施规模已经领先世界，运输服务的保障能力有了较大改善，科技创新水平有了大幅度提升，我国已经成为名副其实的交通大国，具备了由量的积累转向质的提升的物质基础。未来如何认识交通运输在现代化经济体系和社会主义现代化强国建设中的作用，聚焦解决我国产业迈向全球价值链中高端和 14 亿人全面小康、消费升级对交通运输提出的新要求与交通运输行业本身发展不平衡不充分的矛盾，将成为下一阶段交通运输实现高质量发展、建成交通强国、率先实现现代化的重要任务。

贯彻十九大报告精神，从路径看，加强应用基础研究，拓展实施国家重大科技项目，突出关键共性技术、前沿引领技术、现代工程技术、颠覆性技术创新成为建设交通强国的有力支撑。加强铁路、公路、水运、航空、管道、物流等基础设施网络建设成为交通强国的基础要求。推动互联网、大数据、人工智能和实体经济深度融合，共享经济、现代供应链等成为交通强国建设过程中交通运输支撑引领经济社会发展的新增长点和新动能。

专栏 5-1　为何要建交通强国

十八大以来，我国交通事业取得重大成就，基础设施网络规模稳居世界前列，运输服务保障能力位居世界前茅，科技创新不断突破，我国成为名副其实的交通大国，“中国高铁”“中国的路”“中国的桥”等，成为闪亮的“中国名片”，也为经济社会发展提供了强劲动力。

十九大报告指出，中国特色社会主义进入新时代，我国社会主要矛盾已经转化为人民日益增长的美好生活需要和不平衡不充分的发展之间的矛盾。这一判断，也符合交通运输发展的实际。这主要表现在：交通运输业结构性问题与总量问题并存，区域间城乡间发展不平衡，各种交通运输方式整体优势和组合效率不高，科技创新能力不强，治理能力和治理体系有待进一步提升，亟须补齐短板，增强弱项，夯实基础。建设交通强国，将成为未来 30 年交通行业发展的统领和战略重心。

当前，交通发展面临着新的发展环境、运输需求和发展条件。交通运输需求侧的结构和层次都在发生迅猛变化，而交通供给侧则存在着区域性、结构性和功能性的失衡，如空间布局上不平衡、软硬件之间不协调、全面创新发展不充分等。未来，交通运输的发展将面临环境、生态、土地、资金等各方面资源更加严格的约束。交通的转型发展势在必行，交通的质量提升刻不容缓。

资料来源：经济日报—中国经济网北京 11 月 10 日讯。

专栏 5-2　交通强国什么样

从交通运输支撑引领经济社会发展的角度看，首先是支撑国家强。交通运输要在国家经济社会发展中发挥“先行官”的作用，服务现代化经济体系建设，支撑区域协调发展和全面开放新格局，为我国本世纪中叶建成社会主义现代化强国提供有力保障。其次是交通自身强。交通基础设施、技术装备、运输服务、科技创新能力及交通治理水平处于全球领先，交通发展质量和效率达到世界一流。最后是人民获得感强。交通发展成果满足人民日益增长的美好生活需要，更多惠及人民群众，人民普遍愉悦地享受高质量的交通运输服务。

从交通运输自身系统发展角度看，交通强国则主要包括四个特征。一是体系更加完善。在构成方面，交通运输方式协同发展，各种交通运输方式的比较优势得到充分发挥。在空间方面，海陆空、国内外各个领域和区域实现交通的广泛覆盖，时空距离不断缩短，互联互通更加顺畅。在要素方面，科技、人力、资本、交通设施、交通信息等多种要素充分整合，协同运转。二是技术更加先进。交通新技术的工程运用将更加广泛，交通设施的建设成本更加可控合理，新技术、新能源、新材料推动传统交通工具变革，自主创新能力世界领先。三是更加优质高效。未来交通体系应该是运输选择多样，出行体验美好，个性化定制化甚至人性化的出行模式成为新常态。交通工程、产品和服务的质量更优，抬升交通整体发展质量；交通资源配置和交通自身设施的利用效率更高，提升交通整体运行效能。交通建设以及交通对环境的影响和自身安全成本不断降低。四是更加和谐美丽。交通能源的消费方式发生根本性变革，交通工具实现清洁化、绿色化、低碳化，交通工程运行系统与生态环境和谐共处，体验式交通开辟出交通发展的新天地，交通文明得到高度发展，交通安全和公平得到充分保障。

资料来源：经济日报—中国经济网北京 11 月 10 日讯。

二、2018 年交通运输发展展望

（一）以供给侧结构性改革为主线，推进交通运输高质量发展

贯彻党的十九大报告建设交通强国的要求，落实中央经济工作会

议安排部署，打好“防范化解重大风险、精准脱贫、污染防治”三大攻坚战，以交通率先实现现代化为引导推动交通强国和高质量发展。

重点发挥重大战略规划对交通运输转型升级的引导作用。切实开展《“十三五”现代综合交通运输体系发展规划》中期评估和规划调整，加快推进现代综合交通运输体系建设；加快研究谋划率先实现现代化和交通强国的思路，完善交通强国战略框架体系，明确交通强国建设内涵和任务；适时启动《现代化综合交通网中长期发展规划》和系列专项规划研究等的编制工作，明确到2035年的交通发展总体目标、实施路径，确定重大工程、重大技术、重大改革等任务。

加快补足交通基础设施网络建设短板。重点推进中西部地区铁路建设，加快建设“八纵八横”高速铁路网主通道建设，优化完善普通干线铁路网络布局；有序推进国家高速公路和普通国省干线公路项目；以高等级航道建设为重点，加快推进水运基础设施建设，完善港口集疏运体系；积极推进龙滩水利枢纽通航设施研究，做好京杭大运河黄河以北段复航研究工作；实施枢纽机场改扩建工程，提升机场服务能力和保障水平，加快新增支线机场建设，扩大民航服务覆盖面；强化综合交通枢纽建设，新建一批集铁路、公路、民航、水运等多种运输方式于一体的综合客货运枢纽。

持续培育业态服务模式创新等新动能。加快互联网、移动互联网、云计算、大数据、物联网等在交通运输转型升级和提质增效中的作用，加快培育交通运输发展新优势；鼓励交通与旅游、消费、装备制造、物联网等产业的融合发展，拓展交通运输服务新业态。

（二）打赢交通扶贫攻坚战，引领支撑全面建成小康社会

打赢脱贫攻坚战是党的十九大确定的决胜全面建成小康社会三

大攻坚战之一，对如期全面建成小康社会、实现我们党第一个百年奋斗目标意义重大。2018 年中央经济工作会议要求，精准脱贫要瞄准特定贫困群众精准帮扶，向深度贫困地区聚焦发力，激发贫困人口内生动力。打好精准脱贫攻坚战，交通任务还十分艰巨，必须扎实做好每项工作，确保小康路上任何一个地方不因交通而掉队。

具体做好以下工作：一是科学编制交通运输脱贫攻坚三年行动计划，保重点、兜底线，紧扣时间节点，梳理好项目，建立台账，压茬推进、销号管理。二是高质量推进“四好农村路”建设，开展大调研，加强督导考评，做好全国示范县创建工作，深化管养体制改革，进一步完善相关法律法规。三是全力做好定点扶贫、对口支援、联系片区等专项帮扶工作，加强扶贫同扶志、扶智相结合，激发贫困群众积极性和主动性。以“三区三州”等深度贫困地区为重点，进一步加大革命老区、民族地区、边疆地区、贫困地区交通扶贫脱贫攻坚力度，加强对外骨干通道建设和内部通道连接，加快剩余乡镇、建制村通硬化路，加强通客车农村公路不达标路段建设改造，提高基本公共服务水平。结合乡村振兴战略的实施，增强贫困地区内生发展能力，继续支持实施一批具有资源路、旅游路、产业开发路性质的公路改造建设。

（三）强化交通运输支撑区域协调发展作用，更好服务国家战略

推动京津冀协同发展规划实施，加快京津冀交通一体化先行发展，完善“四纵四横一环”综合交通骨架网络布局，加快推进京雄高铁、石衡沧港城际铁路、首都地区环线高速公路、北京新机场等重大项目。深入推进京津冀城乡客运一体化和津冀港口协同发展。高起点、高标准、高质量谋划雄安新区交通运输发展蓝图，优先保障对外骨干通道

重点项目建设。加快北京冬奥会重大交通保障工程建设。

以江海联运为重点，构建高质量长江综合立体交通走廊，支撑长三角城市群一体化发展。完善长江港口江海联运体系，发挥上海国际航运中心龙头作用，强化沿江港口的分工协作，大力发展多式联运，推动形成优势互补、协同发展的江海联运港口格局。以集装箱船型为突破口，加快推进船型标准化。有序推进航道系统整治，推动沿江港口资源整合，深入推进三峡枢纽运输制约疏解工作。加快构建高标准高质量的沿江高速铁路通道，实施消除铁路“卡脖子”工程。打通长江经济带高速公路“断头路”，提升区域公路网络互联互通水平。完善区域民航机场布局与功能。

加快推进“一带一路”交通互联互通，推动“一带一路”建设与东盟、上合组织和欧亚经济联盟在交通运输领域的对接。持续推进“六廊一路”重大项目，推进境内高速公路待建路段以及口岸公路和界河桥梁建设。推进海上互联互通和支点建设。

大力服务乡村振兴战略，深入开展“四好农村路”督导考评，全面推行农村公路建设“七公开”“三同时”制度。组织开展第二批“四好农村路”全国示范县和第二批城乡交通一体化示范县创建工作。开展农村公路品质工程创建，完善农村公路建设质量管理制度。加强农村公路技术指导体系建设。创新农村客运发展模式，健全完善农村客运网络体系，新增通客车建制村 5000 个。深入实施“快递下乡”和农村电商邮政寄递工程，推进建制村直接通邮。深入贯彻落实军民融合战略，推进重点方向国防交通基础设施建设等。强化举措支持西部大开发、东北等老工业基地振兴、中部地区崛起、东部地区率先发展，支持建立更加有效的区域协调发展新机制。推进粤港澳大湾区综合交通运输体系建设。

（四）运输结构持续优化，推进交通运输绿色化发展

重点加快推进绿色交通发展。深化调整运输结构有关问题研究，推动各种运输方式充分发挥比较优势，提升综合效率和整体效益。

客运方面，综合提升出行服务水平，满足人民高品质、多元化、个性化的美好出行需求。一方面，加快提升营运性旅客运输服务能力及水平。探索建立以大数据、云计算、移动互联网等新技术为支撑的客运市场服务体系，推行“旅客运输一票制”服务模式，充分发挥铁路、民航、公路等多种营运性旅客运输方式组合优势，满足高品质出行需求。另一方面，研究推动机动车出行健康发展。一是适度控制总量规模，通过客运枢纽高质量建设和汽车租赁、共享单车等模式创新，有效实现长短途出行衔接，积极引导长距离自驾出行等向民航、高铁等转移，以及短距离自驾出行向公共交通转移，减少自驾车出行可能造成的环境影响和公共资源的过度占用。二是在引导控制自驾出行总量规模基础上，提升自驾出行服务水平；通过补足公路网设施短板、提升高速公路服务区等级、加快充电设施建设等措施，完善公路网服务设施。三是加快建设汽车营地、景区接驳换乘中心等措施，完善自驾旅游服务体系。四是大力促进绿色出行，深入实施公交优先战略，提升公交地铁等绿色低碳出行方式比重；推进交通“一卡通”便捷支付，实现220个城市交通“一卡通”互联互通；改善自行车、步行出行条件。

货运物流方面，重点提升铁路对经济社会发展的服务保障能力，加快公路货运向铁路转移，优化调整货物运输结构。千方百计扩大运输市场份额，提升运输服务水平，提高路网资源运用效率，深化高铁“强基达标、提质增效”工程。一是继续严格实行港口煤炭禁止公路集疏等各类有利于运输结构优化的政策，引导大宗货物转向

铁路运输。二是打通铁路入港最后一公里，建立铁路在港口集疏运体系中的比较优势。三是大力发展以集装箱、半挂车为标准运载单元的公铁、铁水多式联运，发展快运、快递、滚装等铁路运输组织方式，以服务创新争取更多市场份额。

（五）持续推动交通运输与经济深度融合发展，创新驱动发展持续深化

持续推动交通运输与经济产业深度融合，加快拓展交通运输嵌入产业链、贸易链深度，积极推进“交通运输 +”生态旅游、特色产业等扶贫新模式，深度推进交通与物流、装备制造、旅游、导航等产业，推动助力一、二、三产业融合，延伸交通成为供应链。大力推进前沿引领性技术等科技创新，组织做好综合交通运输与智能交通、先进轨道交通等重点科研专项的实施工作。组织开展自动驾驶、无人船舶、太阳能路面等前沿技术研究与跟踪，研究制定促进自动驾驶发展的政策文件。推动辅助自动驾驶技术在营运车辆领域的应用示范。大力推进北斗系统、建筑信息模型（BIM）等技术应用等。大力推进智慧交通发展，推进交通运输领域大数据应用，实施智慧交通让出行更便捷行动计划，推进国家综合交通运输信息平台建设等。深入开展国家交通控制网、智慧公路、智慧港口、智慧物流、交通旅游大数据等智慧交通试点示范。计划新增高速公路电子不停车收费系统（ETC）专用车道 2000 条、用户 1500 万，加快推进 36 个城市的公共交通智能化应用示范工程，推广使用长江电子航道图，加快推进三峡库区等重点水域联网售票等。

（六）积极参与国际分工合作，提升交通运输国际影响力

重点加强交通领域国际交流与合作。深化中欧互联互通平台合作，加强规划、战略、政策和项目信息交流。巩固扩大铁路“走出去”成果，更好地服务“一带一路”建设。积极发展以中欧班列为重点的铁路国际物流，扎实有序推进境外重点铁路合作项目，提升铁路对外交流合作水平。积极推进中俄高铁项目合作，加大磋商力度，推动项目合作取得实质性进展。

努力提升交通运输国际影响力。促进高水平开放发展，支持企业参与境外交通基建和经营管理项目取得实质性进展，促进国际产能合作和行业装备、技术、标准等“走出去”，加快推进国际运输便利化，积极参与交通运输全球治理。

及时应对贸易摩擦，全面提升全球供应链服务水平，培育对外开放竞争新优势。发挥消费规模和品质双升级优势，构建以我国内需为导向，涵盖商品源头采购、产品生产、商品贸易、国际运输规则和标准等于一体的全产业链、供应链发展体系。以“一带一路”倡议提出的 6 条陆上经济走廊为重点发展方向，探索在国际供应链控制力较弱的陆上环节实现突破，获取运输规则、陆上贸易新规则等制度性话语权。发挥我国在国内及跨境电商等方面的比较优势，依托大数据、云计算等技术建立数字化管理平台，实现国内国外供应链作业协同、信息共享和动态监控，提升国际供应链管理效率和服务水平。

（七）交通重点领域改革加快推进，严控交通投资系统性风险

2018 年，仍将是继续深化改革的重要年份，重点扎实推进交通

重点领域改革。深入推进管理体制机制改革，进一步深化交通运输大部门制改革，积极稳妥推进事业单位分类改革、综合执法改革、港航公安管理体制改革等。持续深化“放管服”改革，充分运用多种手段加强事中事后监管。完善城市轨道交通规划建设管理有关规定，严格审核把关城市轨道交通建设规划，加大财政约束力度，抓紧建立城市轨道交通项目监管信息数据库，实现动态化监管的基本功能。加强军民航协调联动，加快推进机场项目前期工作，建立民航投资建设项目管理信息系统。加快完善市场体系，深化道路客运市场化改革，促进道路货运行业健康稳定发展，加快信用体系建设，进一步建立守信激励和失信联合惩戒机制等。

切实推动交通领域投资防风险工作。重点深化投融资改革，推进交通运输领域财政事权和支出责任划分改革工作，推动建立稳定的专项资金政策，研究设立公路发展基金、公路产业投资基金，继续推广运用政府和社会资本合作（PPP）模式等。总结和推广社会资本投资建设的经验做法，对东南沿海、京广、广深港、成渝等有较好收益预期的高铁，按照市场化、法治化原则实施债转股。

CHINA
TRANSPORTATION
DEVELOPMENT REPORT

2018

附　录

附录一

主要统计数据

一、我国经济社会发展主要指标

附表 1-1　　　　国民经济和社会发展部分指标

指　标	2000 年	2005 年	2010 年	2015 年	2016 年	2017 年
国内生产总值（亿元）	100280	187319	413030	685506	744127	827122
国内生产总值增速（%）	8.5	11.4	10.5	6.9	6.7	6.9
全社会固定资产投资（亿元）	32918	88774	278122	562000	606466	641238
人口数量（万人）	126743	130756	134091	137462	138271	139008

数据来源：2000 年、2005 年、2010 年、2015 年、2016 年数据来自于《中国统计年鉴》,2017 年数据来自于《中华人民共和国 2017 年国民经济和社会发展统计公报》。

附表 1-2　　　　三次产业增加值占国内生产总值比重

单位：%

指　标	2000 年	2005 年	2010 年	2015 年	2016 年	2017 年
第一产业	14.7	11.6	9.5	8.9	8.6	7.9
第二产业	45.5	47.0	46.4	40.9	39.8	40.5
第三产业	39.8	41.3	44.1	50.2	51.6	51.6

数据来源：2000 年、2005 年、2010 年、2015 年、2016 年数据来自于《中国统计年鉴》,2017 年数据来自于《中华人民共和国 2017 年国民经济和社会发展统计公报》。

附表 1-3　　城乡居民家庭人均收入

单位：元

指　标	2000 年	2005 年	2010 年	2015 年	2016 年	2017 年
全国居民	—	—	—	21966	23821	25974
城　镇	6280	10493	19109	31195	33616	36396
农　村	2253	3255	5919	11422	12363	13432

注：2000 年、2005 年、2010 年数据采用农村居民家庭人均纯收入，2015 年、2016 年、2017 年数据为农村居民家庭人均可支配收入。

数据来源：2000 年、2005 年、2010 年、2015 年、2016 年数据来自于《中国统计年鉴》，2017 年数据来自于《中华人民共和国 2017 年国民经济和社会发展统计公报》。

二、基础设施指标

附表 1-4　　我国综合交通基础设施线路里程

单位：万公里

指　标	2000 年	2005 年	2010 年	2015 年	2016 年	2017 年
综合交通网总里程	159.03	212.92	422.34	482.53	494.73	502.75
铁路营业里程	6.9	7.5	9.1	12.1	12.4	12.7
铁路复线里程	2.5	2.6	3.7	6.4	6.8	7.2
铁路电气化里程	1.7	2.0	4.2	7.4	8.0	8.7
高速铁路里程	—	—	—	1.9	2.1	2.3
公路里程	140.27	193.05	400.82	457.73	469.63	477.35
等级公路里程	121.61	159.18	330.47	404.63	422.65	433.86
二级及以上公路里程	18.91	32.58	44.73	57.49	60.12	62.22
高速公路里程	1.63	4.10	7.41	12.35	13.10	13.65
内河航道里程	11.9	12.3	12.4	12.7	12.7	12.7
内河等级航道里程	6.14	6.10	6.23	6.63	6.64	6.62
内河三级及以上航道里程	0.83	0.86	0.93	1.15	1.21	1.25

注：本表数据不含管道里程。

数据来源：历年交通运输行业（公路水路）发展统计公报和铁道统计公报。

附表 1-5 我国港口泊位及机场数量

单位：个

指　标	2000 年	2005 年	2010 年	2015 年	2016 年	2017 年
全国港口拥有生产用码头泊位	32858	35242	31634	31259	30388	27578
沿海	3700	4298	5453	5899	5887	5830
内河	29158	30944	26181	25360	24501	21748
全国港口万吨级及以上泊位	784	1034	1661	2221	2317	2366
沿海	651	847	1343	1807	1894	1948
内河	133	187	318	414	423	418
民用航空（颁证）机场	139	142	175	210	218	229

数据来源：历年交通运输行业（公路水路）发展统计公报和民航机场生产统计公报。

三、交通投资完成情况

附表 1-6 我国交通固定资产投资数额

单位：亿元

指　标	2000 年	2005 年	2010 年	2015 年	2016 年	2017 年
合　计	3456	8021	22286	27428	28684	32019
铁路	805	1364	8427	8238	8015	8010
公路	2316	5485	11482	16513	17976	21253
高速公路	—	—	6862	7950	8235	9258
国省道	—	—	2696	5336	6081	7264
农村公路	—	—	1924	3227	3659	4731
水运	135	689	1171.41	1457	1417	1239
沿海	80	576	837	911	865	669
内河	55	113	335	547	552	569
民航	79	212	647	769	782	869
公路水运其他建设投资	121	271	559	450	494	649

数据来源：历年交通运输行业（公路水路）发展统计公报、民航行业发展统计公报、铁道统计公报，2017 年数据来自行业部门快报数。

四、全社会运输生产完成情况

附表 1–7　　我国客运量情况

单位：亿人次

指　标	2000 年	2005 年	2010 年	2015 年	2016 年	2017 年
合　计	147.9	184.7	327.0	194.3	190.0	185.1
铁路客运量	10.5	11.6	16.8	25.4	28.1	30.8
公路客运量	134.7	169.7	305.3	161.9	154.3	145.9
水运客运量	1.9	2.0	2.2	2.7	2.7	2.8
民航客运量	0.7	1.4	2.7	4.4	4.9	5.5

数据来源：2000 年、2005 年、2010 年、2015 年、2016 年数据来自于《中国统计年鉴》，2017 年数据来自于《中华人民共和国 2017 年国民经济和社会发展统计公报》。

附表 1–8　　我国旅客周转量情况

单位：亿人公里

指　标	2000 年	2005 年	2010 年	2015 年	2016 年	2017 年
合　计	12261.1	17466.7	27894.3	30058.9	31258.5	32812.7
铁路旅客周转量	4532.6	6062.0	8762.2	11960.6	12579.3	13456.9
公路旅客周转量	6657.4	9292.1	15020.8	10742.7	10228.7	9765.1
水运旅客周转量	100.5	67.8	72.3	73.1	72.3	77.9
民航旅客周转量	970.5	2044.9	4039.0	7282.6	8378.1	9512.8

数据来源：2000 年、2005 年、2010 年、2015 年、2016 年数据来自于《中国统计年鉴》，2017 年数据来自于《中华人民共和国 2017 年国民经济和社会发展统计公报》。

附表 1–9　　我国旅客运输平均运距情况

单位：公里

指　标	2000 年	2005 年	2010 年	2015 年	2016 年	2017 年
旅客平均运距	83	95	85	155	165	177
铁路平均运距	431	524	523	472	447	437
公路平均运距	49	55	49	66	66	67
水运平均运距	52	34	32	27	27	28

续表

指 标	2000 年	2005 年	2010 年	2015 年	2016 年	2017 年
民航平均运距	1444	1479	1509	1670	1717	1730

数据来源：2000 年、2005 年、2010 年、2015 年、2016 年数据来自于《中国统计年鉴》，2017 年数据根据《中华人民共和国 2017 年国民经济和社会发展统计公报》公布的旅客周转量和客运量数据推算。

附表 1–10　　我国货运量情况

单位：亿吨

指 标	2000 年	2005 年	2010 年	2015 年	2016 年	2017 年
合 计	135.9	186.2	324.2	417.6	438.7	479.4
铁路货运量	17.9	26.9	36.4	33.6	33.3	36.9
公路货运量	103.9	134.2	244.8	315.0	334.1	368
水运货运量	12.2	22.0	37.9	61.4	63.8	66.6
民航货运量	0.01967	0.03067	0.05630	0.06293	0.0668	0.07058
管道货运量	1.9	3.1	5.0	7.6	7.3	7.9

数据来源：2000 年、2005 年、2010 年、2015 年、2016 年数据来自于《中国统计年鉴》，2017 年数据来自于《中华人民共和国 2017 年国民经济和社会发展统计公报》。

附表 1–11　　我国货物周转量情况

单位：亿吨公里

指 标	2000 年	2005 年	2010 年	2015 年	2016 年	2017 年
合 计	44321	80258	141837	178356	186629	196130
铁路货物周转量	13771	20726	27644	23754	23792	26962
公路货物周转量	6129	8693	43310	57956	61080	66712
水运货物周转量	23734	49672	68428	91773	97339	97455
民航货物周转量	50	79	179	208	222	244
管道货物周转量	636	1088	2197	4665	4196	4757

数据来源：2000 年、2005 年、2010 年、2015 年、2016 年数据来自于《中国统计年鉴》，2017 年数据来自于《中华人民共和国 2017 年国民经济和社会发展统计公报》。

附表 1–12　　我国货物运输平均运距情况

单位：公里

指　标	2000 年	2005 年	2010 年	2015 年	2016 年	2017 年
货物平均运距	326	431	438	427	425	409
铁路平均运距	771	770	759	707	714	731
公路平均运距	59	65	177	184	183	181
水运平均运距	1939	2261	1806	1496	1525	1463
民航平均运距	2555	2572	3177	3306	3330	3457
管道平均运距	340	350	440	615	572	602

数据来源：2000 年、2005 年、2010 年、2015 年、2016 年数据来自于《中国统计年鉴》,2017 年数据根据《中华人民共和国 2017 年国民经济和社会发展统计公报》公布的货物周转量和货运量数据推算。

附表 1–13　　我国水路货物运输情况

单位：亿吨

指　标		2000 年	2005 年	2010 年	2015 年	2016 年	2017 年
合　计		12.2	22.0	37.9	61.4	63.8	66.78
其中	内　河	6.9	10.6	18.9	34.6	35.7	37.05
	沿　海	3.1	6.5	13.2	19.3	20.1	22.13
	远　洋	2.3	4.9	5.8	7.5	8.0	7.6

数据来源：历年交通运输行业（公路水路）发展统计公报。

附表 1–14　　我国水路货物周转量情况

单位：亿吨公里

指　标		2000 年	2005 年	2010 年	2015 年	2016 年	2017 年
合　计		23734	49672	68428	91773	97339	98611
其中	内　河	1551	2626	5536	13112	14092	14949
	沿　海	5110	8495	16893	24224	25173	28578
	远　洋	17073	38552	45999	54236	58075	55084

数据来源：历年交通运输行业（公路水路）发展统计公报。

附表 1-15　　全国港口完成旅客吞吐量

单位：亿人

指　标		2000 年	2005 年	2010 年	2015 年	2016 年	2017 年
合　计		0.86	2.06	1.77	1.85	1.85	1.85
其中	沿　海	0.58	0.78	0.73	0.82	0.82	0.87
	内　河	0.28	1.29	1.04	1.04	1.03	0.98

注：2000 年数据为全国主要港口完成旅客吞吐量数据。
数据来源：历年交通运输行业（公路水路）发展统计公报。

附表 1-16　　全国港口完成主要货物吞吐量

指　标	2000 年	2005 年	2010 年	2015 年	2016 年	2017 年
合计（亿吨）	22.1	48.5	89.3	127.5	132	140.1
沿海（亿吨）	12.9	30.1	56.5	81.5	84.6	90.6
内河（亿吨）	9.1	18.5	32.9	46.0	47.5	49.5
集装箱吞吐量（亿 TEU）	0.2	0.8	1.5	2.1	2.2	2.38
沿海（亿 TEU）	0.2	0.70	1.3	1.9	2.0	2.11
内河（万 TEU）	—	562	1468	2249	2415	2739
外贸吞吐量（亿吨）	5.7	13.7	25.0	36.6	38.5	40.93
沿海（亿吨）	5.2	12.5	22.9	33.0	34.5	36.55
内河（亿吨）	0.5	1.1	2.1	3.6	4.0	4.38

数据来源：历年交通运输行业（公路水路）发展统计公报。

附表 1-17　　民航旅客运输量情况

单位：亿人次

指　标	2000 年	2005 年	2010 年	2015 年	2016 年	2017 年
总　计	0.67	1.38	2.68	4.36	4.88	5.52
国际航线	0.07	0.12	0.19	0.42	0.52	0.56
国内航线	0.60	1.26	2.48	3.94	4.36	4.86
港澳台航线	0.04	0.05	0.07	0.10	0.10	0.10

数据来源：历年民航行业发展统计公报。

附表 1–18　　民航货物运输量情况

单位：万吨

指　标	2000 年	2005 年	2010 年	2015 年	2016 年	2017 年
总　计	196.7	307.0	563.0	629.3	668.0	705.8
国际航线	49.2	77.0	192.6	186.8	193.2	222.1
国内航线	147.5	230.0	370.4	442.4	474.8	483.7
港澳台航线	13.5	17.0	21.7	22.1	22.0	24.2

数据来源：历年民航行业发展统计公报。

附表 1–19　　民航机场旅客、货邮吞吐量情况

指　标	2000 年	2005 年	2010 年	2015 年	2016 年	2017 年
机场旅客吞吐量（亿人次）	1.34	2.84	5.64	9.15	10.16	11.48
机场货邮吞吐量（万吨）	399.2	633.1	1129.0	1409.4	1510.4	1617.7

数据来源：历年的民航行业发展统计公报

附表 1–20　　快递服务行业业务情况

指　标		2010 年	2015 年	2016 年	2017 年
快递服务企业业务量（亿件）		23.4	206.7	312.8	400.6
业务类型	同城（亿件）	5.4	54.0	74.1	92.7
	异地（亿件）	16.7	148.4	232.5	299.6
	国际及港澳台（亿件）	1.3	4.3	6.2	8.3
区域分布	东部（亿件）	18.5	169.6	253.2	324.9
	中部（亿件）	2.7	23.1	37.1	46.5
	西部（亿件）	2.1	14.0	22.5	29.2
邮政业务总量（亿元）		1985.3	5078.7	7397.2	9763.7
快递业务收入（亿元）		574.6	2769.6	3974.4	4957.1

数据来源：历年邮政（行业）发展统计公报。

五、全社会交通运输装备拥有情况

附表 1–21　　我国主要运输装备规模

	2000 年	2005 年	2010 年	2015 年	2016 年	2017 年
铁路机车拥有量（万台）	1.4	1.7	1.9	2.1	2.1	2.1
内燃机车（万台）	1.04	1.13	1.10	0.91	0.88	0.85
电力机车（万台）	0.35	0.51	0.84	1.19	1.22	1.26
全国铁路客车拥有量（万辆）	3.6	4.0	5.2	6.5	7.1	7.3
动车组（标准组）	—	—	480	1883	2586	2935
和谐号车辆数（辆）	—	—	4628	17648	20688	23480
全国铁路货车拥有量（万辆）	44.0	54.2	62.2	72.3	76.4	79.9
公路营运汽车拥有量（万辆）	535.07	733.22	1133.32	1473.12	1435.77	1450.22
载客汽车（万辆）	98.84	128.40	83.13	83.93	84	81.61
载货汽车（万辆）	436.23	604.82	1050.19	1389.19	1351.77	1368.62
水上运输船舶（万艘）	22.97	20.73	17.84	16.59	16.01	14.49
内河（万艘）	21.93	19.58	16.57	15.23	14.72	13.23
沿海（万艘）	0.76	0.94	1.05	1.07	1.05	1.03
远洋（万艘）	0.28	0.21	0.22	0.27	0.24	0.23
水上运输船舶净载重量（万吨）	5128	10179	18041	27244	26623	25652
内河（万吨）	2052	4481	7436	12494	13361	13150
沿海（万吨）	853	2048	4979	6858	6739	7044
远洋（万吨）	2223	3649	5626	7892	6523	5458
民航全行业运输在册飞机（架）	527	863	1597	2650	2950	3296
通用航空企业在册航空器（架）	455	523	1010	1904	2096	2297

数据来源：历年交通运输行业（公路水路）发展统计公报、民航行业发展统计公报、铁道统计公报。

六、其他交通运输行业发展评价指标

附表 1–22　　其他交通运输行业发展评价指标

	2000 年	2005 年	2010 年	2015 年	2016 年	2017 年
全社会物流总额（万亿元）	—	48.1	125.4	219.2	229.7	252.8
工业品物流总额（万亿元）	—	—	113.1	204.0	214	234.5
进口货物物流总额（万亿元）	—	—	9.4	10.4	10.5	12.5
农产品物流总额（万亿元）	—	—	—	3.5	3.6	3.7
再生资源物流总额（万亿元）	—	—	—	0.9	0.9	1.1
单位与居民物品物流总额（万亿元）	—	—	—	0.5	0.7	1
全社会物流总费用（万亿元）	—	3.4	7.1	10.8	11.1	12.1
运输费用（万亿元）	—	1.9	3.8	5.8	6	6.6
保管费用（万亿元）	—	1.1	2.4	3.7	3.7	3.9
管理费用（万亿元）	—	0.5	0.9	1.4	1.4	1.6
物流业总收入（万亿元）	—	1.9	—	7.6	7.9	8.8
民用航空航线（条）	1165	1257	1880	3326	3794	4418
国内（条）	1032	1024	1578	2666	3055	3615
国际（条）	133	233	302	660	739	803
民航航班正常率（%）	—	82.0	75.8	68.3	76.8	71.7
民航正班客座率（%）	61.2	71.5	80.2	82.1	82.6	83.2
邮政平均每营业网点服务面积（平方公里）	—	—	126.8	51	44.3	34.5
邮政平均每一营业网点服务人口（万人）	2.1	2	1.8	0.7	0.6	0.5

数据来源：历年民航行业发展统计公报、邮政（行业）发展统计公报和全国物流运行情况通报。

附录二
重要文件摘录

关于加快发展冷链物流 保障食品安全促进消费升级的意见

国办发〔2017〕29号

各省、自治区、直辖市人民政府，国务院各部委、各直属机构：

随着我国经济社会发展和人民群众生活水平不断提高，冷链物流需求日趋旺盛，市场规模不断扩大，冷链物流行业实现了较快发展。但由于起步较晚、基础薄弱，冷链物流行业还存在标准体系不完善、基础设施相对落后、专业化水平不高、有效监管不足等问题。为推动冷链物流行业健康规范发展，保障生鲜农产品和食品消费安全，根据食品安全法、农产品质量安全法和《物流业发展中长期规划（2014—2020年）》等，经国务院同意，提出以下意见。

一、总体要求

（一）指导思想。

全面贯彻党的十八大和十八届三中、四中、五中、六中全会精神，深入贯彻习近平总书记系列重要讲话精神，认真落实党中央、国务院决策部署，紧紧围绕统筹推进“五位一体”总体布局和协调推进“四个全面”战略布局，牢固树立和贯彻落实创新、协调、绿色、开放、共享的发展理念，深入推进供给侧结构性改革，充分发挥市场在资源配置中的决定性作用，以体制机制创新为动力，以先进技术和管理手段应用为支撑，以规范有效监管为保障，着力构建符合我国国情的“全链条、网络化、严标准、可追溯、新模式、高效率”的现代化冷链物流体系，满足居民消费升级需要，促进农民增收，保障食品消费安全。

（二）基本原则。

市场为主，政府引导。强化企业市场主体地位，激发市场活力和企业创新动力。发挥政府部门在规划、标准、政策等方面的引导、扶持和监管作用，为冷链物流行业发展创造良好环境。

问题导向，补齐短板。聚焦农产品产地“最先一公里”和城市配送“最后一公里”等突出问题，抓两头、带中间，因地制宜、分类指导，形成贯通一、二、三产业的冷链物流产业体系。

创新驱动，提高效率。大力推广现代冷链物流理念，深入推进大众创业、万众创新，鼓励企业利用现代信息手段，创新经营模式，发展供应链等新型产业组织形态，全面提高冷链物流行业运行效率和服务水平。

完善标准，规范发展。加快完善冷链物流标准和服务规范体系，制修订一批冷链物流强制性标准。加强守信联合激励和失信联合惩戒，推动企业优胜劣汰，促进行业健康有序发展。

（三）发展目标。

到2020年，初步形成布局合理、覆盖广泛、衔接顺畅的冷链基础设施网络，基本建立“全程温控、标准健全、绿色安全、应用广泛”的冷链物流服务体系，培育一批具有核心竞争力、综合服务能力强的冷链物流企业，冷链物流信息化、标准化水平大幅提升，普遍实现冷链服务全程可视、可追溯，生鲜农产品和易腐食品冷链流通率、冷藏运输率显著提高，腐损率明显降低，食品质量安全得到有效保障。

二、健全冷链物流标准和服务规范体系

按照科学合理、便于操作的原则系统梳理和修订完善现行冷链物流各类标准，加强不同标准间以及与国际标准的衔接，科学确定冷藏温度带标准，形成覆盖全链条的冷链物流技术标准和温度控制要求。依据食品安全法、农产品质量安全法和标准化法，率先研究制定对鲜肉、水产品、乳及乳制品、冷冻食品等易腐食品温度控制的强制性标准并尽快实施。（国家卫生计生委、食品药品监管总局、农业部、国家标准委、国家发展改革委、商务部、国家邮政局负责）积极发挥行业协会和骨干龙头企业作用，大力发展团体标准，并将部分具有推广价值的标准上升为国家或行业标准。鼓励大型商贸流通、农产品加工等企业制定高于国家和行业标准的企业标准。（国家标准委、商务部、国家发展改革委、国家卫生计生委、工业和信息化部、国家邮政局负责）研究发布冷藏运输车辆温度监测装置技术标准和检验方法，在相关国家标准修订中明确冷藏运输车辆温度监测装置要求，为冷藏运输车辆的温度监测性能评测和检验提供依据。（工业和信息化部、交通运输部负责）针对重要管理环节研究建立冷链物流服务管理规范。建立冷链物流全程温度记录制度，相关记录保存时间要超过产品保质

期六个月以上。（食品药品监管总局、国家卫生计生委、农业部负责）组织开展冷链物流企业标准化示范工程，加强冷链物流标准宣传和推广实施。（国家标准委、相关行业协会负责）

三、完善冷链物流基础设施网络

加强对冷链物流基础设施建设的统筹规划，逐步构建覆盖全国主要产地和消费地的冷链物流基础设施网络。鼓励农产品产地和部分田头市场建设规模适度的预冷、贮藏保鲜等初加工冷链设施，加强先进冷链设备应用，加快补齐农产品产地“最先一公里”短板。鼓励全国性、区域性农产品批发市场建设冷藏冷冻、流通加工冷链设施。在重要物流节点和大中型城市改造升级或适度新建一批冷链物流园区，推动冷链物流行业集聚发展。加强面向城市消费的低温加工处理中心和冷链配送设施建设，发展城市“最后一公里”低温配送。健全冷链物流标准化设施设备和监控设施体系，鼓励适应市场需求的冷藏库、产地冷库、流通型冷库建设，推广应用多温层冷藏车等设施设备。鼓励大型食品生产经营企业和连锁经营企业建设完善停靠接卸冷链设施，鼓励商场超市等零售终端网点配备冷链设备，推广使用冷藏箱等便利化、标准化冷链运输单元。（国家发展改革委、财政部、商务部、交通运输部、农业部、食品药品监管总局、国家邮政局、国家标准委按职责分工负责）

四、鼓励冷链物流企业经营创新

大力推广先进的冷链物流理念与技术，加快培育一批技术先进、运作规范、核心竞争力强的专业化规模化冷链物流企业。鼓励有条件的冷链物流企业与农产品生产、加工、流通企业加强基础设施、生产能力、设计研发等方面的资源共享，优化冷链流通组织，推动冷链物流服务由基础服务向增值服务延伸。（国家发展改革委、交通运输部、农业部、商务部、国家邮政局负责）鼓励连锁经营企业、大型批发企业和冷链物流企业利用自有设施提供社会化的冷链物流服务，开展冷链共同配送、“生鲜电商 + 冷链宅配”、“中央厨房 + 食材冷链配送”等经营模式创新，完善相关技术、标准和设施，提高城市冷链配送集约化、现代化水平。（国家发展改革委、商务部、食品药品监管总局、国家邮政局、国家标准委负责）鼓励冷链物流平台企业充分发挥资源整合优势，与小微企业、农业合作社等深度合作，为小型市场主体创业创新创造条件。（国家发展改革委、商务部、供销合作总社负责）充分发挥铁路长距离、大规模运输和航空快捷运输的优势，与公路冷链物流形成互补协同的发展格局。积极支持中欧班列开展国际冷链运输业务。（相关省级人民政府，国家铁路局、中国民航局、中国铁路总公司负责）

五、提升冷链物流信息化水平

鼓励企业加强卫星定位、物联网、移动互联等先进信息技术应用，按照规范化标准化要求配备车辆定位跟踪以及全程温度自动监测、记录和控制系统，积极使用仓储管理、运输管理、订单管理等信息化管理系统，按照冷链物流全程温控和高时效性要求，整合各作业环节。鼓励相关企业建立冷链物流数据信息收集、处理和发布系统，逐步实现冷链物流全过程的信息化、数据化、透明化、可视化，加强对冷链物流大数据的分析和利用。大力发展“互联网 +”冷链物流，整合产品、冷库、冷藏运输车辆等资源，构建“产品 + 冷链设施 + 服务”信息平台，实现市场需求和冷链资源之间的高效匹配对接，提高冷链资源综合利用率。推动构建全国性、区域性冷链物流公共信息服务和质量安全追溯平台，并逐步与国家交通运输物流公共信息平台对接，促进区域间、政企间、企业间的数据交换和信息共享。（国家发展改革委、交通运输部、商务部、农业部、工业和信息化部负责）

六、加快冷链物流技术装备创新和应用

加强生鲜农产品、易腐食品物流品质劣变和腐损的生物学原理及其与物流环境之间耦合效应等基础性研究，夯实冷链物流发展的科技基础。鼓励企业向国际低能耗标准看齐，利用绿色、环境友好的自然工质，使用安全环保节能的制冷剂和制冷工艺，发展新型蓄冷材料，采用先进的节能和蓄能设备。（科技部、工业和信息化部负责）加大科技创新力度，加强对延缓产品品质劣变和减少腐损的核心技术工艺、绿色防腐技术与产品、新型保鲜减震包装材料、移动式等新型分级预冷装置、多温区陈列销售设备、大容量冷却冷冻机械、节能环保多温层冷链运输工具等的自主研发。（科技部负责）冷链物流企业要从正规厂商采购或租赁标准化、专业化的设施设备和运输工具。加速淘汰不规范、高能耗的冷库和冷藏运输车辆，取缔非法改装的冷藏运输车辆。鼓励第三方认证机构从运行状况、能效水平、绿色环保等方面对冷链物流设施设备开展认证。结合冷链物流行业发展趋势，积极推动冷链物流设施和技术装备标准化，提高冷藏运输车辆专业化、轻量化水平，推广标准冷藏集装箱，促进冷链物流各作业环节以及不同交通方式间的有序衔接。（交通运输部、商务部、工业和信息化部、中国民航局、国家铁路局、国家邮政局、中国铁路总公司按职责分工负责）

七、加大行业监管力度

有关部门要依据相关法律法规、强制性标准和操作规范，健全

冷链物流监管体系，在生产和贮藏环节重点监督保质期、温度控制等，在销售终端重点监督冷藏、冷冻设施和贮存温度控制等，探索建立对运输环节制冷和温控记录设备合规合法使用的监管机制，将从源头至终端的冷链物流全链条纳入监管范围。加强对冷链各环节温控记录和产品品质的监督和不定期抽查。（食品药品监管总局、质检总局、交通运输部、农业部负责）研究将配备温度监测装置作为冷藏运输车辆出厂的强制性要求，在车辆进入营运市场、年度审验等环节加强监督管理。（工业和信息化部、交通运输部按职责分工负责）充分发挥行业协会、第三方征信机构和各类现有信息平台的作用，完善冷链物流企业服务评价和信用评价体系，并研究将全程温控情况等技术性指标纳入信用评价体系。各有关部门要根据监管职责建立冷链物流企业信用记录，并加强信用信息共享和应用，将企业信用信息归集至全国信用信息共享平台，通过“信用中国”网站和国家企业信用信息公示系统依法向社会及时公开。探索对严重违法失信企业开展联合惩戒。（国家发展改革委、交通运输部、商务部、民政部、食品药品监管总局、质检总局、工商总局、国家邮政局等按职责分工负责）

八、创新管理体制机制

国务院各有关部门要系统梳理冷链物流领域相关管理规定和政策法规，按照简政放权、放管结合、优化服务的要求，在确保行业有序发展、市场规范运行的基础上，进一步简化冷链物流企业设立和开展业务的行政审批事项办理程序，加快推行“五证合一、一照一码”、“先照后证”和承诺制，加快实现不同区域、不同领域之间管理规定的协调统一，加快建设开放统一的全国性冷链物流市场。地方各级人民政府要加强组织领导，强化部门间信息互通和协同联动，统筹抓好涉及本区域的相关管理规定清理等工作。结合冷链产品特点，积极推进国际贸易“单一窗口”建设，优化查验流程，提高通关效率。利用信息化手段完善现有监管方式，发挥大数据在冷链物流监管体系建设运行中的作用，通过数据收集、分析和管理完善事中事后监管。（各省级人民政府，国家发展改革委、交通运输部、公安部、商务部、食品药品监管总局、国家卫生计生委、工商总局、海关总署、质检总局、国家邮政局、中国民航局、国家铁路局按职责分工负责）

九、完善政策支持体系

要加强调查研究和政策协调衔接，加大对冷链物流理念和重要性的宣传力度，提高公众对全程冷链生鲜农产品质量的认知度。（国家发展改革委、农业部、商务部、食品药品监管总局、国家卫生计生委负责）拓宽冷链物流企业的投融资渠道，引导金融机构对符合条件的冷链物流企业加大投融资支持，创新配套金融服务。（人民银行、银监会、证监会、保监会、国家开发银行负责）大中型城市要根据冷链物流等设施的用地需求，分级做好物流基础设施的布局规划，并与城市总体规划、土地利用总体规划做好衔接。永久性农产品产地预冷设施用地按建设用地管理，在用地安排上给予积极支持。（国土资源部、住房城乡建设部负责）针对制约冷链物流行业发展的突出短板，探索鼓励社会资本通过设立产业发展基金等多种方式参与投资建设。（国家发展改革委、商务部、农业部负责）冷链物流企业用水、用电、用气价格与工业同价。（国家发展改革委负责）加强城市配送冷藏运输车辆的标识管理。（交通运输部、商务部负责）指导完善和优化城市配送冷藏运输车辆的通行和停靠管理措施。（公安部、交通运输部、商务部负责）继续执行鲜活农产品“绿色通道”

政策。（交通运输部、国家发展改革委负责）对技术先进、管理规范、运行高效的冷链物流园区优先考虑列入示范物流园区，发挥示范引领作用。（国家发展改革委、国土资源部、住房城乡建设部负责）加强冷链物流人才培养，支持高等学校设置冷链物流相关专业和课程，发展职业教育和继续教育，形成多层次的教育、培训体系。（教育部负责）

十、加强组织领导

各地区、各有关部门要充分认识冷链物流对保障食品质量安全、促进农民增收、推动相关产业发展、促进居民消费升级的重要作用，加强对冷链物流行业的指导、管理和服务，把推动冷链物流行业发展作为稳增长、促消费、惠民生的一项重要工作抓紧抓好。国家发展改革委要会同有关部门建立工作协调机制，及时研究解决冷链物流发展中的突出矛盾和重大问题，加强业务指导和督促检查，确保各项政策措施的贯彻落实。

国务院办公厅

2017 年 4 月 13 日

关于进一步推进物流降本增效促进实体经济发展的意见

国办发〔2017〕73 号

各省、自治区、直辖市人民政府，国务院各部委、各直属机构：

物流业贯穿一二三产业，衔接生产与消费，涉及领域广、发展潜力大、带动作用强。推动物流降本增效对促进产业结构调整和区域协调发展、培育经济发展新动能、提升国民经济整体运行效率具有重要意义。按照党中央、国务院关于深入推进供给侧结构性改革、降低实体经济企业成本的决策部署，为进一步推进物流降本增效，着力营造物流业良好发展环境，提升物流业发展水平，促进实体经济健康发展，经国务院同意，现提出以下意见：

一、深化“放管服”改革，激发物流运营主体活力

（一）优化道路运输通行管理。

2017年年内实现跨省大件运输并联许可全国联网，由起运地省份统一受理，沿途省份限时并联审批，一地办证、全线通行。参照国际规则，优化部分低危气体道路运输管理，促进安全便利运输。（交通运输部负责）完善城市配送车辆通行管理政策，统筹优化交通安全和通行管控措施。鼓励商贸、物流企业协同开展共同配送、夜间配送。（公安部、交通运输部、商务部负责）

（二）规范公路货运执法行为。

推动依托公路超限检测站，由交通部门公路管理机构负责监督消除违法行为、公安交管部门单独实施处罚记分的治超联合执法模式常态化、制度化，避免重复罚款，并尽快制定可操作的实施方案，在全国范围内强化督促落实。原则上所有对货车超限超载违法行为的现场检查处罚一律引导至经省级人民政府批准设立的公路超限检测站进行，货车应主动配合进站接受检查。各地公路超限检测站设置要科学合理，符合治理工作实际。（交通运输部、公安部、各省级人民政府负责）公路货运罚款按照国库集中收缴制度的有关规定缴入国库，落实罚缴分离。（财政部会同交通运输部、公安部负责）依据法律法规，抓紧制定公路货运处罚事项清单，明确处罚标准并向社会公布。严格落实重点货运源头监管、“一超四罚”依法追责、高速公路入口称重

劝返等措施。严格货运车辆执法程序，执法人员现场执法时须持合法证件和执法监督设备。（交通运输部、公安部、各省级人民政府按职责分工负责）完善公路货运执法财政经费保障机制。（财政部会同交通运输部、公安部、各省级人民政府负责）完善全国公路执法监督举报平台，畅通投诉举报渠道。（交通运输部、公安部负责）

（三）完善道路货运证照考核和车辆相关检验检测制度。

进一步完善道路货运驾驶员从业资格与信用管理制度，运用信息化手段推进违法失信计分与处理，积极推进年审结果签注网上办理和网上查询，在部分省份探索实行车辆道路运输证异地年审。（交通运输部负责）2017年年内将货运车辆年检（安全技术检验）和年审（综合性能检测）依据法律法规进行合并，并允许普通道路货运车辆异地办理，减轻检验检测费用负担。（交通运输部、公安部会同质检总局负责）

（四）精简快递企业分支机构、末端网点备案手续。

指导地方开展快递领域工商登记“一照多址”改革。（工商总局、国家邮政局负责）进一步简化快递企业设立分支机构备案手续，完善末端网点备案制度。严格落实快递业务员职业技能确认与快递业务经营许可脱钩政策。（国家邮政局负责）

（五）深化货运通关改革。

2017年年内实现全国通关一体化，将货物通关时间压缩三分之一。加快制定和推广国际贸易“单一窗口”标准版，实现一点接入、共享共用、免费申报。（海关总署、质检总局、公安部、交通运输部负责）

二、加大降税清费力度，切实减轻企业负担

（六）完善物流领域相关税收政策。

结合增值税立法，统筹研究统一物流各环节增值税税率。加大工作力度，2017年年内完善交通运输业个体纳税人异地代开增值税

发票管理制度。全面落实物流企业大宗商品仓储设施用地城镇土地使用税减半征收优惠政策。（财政部、税务总局负责）

（七）科学合理确定车辆通行收费水平。

选择部分高速公路开展分时段差异化收费试点。省级人民政府可根据本地区实际，对使用电子不停车收费系统（ETC）非现金支付卡并符合相关要求的货运车辆给予适当通行费优惠。严格做好甘肃、青海、内蒙古、宁夏四省（区）取消政府还贷二级公路收费工作。落实好鲜活农产品运输“绿色通道”政策。（交通运输部、国家发展改革委、各省级人民政府负责）

（八）做好收费公路通行费营改增相关工作。

2017年年内出台完善收费公路通行费营改增工作实施方案，年底前建成全国统一的收费公路通行费发票服务平台，完成部、省两级高速公路联网收费系统改造，推进税务系统与公路收费系统对接，依托平台开具高速公路通行费增值税电子发票。（交通运输部、税务总局、财政部负责）

（九）加强物流领域收费清理。

开展物流领域收费专项检查，着力解决“乱收费、乱罚款”等问题。（国家发展改革委、交通运输部负责）全面严格落实取消营运车辆二级维护强制性检测政策。（交通运输部负责）完善港口服务价格形成机制，改革拖轮计费方式，修订发布《港口收费计费办法》。（交通运输部、国家发展改革委负责）清理规范铁路运输企业收取的杂费、专用线代运营代维护费用、企业自备车检修费用等，以及地方政府附加收费、专用线产权或经营单位收费、与铁路运输密切相关的短驳等两端收费。（国家铁路局、中国铁路总公司、各省级人民政府负责）

三、加强重点领域和薄弱环节建设，提升物流综合服务能力

（十）加强对物流发展的规划和用地支持。

研究制定指导意见，进一步发挥城乡规划对物流业发展的支持和保障作用。（住房城乡建设部负责）在土地利用总体规划、城市总体规划中综合考虑物流发展用地，统筹安排物流及配套公共服务设施用地选址和布局，在综合交通枢纽、产业集聚区等物流集散地布局和完善一批物流园区、配送中心等，确保规划和物流用地落实，禁止随意变更。对纳入国家和省级示范的物流园区新增物流仓储用地给予重点保障。鼓励通过“先租后让”“租让结合”等多种方式向物流企业供应土地。对利用工业企业旧厂房、仓库和存量土地资源建设物流设施或提供物流服务，涉及原划拨土地使用权转让或租赁的，经批准可采取协议方式办理土地有偿使用手续。各地要研究建立重点物流基础设施建设用地审批绿色通道，提高审批效率。（各省级人民政府、国土资源部、住房城乡建设部负责）

（十一）布局和完善一批国家级物流枢纽。

加强与交通基础设施配套衔接的物流基础设施建设。结合编制国家级物流枢纽布局和建设规划，布局和完善一批具有多式联运功能、支撑保障区域和产业经济发展的综合物流枢纽，并在规划和用地上给予重点保障。（国家发展改革委、交通运输部、住房城乡建设部、国土资源部负责）

（十二）加强重要节点集疏运设施建设。

统筹考虑安全监管要求，加强铁路、公路、水运、民航、邮政等基础设施建设衔接。统筹利用车购税等相关资金支持港口集疏运铁路、公路建设，畅通港站枢纽“微循环”。（国家发展改革委、交通运输部、财政部、中国民航局、国家铁路局、国家邮政局、中国

铁路总公司按职责分工负责）

（十三）提升铁路物流服务水平。

着力推进铁路货运市场化改革，发挥铁路长距离干线运输优势，进一步提高铁路货运量占全国货运总量的比重。探索发展高铁快运物流，支持高铁、快递联动发展。支持铁路运输企业与港口、园区、大型制造企业、物流企业等开展合资合作，按需开行货物列车。加快一级和二级铁路物流基地建设，重点加强进厂、进园、进港铁路专用线建设，推动解决铁路运输“最后一公里”问题。鼓励企业自备载运工具的共管共用，提高企业自备载运工具的运用效率。大力推进物联网、无线射频识别（RFID）等信息技术在铁路物流服务中的应用。（中国铁路总公司、交通运输部、国家铁路局、国家邮政局负责）

（十四）推动多式联运、甩挂运输发展取得突破。

做好第二批多式联运示范工作，大力推广集装箱多式联运，积极发展厢式半挂车多式联运，有序发展驮背运输，力争 2017 年年内开通驮背多式联运试验线路。大力发展公路甩挂运输。完善铁路货运相关信息系统，以铁水联运、中欧班列为重点，加强多式联运信息交换。（交通运输部、国家发展改革委、国家铁路局、中国铁路总公司负责）

（十五）完善城乡物流网络节点。

支持地方建设城市共同配送中心、智能快件箱、智能信包箱等，缓解通行压力，提高配送效率。加强配送车辆停靠作业管理，结合实际设置专用临时停车位等停靠作业区域。加强交通运输、商贸流通、供销、邮政等相关单位物流资源与电商、快递等企业的物流服务网络和设施共享衔接，逐步完善县乡村三级物流节点基础设施网络，鼓励多站合一、资源共享。加强物流渠道的安全监管能力建设，实现对寄

递物流活动全过程跟踪和实时查询。（商务部、交通运输部、公安部、国家邮政局、供销合作总社、各省级人民政府按职责分工负责）

（十六）拓展物流企业融资渠道。

支持符合条件的国有企业、金融机构、大型物流企业集团等设立现代物流产业发展投资基金，按照市场化原则运作，加强重要节点物流基础设施建设，支持应用新技术新模式的轻资产物流企业发展。（国家发展改革委、财政部、国务院国资委负责）鼓励银行业金融机构开发支持物流业发展的供应链金融产品和融资服务方案，通过完善供应链信息系统研发，实现对供应链上下游客户的内外部信用评级、综合金融服务、系统性风险管理。支持银行依法探索扩大与物流公司的电子化系统合作。（国家发展改革委、银监会、人民银行、商务部负责）

四、加快推进物流仓储信息化标准化智能化，提高运行效率

（十七）推广应用高效便捷物流新模式。

依托互联网、大数据、云计算等先进信息技术，大力发展"互联网+"车货匹配、"互联网+"运力优化、"互联网+"运输协同、"互联网+"仓储交易等新业态、新模式。加大政策支持力度，培育一批骨干龙头企业，深入推进无车承运人试点工作，通过搭建互联网平台，创新物流资源配置方式，扩大资源配置范围，实现货运供需信息实时共享和智能匹配，减少迂回、空驶运输和物流资源闲置。（国家发展改革委、交通运输部、商务部、工业和信息化部负责）

（十八）开展仓储智能化试点示范。

结合国家智能化仓储物流基地示范工作，推广应用先进信息技术及装备，加快智能化发展步伐，提升仓储、运输、分拣、包装等作业效率和仓储管理水平，降低仓储管理成本。（国家发展改革委、

商务部负责）

（十九）加强物流装载单元化建设。

加强物流标准的配套衔接。推广 1200mm × 1000mm 标准托盘和 600mm × 400mm 包装基础模数，从商贸领域向制造业领域延伸，促进包装箱、托盘、周转箱、集装箱等上下游设施设备的标准化，推动标准装载单元器具的循环共用，做好与相关运输工具的衔接，提升物流效率，降低包装、搬倒等成本。（商务部、工业和信息化部、国家发展改革委、国家邮政局、中国铁路总公司、国家标准委负责）

（二十）推进物流车辆标准化。

加大车辆运输车治理工作力度，2017 年年内完成 60% 的不合规车辆运输车更新淘汰。保持治理超限超载运输工作的延续性，合理确定过渡期和实施步骤，适时启动不合规平板半挂车等车型专项治理工作，分阶段有序推进车型替代和分批退出，保护合法运输主体的正当权益，促进道路运输市场公平有序竞争。推广使用中置轴汽车列车等先进车型，促进货运车辆标准化、轻量化。（交通运输部、公安部、工业和信息化部、各省级人民政府负责）

五、深化联动融合，促进产业协同发展

（二十一）推动物流业与制造业联动发展。

研究制定推进物流业与制造业融合发展的政策措施，大力支持第三方物流发展，对接制造业转型升级需求，提供精细化、专业化物流服务，提高企业运营效率。鼓励大型生产制造企业将自营物流面向社会提供公共物流服务。（国家发展改革委、工业和信息化部、国家邮政局负责）

（二十二）加强物流核心技术和装备研发。

结合智能制造专项和试点示范项目，推动关键物流技术装备产

业化，推广应用智能物流装备。鼓励物流机器人、自动分拣设备等新型装备研发创新和推广应用。（工业和信息化部、国家发展改革委负责）支持具备条件的物流企业申报高新技术企业。（科技部负责）

（二十三）提升制造业物流管理水平。

建立制造业物流成本核算制度，分行业逐步建立物流成本对标体系，引导企业对物流成本进行精细化管理，提高物流管理水平。（国家发展改革委、工业和信息化部负责）

六、打通信息互联渠道，发挥信息共享效用

（二十四）加强物流数据开放共享。

推进公路、铁路、航空、水运、邮政及公安、工商、海关、质检等领域相关物流数据开放共享，向社会公开相关数据资源，依托国家交通运输物流公共信息平台等，为行业企业查询和组织开展物流活动提供便利。结合大数据应用专项，开展物流大数据应用示范，为提升物流资源配置效率提供基础支撑。结合物流园区标准的修订，推动各物流园区之间实现信息联通兼容。（各有关部门按职责分工负责）

（二十五）推动物流活动信息化、数据化。

依托部门、行业大数据应用平台，推动跨地区、跨行业物流信息互联共享。推广应用电子运单、电子仓单、电子面单等电子化单证。积极支持基于大数据的运输配载、跟踪监测、库存监控等第三方物流信息平台创新发展。（国家发展改革委、交通运输部会同有关部门负责）

（二十六）建立健全物流行业信用体系。

研究制定对运输物流行业严重违法失信市场主体及有关人员实施联合惩戒的合作备忘录，对失信企业在行政审批、资质认定、银行贷款、工程招投标、债券发行等方面依法予以限制，构建守信激

励和失信惩戒机制。（国家发展改革委会同相关部门、行业协会负责）

七、推进体制机制改革，营造优良营商环境

（二十七）探索开展物流领域综合改革试点。

顺应物流业创新发展趋势，选取部分省市开展物流降本增效综合改革试点，深入推进物流领域大众创业、万众创新，打破地方保护和行业垄断，破除制约物流降本增效和创新发展的体制机制障碍。探索建立物流领域审批事项的“单一窗口”，降低制度性交易成本。强化科技创新、管理创新、机制创新，促进物流新业态、新模式发展，形成可复制、可推广的发展经验。（国家发展改革委、交通运输部会同有关部门负责）

各地区、各有关部门要认真贯彻落实党中央、国务院的决策部署，充分认识物流降本增效对深化供给侧结构性改革、促进实体经济发展的重要意义，加强组织领导，明确任务分工，结合本地区、本部门实际，深入落实本意见和《国务院办公厅关于转发国家发展改革委营造良好市场环境推动交通物流融合发展实施方案的通知》（国办发〔2016〕43号）、《国务院办公厅关于转发国家发展改革委物流业降本增效专项行动方案（2016—2018年）的通知》（国办发〔2016〕69号）明确的各项政策措施，完善相关实施细则，扎实推进工作。要充分发挥全国现代物流工作部际联席会议作用，加强工作指导和督促检查，及时协调解决政策实施中存在的问题，确保各项政策措施的贯彻落实。

国务院办公厅

2017年8月7日

关于积极推进供应链创新与应用的指导意见

国办发〔2017〕84 号

各省、自治区、直辖市人民政府，国务院各部委、各直属机构：

供应链是以客户需求为导向，以提高质量和效率为目标，以整合资源为手段，实现产品设计、采购、生产、销售、服务等全过程高效协同的组织形态。随着信息技术的发展，供应链已发展到与互联网、物联网深度融合的智慧供应链新阶段。为加快供应链创新与应用，促进产业组织方式、商业模式和政府治理方式创新，推进供给侧结构性改革，经国务院同意，现提出以下意见。

一、重要意义

（一）落实新发展理念的重要举措。

供应链具有创新、协同、共赢、开放、绿色等特征，推进供应链创新发展，有利于加速产业融合、深化社会分工、提高集成创新能力，有利于建立供应链上下游企业合作共赢的协同发展机制，有利于建立覆盖设计、生产、流通、消费、回收等各环节的绿色产业体系。

（二）供给侧结构性改革的重要抓手。

供应链通过资源整合和流程优化，促进产业跨界和协同发展，有利于加强从生产到消费等各环节的有效对接，降低企业经营和交易成本，促进供需精准匹配和产业转型升级，全面提高产品和服务质量。供应链金融的规范发展，有利于拓宽中小微企业的融资渠道，确保资金流向实体经济。

（三）引领全球化提升竞争力的重要载体。

推进供应链全球布局，加强与伙伴国家和地区之间的合作共赢，有利于我国企业更深更广融入全球供给体系，推进“一带一路”建设落地，打造全球利益共同体和命运共同体。建立基于供应链的全球贸易新规则，有利于提高我国在全球经济治理中的话语权，保障我国资源能源安全和产业安全。

二、总体要求

（一）指导思想。

全面贯彻党的十八大和十八届三中、四中、五中、六中全会精神，深入贯彻习近平总书记系列重要讲话精神和治国理政新理念新思想新战略，认真落实党中央、国务院决策部署，统筹推进“五位一体”总体布局和协调推进“四个全面”战略布局，坚持以人民为中心的发展思想，坚持稳中求进工作总基调，牢固树立和贯彻落实创新、协调、绿色、开放、共享的发展理念，以提高发展质量和效益为中心，以供应链与互联网、物联网深度融合为路径，以信息化、标准化、信用体系建设和人才培养为支撑，创新发展供应链新理念、新技术、新模式，高效整合各类资源和要素，提升产业集成和协同水平，打造大数据支撑、网络化共享、智能化协作的智慧供应链体系，推进供给侧结构性改革，提升我国经济全球竞争力。

（二）发展目标。

到 2020 年，形成一批适合我国国情的供应链发展新技术和新模式，基本形成覆盖我国重点产业的智慧供应链体系。供应链在促进降本增效、供需匹配和产业升级中的作用显著增强，成为供给侧结构性改革的重要支撑。培育 100 家左右的全球供应链领先企业，重点产业的供应链竞争力进入世界前列，中国成为全球供应链创新与应用的重要中心。

三、重点任务

（一）推进农村一二三产业融合发展。

1. 创新农业产业组织体系。鼓励家庭农场、农民合作社、农业产业化龙头企业、农业社会化服务组织等合作建立集农产品生产、加工、流通和服务等于一体的农业供应链体系，发展种养加、产供销、内外贸一体化的现代农业。鼓励承包农户采用土地流转、股份合作、农业生产托管等方式融入农业供应链体系，完善利益联结机制，促进多种形式的农业适度规模经营，把农业生产引入现代农业发展轨道。（农业部、商务部等负责）

2. 提高农业生产科学化水平。推动建设农业供应链信息平台，集成农业生产经营各环节的大数据，共享政策、市场、科技、金融、保险等信息服务，提高农业生产科技化和精准化水平。加强产销衔接，优化种养结构，促进农业生产向消费导向型转变，增加绿色优质农产品供给。鼓励发展农业生产性服务业，开拓农业供应链金融服务，支持订单农户参加农业保险。（农业部、科技部、商务部、银监会、保监会等负责）

3. 提高质量安全追溯能力。加强农产品和食品冷链设施及标准化建设，降低流通成本和损耗。建立基于供应链的重要产品质量安全追溯机制，针对肉类、蔬菜、水产品、中药材等食用农产品，婴幼儿配方食品、肉制品、乳制品、食用植物油、白酒等食品，农药、兽药、饲料、肥料、种子等农业生产资料，将供应链上下游企业全部纳入追溯体系，构建来源可查、去向可追、责任可究的全链条可追溯体系，提高消费安全水平。（商务部、国家发展改革委、科技部、农业部、质检总局、食品药品监管总局等负责）

（二）促进制造协同化、服务化、智能化。

1. 推进供应链协同制造。推动制造企业应用精益供应链等管理技术，完善从研发设计、生产制造到售后服务的全链条供应链体系。推动供应链上下游企业实现协同采购、协同制造、协同物流，促进大中小企业专业化分工协作，快速响应客户需求，缩短生产周期和新品上市时间，降低生产经营和交易成本。（工业和信息化部、国家发展改革委、科技部、商务部等负责）

2. 发展服务型制造。建设一批服务型制造公共服务平台，发展基于供应链的生产性服务业。鼓励相关企业向供应链上游拓展协同研发、众包设计、解决方案等专业服务，向供应链下游延伸远程诊断、维护检修、仓储物流、技术培训、融资租赁、消费信贷等增值服务，推动制造供应链向产业服务供应链转型，提升制造产业价值链。（工业和信息化部、国家发展改革委、科技部、商务部、人民银行、银监会等负责）

3. 促进制造供应链可视化和智能化。推动感知技术在制造供应链关键节点的应用，促进全链条信息共享，实现供应链可视化。推进机械、航空、船舶、汽车、轻工、纺织、食品、电子等行业供应链体系的智能化，加快人机智能交互、工业机器人、智能工厂、智慧物流等技术和装备的应用，提高敏捷制造能力。（工业和信息化部、国家发展改革委、科技部、商务部等负责）

（三）提高流通现代化水平。

1. 推动流通创新转型。应用供应链理念和技术，大力发展智慧商店、智慧商圈、智慧物流，提升流通供应链智能化水平。鼓励批发、零售、物流企业整合供应链资源，构建采购、分销、仓储、配送供应链协同平台。鼓励住宿、餐饮、养老、文化、体育、旅游等行业建设供应链综合服务和交易平台，完善供应链体系，提升服务供给质量和效率。（商务部、国家发展改革委、科技部、质检总局等负责）

2. 推进流通与生产深度融合。鼓励流通企业与生产企业合作，建设供应链协同平台，准确及时传导需求信息，实现需求、库存和物流信息的实时共享，引导生产端优化配置生产资源，加速技术和产品创新，按需组织生产，合理安排库存。实施内外销产品“同线同标同质”等一批示范工程，提高供给质量。（商务部、工业和信息化部、农业部、质检总局等负责）

3. 提升供应链服务水平。引导传统流通企业向供应链服务企业转型，大力培育新型供应链服务企业。推动建立供应链综合服务平台，拓展质量管理、追溯服务、金融服务、研发设计等功能，提供采购执行、物流服务、分销执行、融资结算、商检报关等一体化服务。（商务部、人民银行、银监会等负责）

（四）积极稳妥发展供应链金融。

1. 推动供应链金融服务实体经济。推动全国和地方信用信息共享平台、商业银行、供应链核心企业等开放共享信息。鼓励商业银行、供应链核心企业等建立供应链金融服务平台，为供应链上下游中小微企业提供高效便捷的融资渠道。鼓励供应链核心企业、金融机构与人民银行征信中心建设的应收账款融资服务平台对接，发展线上应收账款融资等供应链金融模式。（人民银行、国家发展改革委、商务部、银监会、保监会等负责）

2. 有效防范供应链金融风险。推动金融机构、供应链核心企业建立债项评级和主体评级相结合的风险控制体系，加强供应链大数据分析和应用，确保借贷资金基于真实交易。加强对供应链金融的风险监控，提高金融机构事中事后风险管理水平，确保资金流向实体经济。健全供应链金融担保、抵押、质押机制，鼓励依托人民银行征信中心建设的动产融资统一登记系统开展应收账款及其他动产融资质押和转让登记，防止重复质押和空单质押，推动供应链金融健康稳定发展。（人民银行、商务部、银监会、保监会等负责）

（五）积极倡导绿色供应链。

1. 大力倡导绿色制造。推行产品全生命周期绿色管理，在汽车、电器电子、通信、大型成套装备及机械等行业开展绿色供应链管理示范。强化供应链的绿色监管，探索建立统一的绿色产品标准、认证、标识体系，鼓励采购绿色产品和服务，积极扶植绿色产业，推动形成绿色制造供应链体系。（国家发展改革委、工业和信息化部、环境保护部、商务部、质检总局等按职责分工负责）

2. 积极推行绿色流通。积极倡导绿色消费理念，培育绿色消费市场。鼓励流通环节推广节能技术，加快节能设施设备的升级改造，培育一批集节能改造和节能产品销售于一体的绿色流通企业。加强绿色物流新技术和设备的研究与应用，贯彻执行运输、装卸、仓储等环节的绿色标准，开发应用绿色包装材料，建立绿色物流体系。（商务部、国家发展改革委、环境保护部等负责）

3. 建立逆向物流体系。鼓励建立基于供应链的废旧资源回收利用平台，建设线上废弃物和再生资源交易市场。落实生产者责任延伸制度，重点针对电器电子、汽车产品、轮胎、蓄电池和包装物等产品，优化供应链逆向物流网点布局，促进产品回收和再制造发展。（国家发展改革委、工业和信息化部、商务部等按职责分工负责）

（六）努力构建全球供应链。

1. 积极融入全球供应链网络。加强交通枢纽、物流通道、信息平台等基础设施建设，推进与“一带一路”沿线国家互联互通。推动国际产能和装备制造合作，推进边境经济合作区、跨境经济合作区、境外经贸合作区建设，鼓励企业深化对外投资合作，设立境外分销和服务网络、物流配送中心、海外仓等，建立本地化的供应链体系。（商务部、国家发展改革委、交通运输部等负责）

2. 提高全球供应链安全水平。鼓励企业建立重要资源和产品全球供应链风险预警系统，利用两个市场两种资源，提高全球供应链风险管理水平。制定和实施国家供应链安全计划，建立全球供应链风险预警评价指标体系，完善全球供应链风险预警机制，提升全球供应链风险防控能力。（国家发展改革委、商务部等按职责分工负责）

3. 参与全球供应链规则制定。依托全球供应链体系，促进不同国家和地区包容共享发展，形成全球利益共同体和命运共同体。在人员流动、资格互认、标准互通、认可认证、知识产权等方面加强与主要贸易国家和"一带一路"沿线国家的磋商与合作，推动建立有利于完善供应链利益联结机制的全球经贸新规则。（商务部、国家发展改革委、人力资源社会保障部、质检总局等负责）

四、保障措施

（一）营造良好的供应链创新与应用政策环境。

鼓励构建以企业为主导、产学研用合作的供应链创新网络，建设跨界交叉领域的创新服务平台，提供技术研发、品牌培育、市场开拓、标准化服务、检验检测认证等服务。鼓励社会资本设立供应链创新产业投资基金，统筹结合现有资金、基金渠道，为企业开展供应链创新与应用提供融资支持。（科技部、工业和信息化部、财政部、商务部、人民银行、质检总局等按职责分工负责）

研究依托国务院相关部门成立供应链专家委员会，建设供应链研究院。鼓励有条件的地方建设供应链科创研发中心。支持建设供应链创新与应用的政府监管、公共服务和信息共享平台，建立行业指数、经济运行、社会预警等指标体系。（科技部、商务部等按职责分工负责）

研究供应链服务企业在国民经济中的行业分类，理顺行业管理。符合条件的供应链相关企业经认定为国家高新技术企业后，可按规定享受相关优惠政策。符合外贸企业转型升级、服务外包相关政策条件的供应链服务企业，按现行规定享受相应支持政策。（国家发展改革委、科技部、工业和信息化部、财政部、商务部、国家统计局等按职责分工负责）

（二）积极开展供应链创新与应用试点示范。

开展供应链创新与应用示范城市试点，鼓励试点城市制定供应链发展的支持政策，完善本地重点产业供应链体系。培育一批供应链创新与应用示范企业，建设一批跨行业、跨领域的供应链协同、交易和服务示范平台。（商务部、工业和信息化部、农业部、人民银行、银监会等负责）

（三）加强供应链信用和监管服务体系建设。

完善全国信用信息共享平台、国家企业信用信息公示系统和“信用中国”网站，健全政府部门信用信息共享机制，促进商务、海关、质检、工商、银行等部门和机构之间公共数据资源的互联互通。研究利用区块链、人工智能等新兴技术，建立基于供应链的信用评价机制。推进各类供应链平台有机对接，加强对信用评级、信用记录、风险预警、违法失信行为等信息的披露和共享。创新供应链监管机制，整合供应链各环节涉及的市场准入、海关、质检等政策，加强供应链风险管控，促进供应链健康稳定发展。（国家发展改革委、交通运输部、商务部、人民银行、海关总署、税务总局、工商总局、质检总局、食品药品监管总局等按职责分工负责）

（四）推进供应链标准体系建设。

加快制定供应链产品信息、数据采集、指标口径、交换接口、数据交易等关键共性标准，加强行业间数据信息标准的兼容，促进供应链数据高效传输和交互。推动企业提高供应链管理流程标准化水平，推进供应链服务标准化，提高供应链系统集成和资源整合能力。积极参与全球供应链标准制定，推进供应链标准国际化进程。（质

检总局、国家发展改革委、工业和信息化部、商务部等负责）

（五）加快培养多层次供应链人才。

支持高等院校和职业学校设置供应链相关专业和课程，培养供应链专业人才。鼓励相关企业和专业机构加强供应链人才培训。创新供应链人才激励机制，加强国际化的人才流动与管理，吸引和聚集世界优秀供应链人才。（教育部、人力资源社会保障部、商务部等按职责分工负责）

（六）加强供应链行业组织建设。

推动供应链行业组织建设供应链公共服务平台，加强行业研究、数据统计、标准制修订和国际交流，提供供应链咨询、人才培训等服务。加强行业自律，促进行业健康有序发展。加强与国外供应链行业组织的交流合作，推动供应链专业资质相互认证，促进我国供应链发展与国际接轨。（国家发展改革委、工业和信息化部、人力资源社会保障部、商务部、质检总局等按职责分工负责）

国务院办公厅

2017 年 10 月 5 日

中长期油气管网规划

发改基础〔2017〕965 号

前 言

本规划中，石油、天然气管道网络（以下简称“油气管网”）是指原油、成品油、天然气输送管道及相关储存设施、港口接卸设施等组成的基础设施网络。油气管网是国家重要的基础设施和民生工程，是油气上下游衔接协调发展的关键环节，是现代能源体系和现代综合交通运输体系的重要组成部分。超前谋划，加快建设形成布局合理、覆盖广泛、外通内畅、安全高效的现代油气管网，对于保障能源安全稳定供应、降低经济运行成本、增加社会有效投资、提高人民生活品质具有重要作用。根据《中共中央国务院关于深化石油天然气体制改革的若干意见》和《能源生产和消费革命战略（2016—2030）》精神，特制定《中长期油气管网规划》。本规划是我国油气管网中长期空间布局规划，是推进油气管网建设的重要依据。规划期为2016—2025年，远期展望到2030年。

一、规划背景

（一）发展基础。

近年来，伴随着我国油气消费量和进口量的增长，油气管网规模不断扩大，建设和运营水平大幅提升，基本适应经济社会发展对生产消费、资源输送的要求。

基础设施网络基本成型。西部、漠河—大庆、日照—仪征—长岭、宁波—上海—南京等原油管道，兰州—郑州—长沙、兰州—成都—重庆、鲁皖、西部、西南成品油管道，以及西气东输、陕京、川气东送天然气管道等一批长距离、大输量的主干管道陆续建成，联络线和区域网络不断完善。2015年年底，我国原油、成品油、天然气主干管道里程分别达到2.7万、2.1万和6.4万公里。

资源进口通道初步形成。西北方向，中哈原油管道、中亚—中国天然气管道A、B、C线建成，D线项目稳步推进。东北方向，中俄原油管道建成，中俄原油管道二线和中俄东线天然气管道工程加快推进。西南方向，中缅原油天然气管道已建成。沿海地区，原油码头设计能力满足进口接卸需要，建成大型液化天然气（LNG）接收站13座。

管道输送规模不断提高。2015年，我国一次运输中原油管道运量达到5亿吨，约占原油加工量95%；成品油管道运量达到1.4亿吨，约占成品油消费的45%。天然气管道覆盖率不断提高，用气人口从2010年的1.9亿人增加到2015年的2.9亿人。管道和铁路、水路、公路等交通方式分工合作、相互补充，共同形成我国油气运输体系。

油气储备及应急调峰体系初步建立。国家原油储备库建设顺利推进，石油商业储备达到一定规模，形成多层次的石油储备体系。目前，地下储气库工作气量达76亿立方米、沿海LNG接收站储罐容量达到680万立方米，有效保障重点城市和区域天然气应急调峰。全国油气管网衔接储运、服务产销的格局初步形成。

管道技术装备达到国际先进水平。管道建设中新工艺、新材料、新技术、新设备不断涌现，运营调度中监控与数据采集（SCADA）系统和现代通信技术广泛应用，智能化、网络化水平大幅提升。大口径、高压力管道设计施工和装备制造技术日趋成熟，高钢级管材、自动焊装备、大型压缩机组等主要材料、关键设备自主化水平不断提高。

总体上看，我国油气管网发展取得积极成效，但在规模、结构、布局、体制等方面依然存在一些问题。一是总体规模偏小。我国单位油气消费和单位国土面积对应的管网里程与发达国家相比，差距较大，原油储备、天然气应急调峰能力不足。二是布局结构不合理。东北、西北、西南地区除进口通道外，管道整体偏少，网络化程度低，联络线和区域管网发展较缓。三是建设难度不断加大。新建管道的路由日渐减少，安全生产隐患较多，被占压、超期服役等现象依然突出。四是体制机制难以适应。投资主体较少，社会资本进入难度较大，设施各自独立，互联互通需进一步加强，公平准入存在困难，区域垄断特征显现，监管体系不健全。

（二）形势要求

未来一个时期是我国向现代化建设全面迈进的关键阶段，经济保持中高速增长，产业迈向中高端水平，人民生活水平和质量全面提高，生态文明建设持续推进，清洁能源占比稳步增加，能源结构不断优化。

一是石油消费稳定增长。当前，我国经济发展动能转换，产业结构优化升级，新技术研发及应用，石油需求增速趋缓。但要看到，城镇化快速推进，高标准汽油、航空煤油刚性需求依然长期存在，仍需进一步完善原油、成品油管道，不断提升供应保障能力。

二是天然气需求潜力较大。随着大气污染防治工作持续推进，重点地区天然气替代步伐加快，天然气发电、供热、调峰等规模将持续扩大。同时，城镇化带动用气人口快速增加，需求层次不断提升。加快天然气管网建设，扩大管网规模和覆盖范围，将更好满足市场需求、为人们提供便利的清洁能源。

三是安全保障要求进一步提高。我国油气进口规模将持续扩大，陆上进口量和比例不断提高，要求进一步加快进口油气管道建设。地缘政治冲突以及极端天气、自然灾害，增加了油气稳定供应风险，要求保持合理石油储备规模，提升天然气应急调峰能力。积极防控油气管网安全运行风险，要求进一步提高管网监测和应急响应水平，提升公共安全保障能力。

四是油气市场更加开放高效。健全完善多种经济成分共同参与的油气勘查开采、进出口的市场体系，要求形成多主体参与建设、全面互联互通、公平服务的油气管网输配格局。油气上下游用户数量和个性化需求不断增加，要求进一步提升管网运营维护水平和智能化信息化水平。

（三）重大意义。

我国正处于全面建成小康社会的决胜阶段，经济社会发展面临新形势新机遇新挑战，对油气管网等基础设施发展提出新的更高要求。统筹规划、加快构建"衔接上下游、沟通东西部、贯通南北方"的油气管网体系，有利于完善现代综合运输体系，提高要素配置效率；有利于培育新的市场需求，扩大清洁能源天然气的使用，支撑现代能源体系建立；有利于增加有效供给，带动高级钢材、装备制造、工程技术等相关产业发展；有利于减少油气物流费用，降低能源和工业基础原料成本，提升经济整体运行效率效益；有利于巩固拓展油气进口通道，不断提升进口能力和应对突发事件水平，保障国家能源安全和公共安全，支撑两个百年奋斗目标实现。

二、指导思想和目标

（一）指导思想。

全面贯彻党的十八大和十八届三中、四中、五中、六中全会精神，深入贯彻习近平总书记系列重要讲话精神和治国理政新理念新思想新战略，紧紧围绕统筹推进"五位一体"总体布局和协调推进"四个全面"战略布局，牢固树立和贯彻落实新发展理念，适应把握引领经济发展新常态，坚持以提高发展质量和效益为中心，坚持以推进供给侧结构性改革为主线，积极落实深化石油天然气体制改革的精神，推进能源生产和消费革命战略，以扩大设施规模、完善管网布局、加强衔接互联、推进公平开放为重点，大力发展天然气管网，优化完善原油和成品油管道，提升储备调峰设施能力，提高系统运行智能化水平，着力构建布局合理、覆盖广泛、外通内畅、安全高效的现代油气管网，为完善现代综合交通运输体系、建设现代能源体系、促进经济社会低碳绿色发展、实现“两个一百年”奋斗目标提供基础保障。

（二）基本原则。

统筹协调、优化布局。以消费、生产、交通等领域油气需求变化为导向，结合资源禀赋、进口通道、炼化基地等情况，科学布局油气运输通道，优化流向。统筹基础设施建设，提升普遍服务水平，协调衔接管道网络与安全储备应急调峰设施建设。

适度超前、提升能力。适度超前规划建设油气管网基础设施，扩大网络规模和延伸区域，通过提升油气管网储运能力，更好地支撑稳油增气、优化能源结构、确保油气供应安全等能源生产和消费革命战略目标。

互联互通、衔接高效。推动各类主体、不同气源之间天然气管道实现互联互通。提升标准化、智能化水平，推动油气物流、信息、安全监管等网络互联，提高系统效率。充分发挥管道与其他运输方式比较优势和组合效率，实现合理分工、协调发展。

市场运作、监管有效。推进油气管道网销分开，放开管网建设等竞争性业务，引入更多的社会资本投资建设。更好发挥政府在规划布局、技术标准、监督管理等方面作用，加强公平开放接入监管，确保运营企业为社会提供公平服务。

安全为本、供应稳定。坚持总体国家安全观，夯实油气管网的基础性地位。着力扩大陆上通道输送能力，拓展新的进口通道，实现油气进口“海陆、东西、南北”整体协调平衡，有效降低外部风险，确保油气资源供应稳定。

（三）发展目标。

到 2020 年，全国油气管网规模达到 16.9 万公里，其中原油、成品油、天然气管道里程分别为 3.2 万、3.3 万、10.4 万公里，储运能力明显增强。

到 2025 年，全国油气管网规模达到 24 万公里，网络覆盖进一步扩大，结构更加优化，储运能力大幅提升。全国省区市成品油、天然气主干管网全部连通，100 万人口以上的城市成品油管道基本接入，50 万人口以上的城市天然气管道基本接入。

建成广覆盖多层次的油气管网。管网覆盖面和通达度显著提高，基础设施网络功能完备，原油、成品油、天然气管网里程分别达到 3.7 万、4.0 万和 16.3 万公里。天然气管道全国基础网络形成，支线管道和区域管网密度加大，用户大规模增长，逐步实现天然气入户入店入厂。全国城镇用天然气人口达到 5.5 亿，天然气消费规模不断扩大，在能源消费结构中的比例达到 12% 左右。

形成安全稳定的储运系统。油气储运能力不断提升，战略和应急保障能力显著增强。我国石油储备达到发达国家平均水平，天然气应急调峰气量（含 LNG）达到消费量 8%。油气管网等基础设施建设和运行管理达到世界领先水平，关键技术、装备基本实现自主化。信息监测、预警自检、应急管理体系覆盖油气输储全过程，运行可靠性大幅提高。

提供公平开放的公共服务。各类社会资本广泛参与油气基础设施投资、建设、运营，统一全国天然气入网标准，实现天然气管网运行互联互通，油气资源合理流动和配置。油气管网领域法律标准健全、政府监管有力，管网企业为所有用户提供公平公正的高效输送服务。

油气供需预测和管道发展预期目标

指　标	2015 年	2025 年	年均增速
总里程			
原油管道（万公里）	2.7	3.7	3.2%
成品油管道（万公里）	2.1	4.0	6.7%
天然气管网（万公里）	6.4	16.3	9.8%
原油管道进口能力（亿吨）	0.72	1.07	4.0%
原油海运进口能力（亿吨）	6.00	6.60	1.0%
天然气管道进口能力（亿立方米）	720	1500	7.6%
LNG 接卸能力（万吨）	4380	10000	8.6%
天然气（含 LNG）储存能力（亿立方米）	83	400	17%
城镇天然气用气人口（亿）	2.9	5.5	6.6%

展望 2030 年，全国油气管网基础设施较为完善，普遍服务能力进一步提高，天然气利用逐步覆盖至小城市、城郊、乡镇和农村地区，基本建成现代油气管网体系。

三、规划布局

（一）拓展“一带一路”进口通道。

坚持通道多元、海陆并举、均衡发展，巩固和完善西北、东北、西南和海上油气进口通道。加强陆海内外联动、东西双向开放，促进“一带一路”沿线国家和地区能源互联互通，全面提升油气供需互补互济水平，推动油气管道标准国际化。到 2025 年，基本形成“陆海并重”的通道格局。

1. 陆上进口通道。

加强与沿线国家油气管网设施互联互通合作，共同推动中俄原油管道二线、中俄天然气管道东线、中亚—中国天然气管道 D 线等项目建设，充分发挥现有中缅原油、天然气管道输送能力，维护输油、输气管道等运输通道安全。研究规划新的油气进口管道，适时启动建设。

2. 海上进口设施。

坚持适度超前、适时建设的原则，优化沿海 LNG 接收站布局，在天然气需求量大、应急调峰能力要求高的环渤海、长三角、东南沿海地区，优先扩大已建 LNG 接收站储转能力，规划一批 LNG 接收站，适时建设。开展 LNG 江海联运试点，规划建设芜湖等长江 LNG 内河接收（转运）站。结合沿海炼化基地需求，充分利用现有原油公共码头装卸能力，有序推进原油码头改扩建，适度新建原油码头。

（二）加强天然气管道基础网络。

适应新型城镇化建设中，天然气需求广泛分布、点多面广、跨区调配等需要，加快启动新一轮天然气管网设施建设。统筹考虑天然气和 LNG“两个市场”、国内和国际“两种资源”、管道和海运“两种方式”，坚持“西气东输、北气南下、海气登陆”原则，加快建设天然气管网。到 2025 年，逐步形成“主干互联、区域成网”的全国天然气基础网络。

1. 西气东输。

依托进口资源，以及塔里木盆地、准噶尔盆地、鄂尔多斯盆地和四川盆地天然气资源，逐步完善西气东输、川气东送、陕京等天然气干线系统，增强天然气跨区域输送能力，重点满足我国中东部地区用气需求。加快建设西气东输三线、陕京四线、新疆煤制气外送管道，新建西气东输四线、五线、川气东送二线等主干管道。结合煤制气项目进展，分期建设新疆、鄂尔多斯等地区煤制气外输管道。

2. 北气南下。

统筹衔接陆上重要天然气进口通道建设情况，配套新建中俄东线黑河—华北—华东等天然气管道。结合煤制气项目进展，适时建设蒙东煤制气外输管道等。

3. 海气登陆。

依托近海天然气开发，建设东海、南海气田上岸天然气管道。结合 LNG 接收站建设，配套建设天津、唐山、如东、温州等一批 LNG 外输管线。

4. 主干互联、全国覆盖。

加强干线系统内、干线系统之间、相邻省区市的联络线建设，补齐跨地区、跨省调配短板，实现全国主干管网全覆盖、全联通，形成坚强有力的基础管网格局。新建青岛—南京、保定—石家庄—郑州、楚雄—攀枝花、鄂尔多斯—银川、赣湘线、赣闽线、闽粤线、琼粤线、渝黔桂线、青藏线。研究规划华北沿海和东南沿海线 LNG 互联互通工程。

5. 区域成网、广泛接入。

加快区域管网和支线管道建设，全面实施互联互通工程，打通用气“最后一公里”。全面推进符合条件的市县和乡镇管网覆盖，并探索推动天然气管道接入人口规模较大、距离气源或主干管网较近的农村地区。加快建设配套输气管网，结合港口规划和 LNG 接收站建设，新建一批 LNG 接收站外输管道。以京津冀及周边地区、长三角、珠三角、东北、海南岛等地区为重点，加快建设区域管网和支线管道，推动“煤改气”工程。适时建设煤层气田与天然气输气干线间的联络输气管道。

6. 边远地区燃气基础设施。

在人口规模较小、管道接入经济性差的边远城市、乡镇、农村等区域，充分发挥 LNG、压缩天然气、液化石油气各自优势，因地制宜建设灵活便捷的基础设施，扩大清洁气体燃料利用规模，加速散煤替代，提升能源普遍服务水平和用气人口比例。

（三）完善原油管道通道布局。

统筹进口和自产原油，推动原油管道、石化产业基地、储备基地协同发展，服务炼厂和储备需求。形成西北与西南相连、东北与华北华东贯通、沿海向内陆适当延伸的“东西半环、海油登陆”原油通道格局。

1. 西半环：连通西北西南地区。

西北方向。承接哈萨克斯坦进口原油，配套建设阿拉山口—乌鲁木齐—兰州西部原油管道复线，研究规划延伸至格尔木分支管道。对接中巴原油管道，研究规划喀什—鄯善原油管道。

西南方向。结合西南地区炼化能力和布局情况，对接中缅原油管道，研究规划进一步向贵州等地延伸原油管道，适时建设。

2. 东半环：连通东北、华北和华东沿海地区。

对接俄罗斯进口原油，建设中俄原油管道二线。形成从东北至华北至华东，纵贯东部地区的原油南下通道。

3. 海油登陆。

推进沿海码头原油外输管道设施建设，提高进口原油从沿海向内陆辐射供应能力，规划建设临邑—济南复线、董家口—东营、董家口—潍坊—鲁北、烟台—淄博、日照—濮阳—洛阳、日照—沾化、连云港—淮安—仪征、南通—仪征、仪长复线仪征—九江、大亚湾—长岭、廉江—茂名原油管道等。研究规划洛阳—西安原油管道，为东西部原油交流互济预留通道。

（四）优化成品油管道网络结构。

结合未来成品油“供给东移、需求西移”的变化趋势，加快主干管道建设，推动成品油跨区调配和串换，实现全国成品油供需整体平衡。以主干管道和炼化基地为中心，建设周边辐射、广泛覆盖的区域性成品油支线管道。统筹各种运输方式，建立分工合理、协调发展的成品油联合运输网。到2025年，成品油管网覆盖城镇持续增加，跨区管道运输体系不断完善，基本形成“北油南运、沿海内送”的成品油运输通道布局。

1. 北油南运通道。

东北南下通道。构建大庆—长春—沈阳—京津冀运输通道，实现成品油自东北向华北地区输送、自东北经渤海湾海运外送。根据煤制油项目进展，适时建设煤制油外送管道。

华北南下通道。构建京津冀—郑州—武汉运输通道，实现东北成品油和华北成品油向中南地区输送。

西北南下通道。构建新疆—兰州、蒙西—兰州、兰州—成都—重庆、兰州—郑州—长沙运输通道，实现成品油从西北向西南、华中地区输送。

2. 沿海内送通道。

齐鲁西送通道。构建胶东半岛—鲁西—郑州运输通道，与华北南下通道、兰郑长管道互联，实现山东成品油向中部地区输送。

沿江输送通道。构建宁波—南昌—长沙江南成品油运输通道、武汉—重庆的江北成品运输通道，在长江流域承接华北、东北成品油并沿江向西南地区输送，逐步替代成品油长江船运，降低运输过程中成品油泄漏可能造成的长江水域污染风险和三峡过坝燃爆等事故风险。

华南内送通道。构建广东—广西—云贵渝的成品油运输通道，实现华南成品油向西南输送。构建广东—湖南成品油运输通道，实现珠三角地区成品油向华中地区输送。

3. 支线管道。

加快建设区域内支线管道，推动成品油管道终端城市引入工程建设，不断扩大成品油管道覆盖范围，提高成品油管道接入的城市数量，逐步降低城市间成品油公路运输比例。结合民航发展需求，对航空煤油年用量超过 20 万吨的机场，配套新建航油管道。研究建设成品油储备库接入管道，提高成品油储备应急动用灵活性。

（五）加快油气储备调峰设施建设。

1. 加快天然气储气调峰设施建设。

逐步建立以地下储气库和 LNG 储气设施为主、气田为辅、可中断用户为补充的应急调峰设施系统，建立健全由供气方、输配企业和用户各自承担调峰储备义务的多层次储备体系。结合各地实际，建设天然气储气调峰设施。加快油气藏型储气库建设，推动盐穴和含水层型储气库建设，积极提升 LNG 接收站调峰能力。

推动既有和在建储气库扩容达容，早日达到预期规模。加快东北、华北、华东、华中等地区地下储气库建设，新建干线管道配套储气库工作气量应达到管道设计年输量的 10% 以上，2025 年实现地下储气库工作气量超过 300 亿立方米。加强储气库项目选址和地质评价工作。

加快 LNG 接收站储气能力建设。新建、扩建 LNG 接收站储气量应达到设计年接收能力的 10% 以上，已建 LNG 接收站扩建项目优先考虑增加储气能力，以满足中心城市及辐射地区的应急调峰需求。在用气负荷中心城市，加快建设小型 LNG 储罐、CNG 球罐及配套储气设施，解决重点城市的日、小时调峰和应急用气要求。

2. 加强原油储备能力建设。

加快国家石油储备基地二期工程建设，推进三期工程建设。政府储备以地下水封洞为主、地面储罐储存为辅。全面开展石油储备基地选址调查。建立完善政府储备、企业社会责任储备和企业生产经营库存有机结合、互为补充的石油储备体系。

四、环境影响及保护对策

（一）规划实施环境影响总体评价。

本规划与国家重大发展战略及相关政策保持一致，以覆盖广泛、互联互通、公平开放、调运灵活、安全稳定的油气管网为目标，充分发挥管网运输大能力、低能耗、少污染、绿色化等比较优势，为保障我国能源安全、促进优化能源结构、推动区域协调发展以及实现“两个一百年”奋斗目标提供有力支撑，为构建综合交通运输体系、推进生态文明建设发挥重要作用。规划与《能源生产和消费革命战略（2016—2030）》《加快推进生态文明建设的意见》《全国主体功能区规划》《国家新型城镇化规划（2014—2020年）》《国家应对气候变化规划（2014—2020年）》以及相关能源、交通规划等进行较好衔接。规划坚持绿色发展理念，充分考虑既有设施的利用，集约节约利用土地、能源等资源，着力提升能效，提高资源综合利用水平。有关工程建设可能会涉及环境敏感区等，产生不利环境影响的，规划实施时要强化生态环境保护和风险防范机制及措施。

（二）预防和减轻不良环境影响的对策措施。

一是坚持“保护优先、避让为主”的管网布局原则，加强对沿线环境敏感区保护。合理设计项目线路走向和选址，尽量利用既有油气运输通道，避开永久基本农田保护区，避绕水源地、自然保护区、风景名胜、地质公园等环境敏感区域、水土流失重点预防区和治理区，以及人口居住稠密区域。二是严控增量用地、优先利用存量，加强油气管网建设的节能、节地设计，高效实施土地综合开发利用，促进土地节约集约利用。发展先进适用的节能减排技术，加强新型智能、节能环保的技术装备的研发和应用，提高运输效率。三是集约节约利用能源资源，采取有力的节能、节水和环保措施，提高能源资源使用效率；开展环境恢复和污染治理，做好地形、地貌、生态环境恢复和土地复垦工作；做好水土保持等生态保护，加强生态恢复工程。四是严格遵守环境保护、节约能源资源相关法律法规，严格执行环境影响评价制度、节能审查制度，严格项目审批和土地、岸线、环保等准入，项目立项应符合相关法律法规和标准要求，根据能源资源保障条件、环境承载能力合理确定项目建成规模。

五、保障措施

（一）推进体制机制改革。

贯彻落实中共中央、国务院关于深化石油天然气体制改革的若干意见，加快油气管网运营机制改革步伐，完善油气管网公平接入机制，实现管输和销售分开。承担石油天然气管道运输的公司，公平公正为所有用户提供管输、储备、气化、液化和压缩等服务，定期向社会公开各类管线接入标准，向第三方市场主体提供服务价格、剩余管输、储存能力等必要信息。

（二）实施组合支持政策。

明确天然气在我国能源结构优化中的重要战略地位和推动天然气快速发展的路径。加大中央预算内投资，支持国家石油储备基地和西藏天然气、成品油管道建设。创新油气管网投融资机制，拓宽融资渠道，积极发展混合所有制经济，鼓励社会资本投资油气管道项目，支持各类社会主体按照标准和规划，投资建设 LNG 接收站、油气储备库等基础设施。按照准许成本、合理收益的原则，核定管道运输价格。研究出台储气库垫底气补贴政策。创新债券发行品种和方式，广泛吸引海外投资，鼓励国内外社会资本设立油气国际合作基金。

（三）加强监管体系建设。

健全油气管道和储气库等基础设施建设各类标准，充分发挥法律、法规、标准、考核对行业安全发展的基础作用，着力提高油气管网安全预警能力建设。建立健全公众意见反馈机制，强化社会对规划实施的监督。完善行业监管体系，研究出台管网管理办法，建立油气管网监管专职队伍，加强管道建设、运营、准入等方面监管，规范省级管网、城市管网管输定价机制。全面排查油气管道安全隐患，加快实施老旧油气管线更新升级，消除集中占压等重大隐患。严格执行《石油天然气管道保护法》等有关法律法规，细化和明确相关各方责任，遏制非法占压、盲目施工、打孔盗油等危及油气管道及其附属设施的违法行为。积极构建油气管道风险隐患双重预防性工作机制，加强安全风险辨识和评估，及时消除安全隐患，坚决预防油气管道重特大事故。

（四）加大统筹协调力度。

做好与土地利用总体规划、城乡规划、岸线规划、省域城镇体系规划等相关规划的协调衔接，提前谋划、预留油气运输通道，优化关键节点路由，合理安排管道穿跨越空间。统筹西气东输、川气东送、陕京系统、东北—京津冀地区、西南地区油气通道资源，做好既有通道、规划通道布局和路由预留，规划建设国家级管道管廊带。推动综合运输廊道统筹规划布局，在河西走廊、跨河跨江跨谷、隧道等路由紧张、地形复杂、穿越成本高的地区，统筹铁路、公路、管网一体化综合运输廊道布局和建设。研究东西新通道路由。

（五）提升科技支撑能力。

加强“互联网 +”、大数据、云计算等先进技术与油气管网与信息等领域新技术创新融合，加强油气管网与信息基础设施建设的配合衔接，促进“源—网—荷—储”协调发展、集成互补。完善信息共享平台，推动全国天然气主干管道互联互通、统筹调度。加强信息技术、管网仿真技术应用，探索完善天然气水合物运输工艺、多相混输、原油冷热交替输送、管道泄漏监测和定位、完整性评估等管道建设、运行、应急前沿技术。加大基础研究和科技攻关创新力度，提升大型压缩机组、SCADA 系统、大口径高压力阀门等管网关键设备自主化能力。加强专业人才队伍和国家重点实验室等建设，为建设智能化油气管网提供支撑保障。

（六）健全规划实施机制。

各级政府及有关部门、企业，要进一步提高对规划权威性和约束力的认识，明确责任分工，密切协调配合，确保规划有序实施和目标任务完成。项目实施应严格按照国家有关审批（核准）程序办理，审批机关应简化审批事项、优化流程。国家发展改革委、国家能源局会同有关部门，每年对规划执行情况进行总结和梳理，适时修订、及时向社会发布，协调解决规划实施中有关问题，重大事项及时报告国务院。省级发展改革委依据本规划优化本省油气基础设施发展，布局管道通道和路由，完善省内管输定价机制，加强省内管网监管，为管网发展营造良好环境。

附图：1. 中长期天然气主干管网规划示意图

2. 中长期原油主干管网规划示意图

3. 中长期成品油主干管网规划示意图

国家发展改革委
国 家 能 源 局
2017 年 5 月 19 日

附图 1

中长期天然气主干管网规划示意图

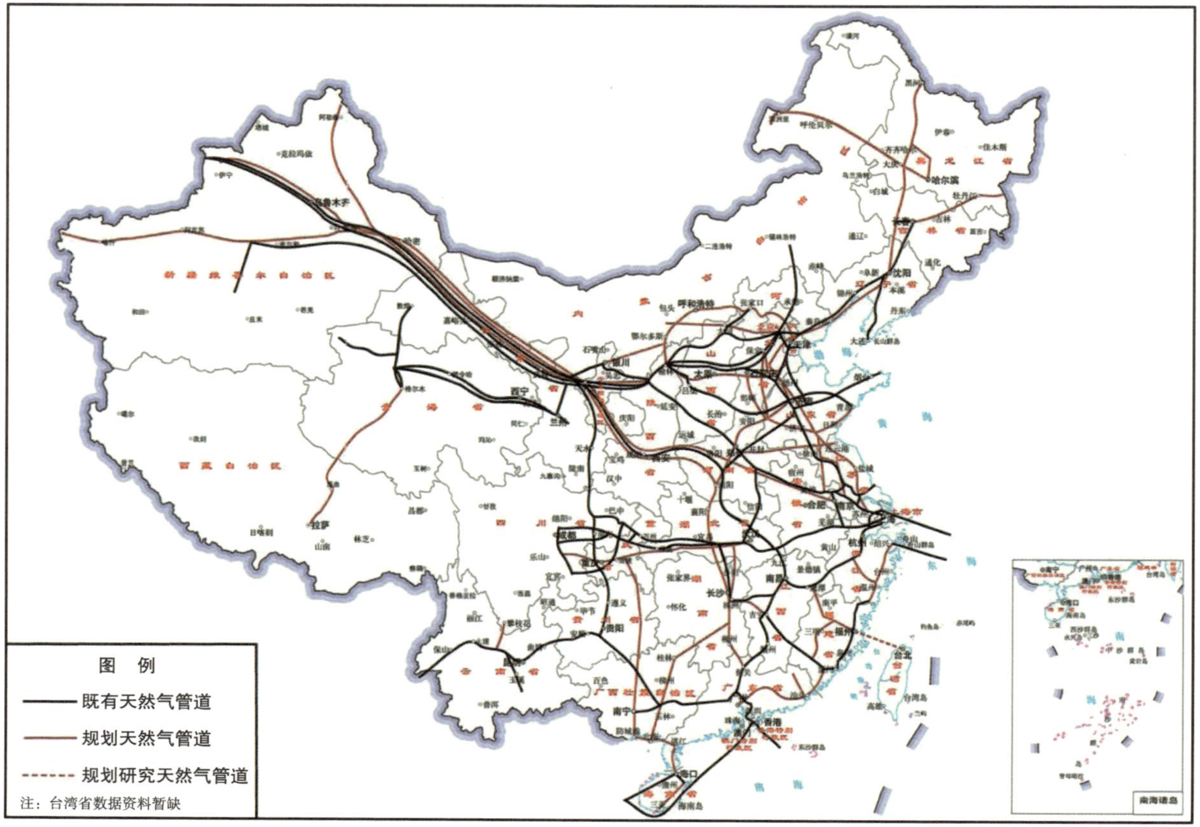

附图 2

中长期原油主干管网规划示意图

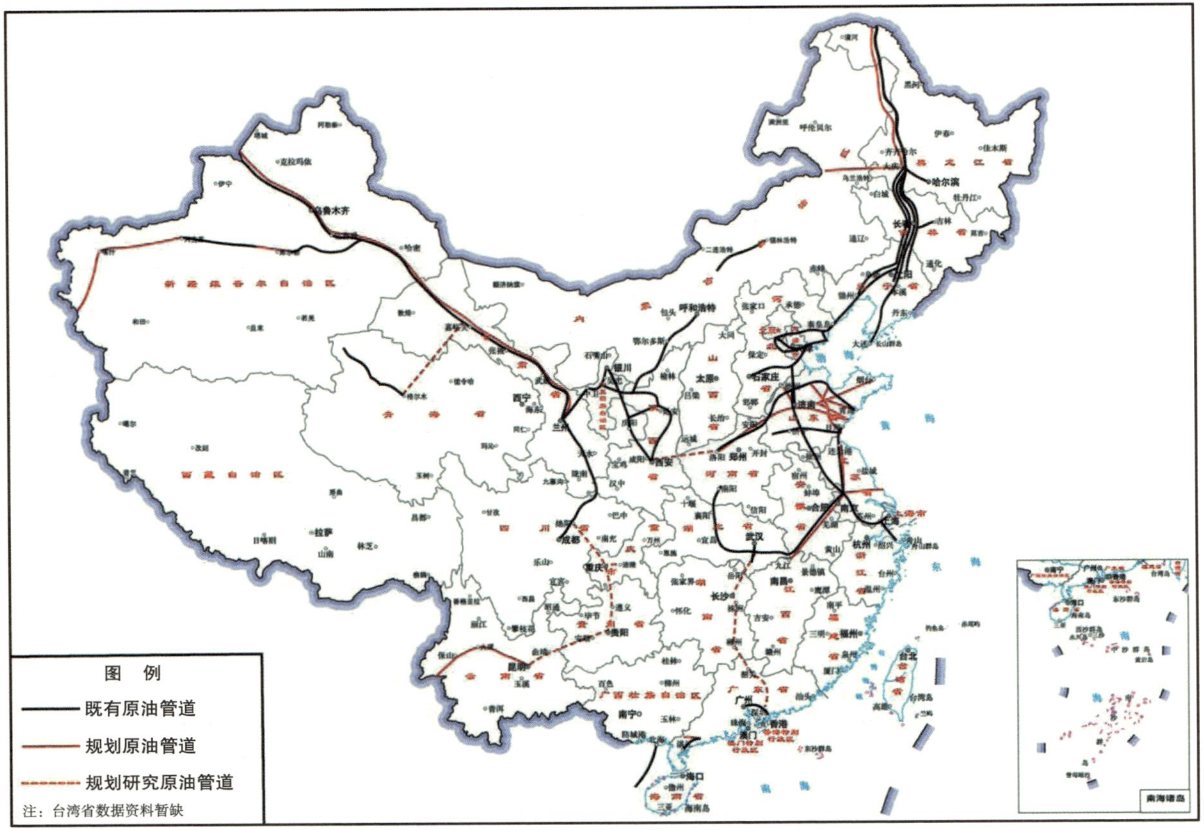

附图 3

中长期成品油主干管网规划示意图

铁路“十三五”发展规划

发改基础〔2017〕1996号

铁路是国民经济大动脉、关键基础设施和重大民生工程，是综合交通运输体系的骨干和主要运输方式之一，在我国经济社会发展中的地位和作用至关重要。加强现代化铁路建设，对扩大铁路运输有效供给，构建现代综合交通运输体系，建设交通强国，实现“两个一百年”奋斗目标和中华民族伟大复兴的中国梦，具有十分重要的意义。贯彻落实党的十九大精神，根据《国民经济和社会发展第十三个五年规划纲要》《“十三五”现代综合交通运输体系发展规划》和《中长期铁路网规划》，结合铁路行业实际，制定本规划。

一、现状与形势

（一）发展基础。

“十二五”时期，我国铁路改革发展成效显著，基础设施建设持续加快，运输能力大幅提升，服务水平明显提高，科技创新取得重大突破，基本适应经济社会发展需要。

体制改革实现重大突破。实施政企分开，组建国家铁路局、中国铁路总公司。推进简政放权，加快职能转变，大幅削减铁路行政审批事项，进一步激发市场活力。铁路投融资体制改革快速推进，支持铁路实施土地综合开发，进一步鼓励和扩大社会资本投资建设铁路，发起设立铁路发展基金，有序推进铁路运输价格市场化改革，铁路发展的支持政策更加完善。

设施网络建设快速推进。“四纵四横”高速铁路基本建成，中西部路网骨架加快形成，综合枢纽同步完善，路网规模不断扩大，结构日趋优化，质量大幅提升，铁路建设取得显著成绩。“十二五”铁路完成固定资产投资3.58万亿元、新线投产3.05万公里，较“十一五”分别增长47%、109%，投资规模和投产规模达到历史高位。运输服务品质显著改善。铁路运输服务多样性、选择性、舒适性和便捷性不断增强。动车组承担客运比重接近50%，12306网络售票全面推广，人民群众获得感明显增强，客运量年均增长10%。货运能力不断释放提升，重点物资运输保障有力，受理服务明显改善，中欧班列形成品牌效应。运输安全基础进一步夯实，国防和应急保障能力显著增强。

科技创新能力明显提高。工程建设、装备制造等取得一系列科技创新成果，形成自主知识产权技术体系，核心竞争力不断增强，铁路总体技术水平进入世界先进行列。“复兴号”中国标准动车组全面实现自主化设计，京沪高速铁路工程荣获国家科学技术进步奖特等奖，自主开发的铁路列车调度指挥系统和运输调度管理系统全面应用。

“走出去”成为新亮点。铁路成为我国对外交流合作新名片和共建“一带一路”倡议的重要领域。铁路建设、装备、运输等企业积极开拓国际市场，承建的土耳其安伊高速铁路建成通车，肯尼亚蒙内铁路等开工建设，雅万高铁和中老、匈塞等铁路合作积极推进，机车车辆等装备实现较大规模整装出口。

“十二五”规划建设目标的全面实现，为“十三五”发展奠定了良好基础。但铁路发展仍面临不少困难和问题，主要表现在：路网结构尚不完善，区域发展仍不平衡，部分通道还未形成系统能力，有效供给和运行效率有待进一步提升；现代物流及多式联运发展中铁路骨干作用发挥不够充分，“最后一公里”集疏运体系仍存在短板；综合交通枢纽发展不足，铁路与城市交通衔接水平有待提升；铁路债务不断攀升，防范风险压力加大，市场化、投融资等改革仍需深化。

（二）形势要求。

“十三五”时期，国内外形势正在发生深刻复杂变化，我国发展仍处于重要战略机遇期，经济由高速增长阶段转向高质量发展，交通运输处于支撑全面建成小康社会的攻坚期、优化网络布局的关键期、提质增效升级的转型期，进入现代化建设和交通强国建设新时代，对铁路改革发展提出新的要求。全面建成小康社会要求铁路增强服务保障能力。决胜全面建成小康社会，铁路发展要着眼满足人民日益增长的美好生活需要，增加有效供给，提升服务水平，保障和改善民生，补齐铁路网络和运输服务短板，把有效支撑精准扶贫、精准脱贫放在突出位置，加强革命老区、民族地区、边疆地区、贫困地区铁路对外运输通道建设，提升铁路服务水平和覆盖程度。

推进实施国家重大战略要求铁路发挥引领带动作用。贯彻落实推进“一带一路”建设部署和区域发展总体战略及京津冀协同发展、长江经济带发展等战略，推进新型城镇化和军民融合深度发展，要求继续推进以中西部地区为重点的铁路建设，加快形成快速畅通的铁路大通道，进一步完善覆盖广泛的运输网络，缩小地区发展差距，推动更大范围更高水平更深层次区域协同合作。

加强生态文明建设要求铁路绿色低碳发展。当前，我国资源约束趋紧、环境污染严重、生态系统退化等形势严峻，资源能源、生态环境约束更为突出，要求节约集约利用资源，优化交通运输结构，更加注重发挥铁路运量大、能耗少、排放低等比较优势，推动形成绿色高效交通运输发展方式，为建设美丽中国做出贡献。

全面深化改革要求铁路着力强化改革创新。贯彻落实全面深化改革总体部署，要求铁路坚持创新发展理念，主动适应新需求，推进铁路供给侧结构性改革，深化铁路企业和客货运输改革，加快市场化运行机制建设，优化投资环境，拓展多渠道多层次多元化的投融资模式，加强政府监管和服务，推进治理能力现代化。

全面开放新格局要求铁路提升国际竞争能力。我国正在构建以“一带一路”建设为重点的全面开放新格局，铁路作为国际合作的重要领域和优先方向，要拓展全球视野，统筹国际国内两个市场，强化与周边国家互联互通，加快铁路“走出去”，打造中国铁路技术、装备、标准、运输等品牌，提升国际影响力和竞争力。

二、总体思路

（一）指导思想。

深入学习贯彻党的十九大精神，以习近平新时代中国特色社会主义思想为指导，紧紧围绕统筹推进“五位一体”总体布局和协调推进“四个全面”战略布局，牢固树立和贯彻落实创新、协调、绿色、开放、共享的发展理念，主动适应引领经济发展新常态，坚持稳中求进总基调，以服务人民为根本，以供给侧结构性改革为主线，以构建现代综合交通运输体系为导向，以深化改革为动力，以创新驱动为支撑，加强铁路基础设施网络建设，发挥骨干优势作用，提升运输服务品质，促进军民融合深度发展，提升智能绿色安全发展水平，提高发展质量效益，增强国际竞争能力，为决胜全面建成小康社会提供有力支撑。

（二）基本原则。

协调发展，当好先行。加强铁路基础网络建设，突出重点，优化布局，协调区域、干支、站线能力，注重方式衔接，积极贯彻国防要求，加强统筹衔接，军民兼容、同步建设。尽力而为，量力而行，有序发展，科学确定规模标准，有效防控债务风险，更好发挥铁路对经济社会发展的支撑引领作用。

改革引领，创新驱动。把改革创新贯穿于铁路发展各领域，完善市场环境和机制，激发市场活力和动力，增强供给结构适应性和灵活性。深入实施创新驱动，推进铁路技术、管理、服务和体制创新，培育铁路发展新动能。

转型升级，提质增效。加快转变铁路发展方式，精准对接运输需求变化，全面提升服务品质和经营效益。加强与其他运输方式、现代物流等融合发展，延伸拓展服务链条，挖掘盘活存量资源，增强铁路持续发展能力。

恪守红线，安全发展。始终坚持将安全作为铁路发展生命线，统筹发展与安全，强化安全质量，落实企业安全生产主体责任，健全政府安全监管体系，构建安全管理长效机制，强化运输安全及应急保障能力。

（三）发展目标。

到 2020 年，路网布局优化完善，装备水平先进适用，运输安全持续稳定，运营管理现代科学，创新能力不断提高，运输能力和服务品质全面提升，市场竞争力和国际影响力明显增强，适应全面建成小康社会需要。

1. 路网建设。

全国铁路营业里程达到 15 万公里，其中高速铁路 3 万公里，复线率和电气化率分别达到 60% 和 70% 左右，基本形成布局合理、覆盖广泛、层次分明、安全高效的铁路网络。

高速铁路扩展成网。在建成“四纵四横”主骨架的基础上，高速铁路建设有序推进，高速铁路服务范围进一步扩大，基本形成高速铁路网络。

干线路网优化完善。东部路网持续优化完善，中西部路网规模继续扩大，西部与东中部联系通道进一步拓展，区域内部联系更加紧密，中西部路网规模达到 9 万公里左右。对外通道建设有序推进，与周边国家铁路互联互通取得积极进展。

城际、市域（郊）铁路有序推进。经济发达、人口稠密、城镇密集地区形成城际、市域（郊）铁路骨架网络，其他适宜区域因地制宜、量力而行布局建设，城际和市域（郊）铁路规模达到 2000 公里左右。

综合枢纽配套衔接。建成一批设施设备配套完善、现代高效的综合交通枢纽，建设支线铁路约 3000 公里，铁路与其他运输方式一体衔接效率明显提升，基本实现客运“零距离”换乘和货运“无缝化”衔接。

2. 运输服务。

覆盖范围更为广泛。全国铁路网基本覆盖城区常住人口 20 万以上城市，高速铁路网覆盖 80% 以上的大城市。

旅客出行更为便捷。动车组列车承担旅客运量比重达到 65%。实现北京至大部分省会城市之间 2 ～ 8 小时通达，相邻大中城市 1 ～ 4 小时快速联系，主要城市群内 0.5 ～ 2 小时便捷通勤。

货物运输更为高效。货运能力基本满足跨区域能源、资源等物资运输需要，重载、快捷及集装箱等专业化运输水平显著提高，“门到门”、快速送达的全程物流服务体系初步形成。铁水、铁公、铁空等多式联运比重大幅提升。

3. 信息化建设。

客货服务网络化。客运网上售票比例达 80%，实现货物受理、电子支付、物流追踪等货运业务网上办理。

运输组织智能化。以铁路地理信息平台为依托、服务铁路建设运营管理的数字化铁路基础框架加快建设，调度指挥智能化水平进一步提高，基本实现运输生产全过程信息化。

安全监控自动化。集监测、监控和管理于一体的安全监管信息系统基本建立，实现安全生产动态信息的实时监测监控，提升铁路运输安全监测专业化、自动化水平。

专栏一 “十三五”铁路发展主要指标

指　标	2020 年	五年增加值	年均增长率（%）
营业里程（万公里）	15	2.9	4.8
高速铁路营业里程（万公里）	3	1.1	11.6
复线率（%）	60	7	＞ 2.0
电气化率（%）	70	9	＞ 2.5
客运量（亿人）	40	14.6	9.5
货运量（亿吨）	37	3.4	2.0
国家铁路货运量（亿吨）	30	2.9	2.1
旅客周转量（亿人公里）	16000	4040	6.0
货运周转量（亿吨公里）	25780	2030	1.7
国家铁路货运周转量（亿吨公里）	23500	1902	1.8

三、重点任务

（一）完善铁路设施网络。

以推进“一带一路”建设、京津冀协同发展、长江经济带发展等重大国家战略为引领，按照分类建设要求，落实各类投资主体，以中西部干线铁路、高速铁路等建设为重点，推进重点地区和重点方向铁路建设，继续实施既有线及枢纽配套改造，发展城际和市域（郊）铁路，推动对外骨干通道建设，充分考虑国防需求，促进点线能力协调，提高综合效能，不断增强铁路对经济建设和国防安全的基础保障能力。

1. 构建高速铁路网络。

在全面贯通“四纵四横”高速铁路主骨架的基础上，推进“八纵八横”主通道建设，实施一批客流支撑、发展需要、条件成熟的高速铁路项目，构建便捷、高效的高速铁路网络，拓展服务覆盖范围，缩短区域间的时空距离。

专栏二　高速铁路重点项目

建成北京至沈阳、北京至张家口至呼和浩特、大同至张家口、石家庄至济南、济南至青岛、郑州至徐州、宝鸡至兰州、西安至成都、商丘至合肥至杭州、武汉至十堰、南昌至赣州等高速铁路。

建设沈阳至敦化、包头至银川、银川至西安、北京至商丘、太原至焦作、郑州至济南、郑州至万州、黄冈至黄梅、十堰至西安、合肥至安庆至九江、徐州至连云港、重庆至黔江、重庆至昆明、贵阳至南宁、长沙至赣州、赣州至深圳、福州至厦门等高速铁路。

2. 完善干线铁路布局。

优化干线铁路网络布局，推进主要城市群之间区际干线铁路建设，以中西部地区为重点，拓展中西部路网覆盖面。完善东部路网，实施既有线改造，盘活路网资源，提升路网质量和效益。研究推进沿边铁路建设。

专栏三　干线铁路重点项目

建成哈尔滨至佳木斯、青岛至连云港、九江至景德镇至衢州、黔江至张家界至常德、怀化至邵阳至衡阳、南宁至昆明、重庆至贵阳、衢州至宁德、丽江至香格里拉、敦煌至格尔木、库尔勒至格尔木、蒙西至华中铁路煤运通道等干线铁路。

建设西宁至成都、和田至若羌、拉萨至林芝、酒泉至额济纳、兴国至永安至泉州、金华至宁波、攀枝花至大理等干线铁路。

实施成昆线、焦柳线、集通线、京通线、京原线等电化或扩能改造。

3. 推进城际铁路建设。

加快建设与新型城镇化发展相适应、服务城市群间及内部旅客运输的城际铁路，重点建设京津冀、长江三角洲、珠江三角洲等地区城际铁路，为构建轨道上的城市和城市群打好基础。统筹干线、城际铁路和城市交通的有效衔接及合理分工，鼓励适宜地区盘活存量资产、优先利用既有铁路提供城际、城市运输服务，有序新建市域（郊）铁路，强化城市群内部便捷高效连接。

4. 统筹支线铁路建设。

落实所有权、经营权的放开条件，鼓励地方政府和社会资本投资建设和运营一批地方开发性铁路和支线铁路。加快推进煤运通道集疏运支线、港口支线和普通支线铁路建设，着力解决铁水联运“最后一公里”问题，促进铁路支线向重要货源发生地延伸，扩大铁路覆盖范围，为干线铁路网的高效运营提供基础支撑。

5. 强化综合交通枢纽功能。

完善枢纽空间布局，加强各种运输方式规划衔接，一体化建设站场设施。构建多种运输方式和城市内外交通有机衔接的铁路综合客运枢纽，加强与城市功能有机融合，提高出行效率和换乘体验。加快推进铁路物流基地、物流中心、集装箱中心站建设，完善货运配套设施，加强信息共享平台建设，发展多式联运和铁路现代物流。实施一批枢纽联络线、疏解线等工程，进一步完善检修、维修配套设施，提升铁路枢纽衔接配套水平。

6. 实施周边互联互通工程。

贯彻落实推进“一带一路”建设部署和周边基础设施互联互通总体规划，加强国际合作，共同推进对外骨干铁路通道建设，加快建设带动双多边矿产及旅游资源开发、促进经贸往来等口岸铁路及配套设施，加强与境外陆路枢纽合作，构建联通内外、安全通畅的综合交通运输网络。

专栏四　互联互通铁路及口岸铁路重点项目
建成同江铁路大桥，建设大理至瑞丽、玉溪至磨憨、防城港至东兴等铁路，规划研究中巴、中吉乌等铁路境内段，临沧至清水河等铁路。 建成同江等铁路口岸，规划建设瑞丽、磨憨、东兴等铁路口岸；规划研究红其拉甫、吐尔尕特（伊尔克什坦）等铁路口岸。

7. 推动军民融合深度发展。

贯彻落实军民融合发展战略，根据国防安全需要，在铁路规划设计、建设运营全过程积极贯彻国防要求。完善军民融合交通运输网络，强化铁路线路和站点配套设施国防功能，提高装卸载地域整体保障水平，推进国防信息通信网与铁路信息基础网络互联建设。

（二）提升技术装备水平。

贯彻落实创新驱动发展战略和《中国制造 2025》，加强科技研发和自主创新，提高智能、绿色、高端装备比例，全面提升铁路装备现代化水平。

1. 大力推进机车车辆装备升级。

结合路网建设和运输需求，扩大动车组上线运行范围，推进智能动车组研发。建设国家高速列车技术创新中心，加快推进具有自主知识产权的系列化“复兴号”中国标准动车组研制及应用。研制先进适用和绿色智能安全的机车车辆装备，发展适合城际、市域（郊）铁路特点的新型动车组，优化普客车型结构。发展适应“门到门”、多式联运、国际互联互通运输等货运成套技术装备，不断提高适应重载、集装箱、特种运输等货运装备水平。

2. 加快发展先进列车控制系统。

加快通信信号装备升级改造，推进通信信号装备小型化、一体化和铁路下一代移动通信技术研究，优化完善通信基础网。加强系统集成和自主创新，提高列车控制系统核心技术水平和运营安全保障能力，逐步推广应用具有自主知识产权的高速铁路列车运行控制系统。全面提升普速铁路列车运行控制系统技术装备水平，开展基于列车运行控制系统的自动驾驶功能（ATO）研究和下一代列车运行控制系统的研究，逐步形成完善的技术标准体系。

3. 着力强化监控检测保障能力。

进一步健全完善高速铁路、普速铁路检测、监测和修理技术装备体系，提高检测养护机械装备水平，全面提升基础保障能力。构建覆盖全路主要干线基于卫星定位的测量控制网络，进一步完善高速铁路、城际铁路和重要干线路基沉降及轨道变形监测系统。加快综合视频监控系统建设，全面推广计算机联锁系统和编组站综合自动化系统。加强供电综合自动化与远动、诊断系统建设，构建供电综合监控系统，强化检测维修手段和能力，全面提升牵引供电系统智能化水平。

（三）改善铁路运输服务。

突出便民、利民、惠民服务理念，不断拓展服务内涵，打造服务优势，创建服务品牌，努力实现服务品质与服务能力同步提升，运营效益和比较优势同步增强。

1. 提高旅客运输能力。

发挥高速铁路运输网络准点高效、快速通达、覆盖面广的优势，优化组织和调度，深度挖掘客运潜力，提升网络客运能力。加强对城际、市域（郊）及其他短途客运市场、旅游市场的开发和培育，充分利用既有能力开行城际、市域（郊）列车。加大客运产品开发，创新服务理念和服务模式，形成高速动车、城际列车、普速客车、市域（郊）列车等层次多样、能力协同、适应需求的客运系列产品，提高铁路有效供给能力和质量。

2. 提升客运服务水平。

适应一体化、高品质出行服务需求，修订完善铁路旅客运输服务质量标准体系，加强各种运输方式运力衔接与组织协同，积极开展旅客联程运输服务。优化售票组织和服务，进一步完善 12306 网络售票，积极采用互联网购票和手机 APP 购票等方式。完善动静态引导系统、图形标志及广播、视频监控等站车设施设备，提高信息服务能力，地市级车站全面实现自助实名验证和检票。提高旅客列车正点率，提升动车服务品质，改善普通旅客列车服务水平，为旅客提供更好出行体验。

3. 拓展铁路货运市场。

充分发挥铁路绿色环保和规模运输优势，盘活路网资源，扩大铁路在大宗货物运输中的市场份额。大力发展集装箱、铁路快运、冷链运输、商品汽车运输等新业务，构建快捷货运班列网络。引导培育多式联运市场主体，加强多式联运技术标准、服务规范、信息资源等有效衔接，推进铁水、铁公等多式联运发展，探索开展双层集装箱运输、驮背运输等。进一步简化货运办理手续，全面畅通货运受理渠道。强化运输环境治理，规范货运经营者收费行为，提高透明度，接受社会监督。

4. 发展铁路现代物流。

推进物流基础设施建设，依托主要经济中心、港口、铁路车站等打造铁路区域物流中心，加快形成京沪、京广、欧亚大陆桥等连通国内外主要经济区域、与其他运输方式有效衔接的物流大通道。大力发展铁路现代物流综合服务，加强铁路物流园区、货运场站及物流信息平台建设，促进各类平台之间的互联互通和信息共享，推进运输、仓储、加工、信息服务等融合发展。加强铁路与邮政、快递等物流设施衔接协同，积极发展高铁快运及电商快递班列等。进一步创新铁路运输组织模式，培育壮大一批竞争力强的现代铁路物流骨干企业。

（四）强化安全生产管理。

牢固树立安全生产红线意识，提高铁路安全管理法治化水平，加快建立企业负责、政府监管、社会监督“三位一体”的铁路安全管理体系，强化铁路安全风险管理，确保铁路运输持续安全稳定。

1. 突出抓好高速铁路安全。

在统筹抓好普速铁路安全的基础上，全面提升高速铁路安全管理水平。严格执行有关标准规范和验收要求，确保高速铁路建设质量安全。强化高速铁路运输安全管理，加大重要领域、关键部位的安全设施设备投入，构建全方位的高速铁路安防体系，强化反恐防暴能力建设。加强高速铁路运行监测、监控、防灾预警等安全保障系统建设，强化设备运行状态检测，加强对运行数据采集分析和安全风险研判，实现可视、可监、可控，夯实安全保障基础。

2. 强化企业安全生产主体责任。

铁路运输、建设、装备等企业要健全安全生产管理长效机制，建立安全风险分级管控和隐患排查治理双重预防工作制度，同步强化安全意识和责任意识，同步落实领导责任和岗位责任，切实提高安全管理科学化水平和安全自控能力。规范建设运营管理各环节作业程序，严格施工、维修、新线开通、危险货物运输等安全管理，加强安全生产教育培训和考核，强化人才队伍建设。落实车票实名购买、查验制度和客运安全检查制度。加强铁路站车食品安全管理。

3. 落实政府安全监管责任。

强化政府监管职能，创新安全监管方式，健全安全监管体系和法规标准体系。加快高速铁路沿线环境安全综合治理地方性法规建设，制定铁路安全生产监管权力清单和责任清单，加强运输安全、建设工程质量和施工安全等重点领域安全生产行政执法和监督检查。强化铁路市场诚信体系建设，完善装备产品认证制度，严格实施设备产品、从业资质准入制度。完善事故调查体制机制。加快铁路线路安全保护区划定和“公跨铁”立交桥移交管理，推进城市重点道口“平改立”和线路封闭工作，加强铁路沿线安全综合治理。

4. 加强应急救援体系建设。

建立安全生产形势分析预警及突发事件预案机制，提高安全事故研判与预防能力。建立完善铁路行业监管部门与国家相关部门、地方政府、企业及社会共同参与、协同配合的铁路安全保障和应急救援体制机制，加快国家铁路应急救援基地建设和专业救援队伍组建，增强突发事件应急救援保障和处置能力，全面提升安全应急保障水平。

（五）推进智能化现代化。

充分发挥信息技术基础性、引领性作用，发展物联网技术，实施大数据战略，加快推进新一代信息技术与铁路融合发展，大力促进数字化、信息化、智能化铁路建设。

1. 加强信息化智能化建设。

加快推动北斗系统在铁路领域的应用推广，完善铁路客货服务智能化信息系统，建立综合信息交换平台，推动与其他运输方式，以及气象、环境、地理、人文、媒体、快递等信息平台互联互通，为公众提供多渠道、全方位、普惠化服务信息。综合集成铁路运输组织和生产经营等信息系统，实现客货运输计划、调度指挥、行车作业、运输组织等业务全程运输智能化管理。以建设“精品工程、智能京张”高速铁路为示范，深入开展智能铁路技术顶层框架及关键技术研究。

2. 提升安全监控自动化水平。

应用物联网、移动互联和智能感知等技术，深化专业安全监测监控应用，建立集监测、监控和管理于一体的安全监管信息系统，实现安全生产动态信息实时监测监控。加快推进运输安全防灾系统建设，积极推动北斗卫星导航、地理信息和大数据分析技术在防灾预警、应急救援等方面应用，完善对自然灾害的预警和监测。

3. 推进信息综合集成应用。

基本建成满足铁路需求的现代化绿色数据中心，建成覆盖全国铁路的大宽带高速通信网络，实现信息资源共享和便捷管理，提升信息服务能力。加快完善铁路行业云数据中心和灾备中心建设，进一步加强网络安全技术研究，促进铁路网络与互联网互联互通，强化安全风险管理，确保网络和信息安全。加大数据分析和研发力度，大力推进数据资源开发利用，提升决策的科学性，促进资源优化配置。推进公共资源交易信息共享。

（六）推动铁路绿色发展。

按照生态文明建设要求，将生态环保理念贯穿铁路规划、建设、运营和养护全过程，节约集约利用资源，加大技术性、结构性及管理性节能减排力度。

1. 发挥铁路比较优势。

适应多样化、个性化市场需求，加强政策引导，提升物流运行效率和服务质量，降低物流成本，进一步夯实铁路货运比较优势。转变交通消费模式，倡导绿色出行方式，更好发挥铁路骨干运输作用，引导不同出行方式合理分工、优势互补，促进运输方式结构优化，加快构建以绿色铁路为骨干的复合型物流大通道和节能型综合交通运输体系。

2. 加强生态环境保护。

在铁路规划建设过程中，节约集约利用土地、线位、通道等资源，推进铁路场站及周边土地综合立体开发利用。依法开展区域路网规划和铁路建设项目环境影响评价，加强用地预审、水土保持方案编制等工作，严格落实各项环保要求。加强铁路环境保护管理，建立健全铁路环保技术标准、考核评价体系和产品认证制度。推广应用环保新技术、新材料、新工艺，加大环保治理投入和既有环保设施的更新改造力度，采取综合措施有效防治铁路沿线噪声、振动。加强铁路绿色通道建设。

3. 加大节能减排力度。

优化路网技术结构，加强既有铁路电气化改造，发展重载、快捷等高效专业化运输，提高电气化铁路承担运输量比重。加大既有建筑、设备节能改造，淘汰技术落后的机车设备，加强铁路建设工程及车站节能优化设计，广泛应用节能型的新技术、新装备、新材料。强化能耗管理，推广智能化节能管控，提高能源综合利用。优化运输组织，提高运输效率，进一步降低铁路运输能耗水平。

（七）加强国际交流合作。

充分发挥我国铁路行业整体竞争优势，加强铁路对外交流合作，加快铁路“走出去”，推进中国铁路标准国际化进程，将中欧班列打造成为世界知名物流品牌。

1. 推动铁路“走出去”。

综合运用国际国内两个市场和两种资源，积极推进我国技术咨询、建设施工、装备制造、运输管理、人才培训及技术标准等全方位对外合作，促进铁路“走出去”向产业链、价值链高端方向发展。突出重点区域和重点项目，统筹安排资源投入，注重分类施策，强化政策支持，力求取得务实成果。培育满足全球市场需求的铁路装备技术、标准和服务能力，进一步提升铁路装备国际化水平。

2. 打造中欧班列物流品牌。

落实《中欧班列品牌建设方案》，创新中欧班列服务模式，增强综合服务能力，打造成为具有国际竞争力和良好商誉度的世界知名物流品牌，成为推进“一带一路”建设的重要平台。完善中欧铁路运输通道，在内陆主要货源地、主要铁路枢纽、沿海重要港口、沿边陆路口岸等规划设立一批中欧班列枢纽节点，强化货源支撑和运输组织，降低全程物流成本，推进便利化大通关，基本形成布局合理、设施完善、运量稳定、便捷高效、安全畅通的中欧班列综合服务体系。

3. 提升中国铁路标准国际影响力。

跟踪国际铁路标准发展动态，积极参与ISO/TC269、EC/TC9、UIC等国际标准化组织战略、标准、规范制定和修改，开展中外标准研究对比分析，积极转化适合我国国情的国际标准。加快我国铁路标准外文版翻译出版工作，结合海外工程承包、重大装备设备出口和对外援建等，多层面、多方式宣传和推介中国标准。健全知识产权管理体系，完善知识产权全球布局，提升知识产权保护水平。

四、保障措施

（一）持续深化改革。

按照全面深化改革的要求，继续转变政府职能，简政放权，进一步深化铁路企业内部改革，加快建立现代企业制度，推进企业优化重组和结构调整，建立健全有效制衡的法人治理结构。全面推进铁路投融资体制改革，落实各项鼓励社会资本建设经营铁路的重大政策措施，研究推动东部地区有稳定现金流、资产质量优良的高速铁路企业资产证券化和优质资产股改上市等相关工作。加快建立市场化清算和争议协调、仲裁机制，规范市场秩序，保障投资者合法权益，营造权利平等、机会平等、规则平等的市场环境。

（二）加强协同监管。

建立健全铁路安全生产、运输服务质量和铁路工程质量监管体系和运行机制，强化部门协作和信息共享，推动多方联动、协同监管。强化政府公共服务职能，加强法规、政策、规划、标准等制定和实施，强化规划科学性和严肃性，严格按照规划推进项目实施，更好指导铁路行业长远发展。坚持放管结合，强化事中事后监管，创新监管理念和监管方式，以服务促监管，提高依法监管能力和科学服务水平。

（三）防控债务风险。

贯彻落实党的十九大精神和全国金融工作会议精神，积极研究化解铁路债务措施，建立规范的地方政府举债融资机制，进一步规范铁路领域政府和社会资本合作，有效防范和化解财政金融风险。加大对铁路项目地方出资能力的审查力度，充分评估铁路项目建设可能带来的地方政府债务和风险隐患，合理控制建设规模和节奏，严控地方政府债务增量，确保建设时机、建设标准等与发展需求、筹资能力相适应。引导地方政府按照相关规定开展 PPP 项目，严禁通过 PPP 等形式违法违规变相举债。加快铁路优质资产盘活，对具有较好收益预期的高铁，按照市场化、法治化原则推进债转股。

（四）加大政策支持。

加大国家对铁路支持力度，发挥好铁路建设债券融资支持作用，继续向社会资本推出一批市场前景较好、投资预期收益较稳定的铁路项目。拓宽铁路发展基金融资渠道，鼓励采用股权投资方式推进铁路混合所有制改革。研究出台具有公益性铁路和公益性运输特点项目的财政补贴政策，以及鼓励利用铁路运输的相关政策。支持铁路运输企业通过科学规划、有序实施铁路站点周边及沿线土地开发，提高物流服务及旅游、餐饮外延服务水平等，增强综合经济效益。

（五）健全法规标准。

加快推进以《铁路法》、《铁路运输条例》为重点的铁路法律法规制修订工作，完善政府监管规章制度和保障铁路持续健康发展的规章制度，协调推动铁路地方立法。积极推行法律顾问制度和铁路企业公司律师制度，深入开展“七五”法治宣传教育工作。加强铁路标准体系建设，完善高速铁路、城际铁路、市域（郊）铁路等技术标准，推进铁路与公路、民航、邮政等协调衔接的标准制修订，积极贯彻国防要求。完善铁路行业统计指标体系和统计工作。

（六）强化科技创新。

建立健全国家、行业、企业高效协同的铁路科技创新机制，加大技术创新力度，加速重大科研成果转化应用，开展磁浮交通系统等重要技术研究，尽快实现高速铁路、高效货运、安全保障、互联互通和提质增效等关键核心技术突破及关联产业发展。加强铁路行业研究实验、创新平台建设，深化基础性、前瞻性、通用性研究，推动基础研究、应用研究、成果转化及产业化紧密结合。加强设计咨询、施工建造、装备制造、运营管理、科研院校以及“走出去”等人才队伍建设。

五、环境影响评价

（一）综合评价。

规划紧密衔接《国民经济和社会发展第十三个五年规划纲要》《“十三五”现代综合交通运输体系发展规划》等，深入分析研判铁路面临的新机遇新挑战，充分发挥铁路绿色高效的比较优势，路网规模、布局和结构符合国民经济和社会发展对铁路的要求，符合国土开发、城镇布局和综合交通等相关规划，符合国家运输产业政策和调整能源结构及节能降耗政策，对建设“美丽中国”、支撑国家重大发展战略和实现全面建成小康社会具有重要作用。

规划坚持选址选线的环保避让原则，新增铁路用地约 13 万公顷，路网布局严格坚守重点生态功能区、生态环境敏感区和脆弱区等区域划定生态保护红线，确保生态保护与铁路建设有序推进，提升铁路沿线区域生态服务功能。在铁路规划及建设中，加强与区域环境功能区划和各类环境敏感区域的协调。规划坚持绿色、可持续发展理念，提升电气化率至 70% 以上，集约节约利用土地资源，采取有效措施减缓对声环境、水环境、大气环境等的影响，不断降低污染物排放，提高铁路环境污染防治水平，实施环境质量和污染排放总量的双控制，与国家及区域环境保护规划相协调，确保规划实施具有环境合理性。工程建设积极采用环保节能新技术、新设备、新工艺，加大新能源、新材料利用，从源头上控制污染物排放及能耗增长。

（二）环境保护对策和措施。

一是加强生态保护。坚持科学布局，严守生态保护红线，按照“保护优先、避让为主”的选线原则，尽量避让自然保护区、风景名胜区、水源保护区及人口密集的居民区等环境敏感区，严格执行“三同时”制度，加强环境监理工作，做好水土保持和生态环境恢复工作。二是节约集约利用土地资源。坚持源头控制，做到土地复垦与项目建设统一规划；保护耕地，优先利用存量用地，高效实施土地综合开发利用；铁路建设尽量共用交通廊道，适当提高桥隧比例。三是强化能源节约。采取铁路综合节能与效能管理措施，提高铁路建设标准和技术装备现代化水平。发展先进适用的节能减排技术，加强新型智能、节能环保技术装备的研发和应用，加强再生制动能量利用技术和能耗综合管理系统研究，大力推广适用于生产实际的节能管理办法，提高铁路整体能效水平和铁路节能工作水平。四是做好污染物排放控制。采用综合措施有效防治铁路沿线振动和噪声，改善铁路沿线声环境和振动环境质量，严格控制气体和固体污染物排放。

五是严格遵守环境保护相关法律法规。严格执行环境影响评价制度，严格项目审批和土地、环保、节能等准入。

附图：1.“十三五”铁路网规划图

2.“十三五”高速铁路网规划图

国家发展改革委

交 通 运 输 部

国 家 铁 路 局

中国铁路总公司

2017 年 11 月 20 日

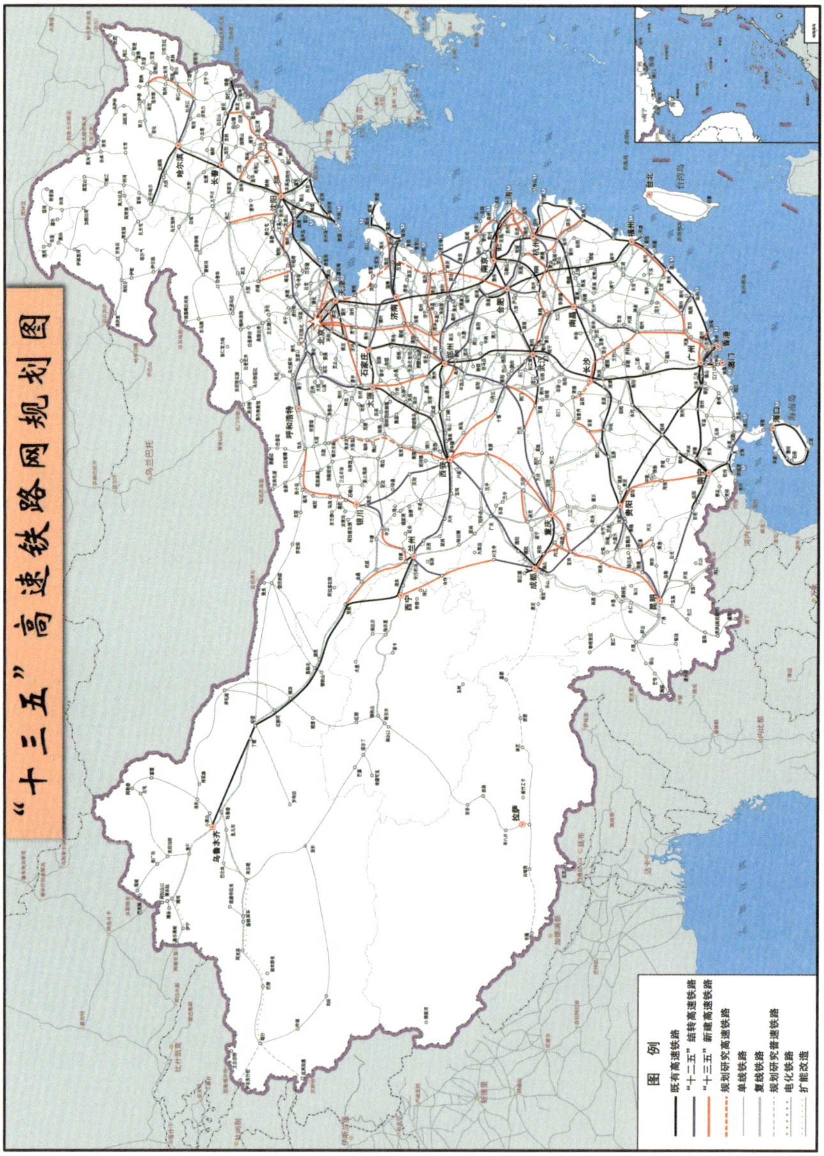

附图 1 “十三五”铁路网规划图

附图 2 “十三五”高速铁路网规划图

“十三五”铁路集装箱多式联运发展规划

发改基础〔2017〕738号

集装箱多式联运具有产业链长、高效便捷、集约经济、安全可靠等优势，是货物运输发展的重要方向。发展铁路集装箱多式联运，对推进铁路供给侧结构性改革、扩大铁路有效供给、更好发挥铁路比较优势、降低全社会物流成本等具有重要作用。为增强铁路货运市场竞争能力、提升运输整体效率效益，根据“十三五”规划《纲要》《“十三五”现代综合交通运输体系发展规划》《中长期铁路网规划》《营造良好市场环境推动交通物流融合发展实施方案》以及铁路发展改革等要求，制定《“十三五”铁路集装箱多式联运发展规划》。

一、规划基础

（一）发展现状。

近年来，我国铁路运输快速发展，基础设施不断完善，技术装备大幅提升，服务水平整体跃升，为铁路集装箱多式联运发展奠定良好基础。截至2016年年底，全国铁路营业里程达12.4万公里，其中客货共线铁路10万公里。2013年铁路货运改革以来，铁路企业把集装箱运输作为向现代物流转型、推进市场化改革的重要途径，通过拓展入箱货物品类、扩大集装箱办理站、发展铁水联运业务、打造中欧班列品牌等举措，推动集装箱运量快速提升，成为铁路货运增长新亮点。2016年铁路集装箱发送量达761万标箱，同比增长39.5%，中欧班列累计开行2964列。发展改革委、交通运输部等部门先后出台一系列支持多式联运发展政策措施，以铁水联运、国际联运为重点，积极推进多式联运示范项目、工程建设。

铁路集装箱多式联运发展呈现良好势头，但与经济社会发展要求相比，仍然存在明显差距。一是总量偏低，整体结构不合理。铁路集装箱运量仅占铁路货运量的 5.4%，远低于发达国家铁路 30%~40% 水平，铁路集装箱运输占沿海港口集疏运比例较低，比较优势尚未得到有效发挥。二是设施设备不足，协同衔接效应差。铁路集装箱数量少，专用场站、专用载运机具及衔接转运设施规模小，铁水、公铁衔接不顺畅，标准化和先进技术应用滞后。三是服务供给有待提升。市场供需对接不充分，运输组织方式较为传统，全程物流服务刚起步，时效性、便捷性不强。四是市场开放水平亟待提高。多式联运经营主体欠缺，标准规则不统一，信息开放共享不足，市场化改革仍需深化。

（二）形势要求。

经济发展新常态催生新需求。经济发展进入新常态，产业结构和消费加快升级，货运需求结构呈现新变化，传统货运需求增速放缓，新兴货运形态迅速崛起，多样化、强时效、小批量、多频次、一站式“门到门”货运需求快速增长。我国幅员辽阔，内陆纵深，“三大战略”深入推进，将促进区域协调发展，产业梯度转移，内陆市场空间进一步拓展。铁路集装箱多式联运顺应新的市场需求，符合国家区域发展空间拓展战略需要。

铁路转型升级迎来新路径。塑造铁路新优势，促进物流消费回流，要求转变传统货运发展方式，加快向现代物流转型。加快发展以集装箱为核心的铁路运输组织方式，减少货物损耗，提高物流效率，集约利用资源，加强跨区域运输，适应新形势下区域内运输需求，已成为扩大铁路货运供给的重要内容和铁路转型升级的重要途径。

全方位对外开放提供新机遇。以“一带一路”建设为统领的全方位对外开放格局构建，我国与沿线国家的经贸往来发展迅速，铁路互联互通、跨境跨区域多式联运走廊不断完善，中欧铁路班列蓬勃发展，为支持引领国际集装箱多式联运系统加速形成，构筑国际集装箱运输品牌，带来难得机遇，创造崭新平台。

新技术新业态引发模式新变革。当前，新一轮科技革命和产业变革正在孕育兴起，互联网、大数据等现代信息技术的广泛应用、跨界融合深度正在重塑运输组织形式、全程服务模式和物流供应方式。顺应新变革，需要加快构建与各种运输方式无缝衔接，与物流各环节高效对接，与信息、金融、通关等深度融合的集装箱多式联运系统，提供全程综合服务，构建“运输 +”组织新模式。

二、总体思路

（一）指导思想。

全面贯彻党的十八大和十八届二中、三中、四中、五中、六中全会精神，深入贯彻习近平总书记系列重要讲话精神和治国理政新理念新思想新战略，认真落实党中央、国务院决策部署，统筹推进“五位一体”总体布局和协调推进“四个全面”战略布局，牢固树立和贯彻落实新发展理念，围绕铁路供给侧结构性改革，以提质、降本、增效为导向，以优化结构、扩大供给、补齐短板为中心，强化资源整合，创新组织方式，提高服务水平，融合联动发展，构建一体化、网络化、标准化、信息化的铁路集装箱多式联运系统，更好发挥铁路比较优势，提高综合交通运输组合效率，降低全社会物流成本。

（二）基本原则。

优化服务，拓展市场。尊重集装箱运输的市场规律，发挥企业的主体作用，对接市场需求，积极响应新的业态模式，延伸服务链和价值链，提升铁路集装箱的运输服务水平，整合运输资源，提高运输组合效率。

统筹协调、开放融合。更好发挥政府引导作用，围绕多式联运发展，完善合作机制，推动铁路与其他运输方式，以及贸易、金融、信息等深度融合，加强军民融合。健全政策标准，加强市场监管，营造统一开放、竞争有序的市场环境。

创新引领，衔接高效。强化管理、技术、服务创新，加大集装箱多式联运关键技术研发和推广力度，提升信息化和智能化水平。优化网络布局，充分发挥既有铁路场站、公路场站、港口等的功能和作用，提高衔接效率。

发挥优势、扩大供给。发挥铁路运输比较优势，创新市场营销策略和手段，满足不同客户和目标市场需求，在全程服务、运输组织、运到时限等方面加强管理，着力扩大铁路集装箱市场份额，提高市场竞争力。

（三）发展目标。

到2020年，布局合理、设施完善、便捷高效、协调融合、全程服务的铁路集装箱运输系统基本建成，铁路集装箱多式联运发展取得明显成效，为经济和社会发展提供安全、高效、便捷、绿色的运输服务。

基础网络更加高效完善。铁路集装箱多式联运通道基本形成，枢纽设施及集疏运体系有机衔接，配套服务设施功能更加完善，接取送达网络覆盖广泛，信息开放共享程度明显提升，线上线下设施运营效率明显提高。

集装箱运量快速增长。国际班列、铁水联运班列、快速班列等快速发展，集装箱运量达到铁路货运量20%左右，其中，集装箱铁水联运量年均增长10%以上，中欧班列年开行5000列左右，成为铁路货运增长的新引擎。

先进技术模式广泛应用。多式联运、协同配送等先进运输组织方式加快发展，模式创新、联运装备取得新突破，信息化、标准化、集装化水平显著提升，整体服务水平焕然一新。

综合效率效益显著提升。综合交通运输结构进一步优化，运输效率明显提升，准时率达到95%，全社会物流成本显著降低，能源消耗和污染排放大幅减少。

三、重点任务

（一）完善联运通道功能。

1. 提升传统运输通道能力。

按照国家战略和产业布局调整要求，依托铁路、公路、水路等各种运输方式，围绕"十纵十横"综合运输大通道，提速扩能、畅通瓶颈路段，着力构建能力充分、衔接高效的铁路集装箱专业运输通道和多式联运通道。

2. 研究构建双层集装箱运输通道。

按照总体规划、分步推进的原则，结合通道吸引范围和辐射能力、新线建设和既有线改造，研究推进北京—天津—沈阳—哈尔滨、北京—上海、北京—南昌—福州、阿拉山口—兰州—重庆、上海—株洲及济南—青岛等双层集装箱运输通道建设，加强双层集装箱车辆研制，逐步满足主要经济区域间及对外通道上具备开行双层集装箱班列的条件。根据市场需求及运输实际，在已具备条件的通道开行双层集装箱班列。

3. 推进国际运输通道建设。

贯彻落实"一带一路"倡议，推进我国与周边国家铁路互联互通，对内提速扩能、畅通瓶颈路段，对外与有关国家共同推进通道建设改造，强化边境口岸设施设备衔接配套，有序推进面向全球、连接内陆的国际运输通道建设（详见专栏1，略）。

（二）加强综合枢纽建设。

1. 优化集装箱场站布局。

按照国家战略和产业布局调整要求，遵循集约化、规模化、高效化的原则，充分利用社会各类既有设施，鼓励规划建设具有多式联运功能的综合货运枢纽。结合综合交通网络发展，通过调整既有铁路场站的规模及功能、移地建设、铁路引入既有公路枢纽、物流园区、港口等方式，强化集装箱运输功能，深化铁路集装箱场站布局研究，优化场站选址方案（详见专栏 2）。结合境内外产业、贸易布局，推进境内中欧班列枢纽建设，视需求适时建设境外分拨集散中心。

专栏 2：优化集装箱场站布局

场站类型	主要功能	年作业能力
一级集装箱场站	主要服务于国家级流通节点城市，承担集装箱集散与分拨任务，满足快速班列、国际班列和多式联运需要，配套服务设施完善，具有办理集装箱班列到发和整列装卸的能力，具备所有物流基本服务功能和较全面的物流增值服务功能，具备内陆港的基本功能，具有集装箱及车辆检修、清洗、消毒等设施。“十三五”期间，着力打造高碑店、石家庄、大田、城厢、平湖南、王家营西等 20 余个场站。	场站年作业能力不低于 60 万 TEU，经济发达地区不低于 80 万 TEU。
二级集装箱场站	主要服务于国家级、区域级流通节点城市，承担集装箱集散任务，满足快速班列、管内快运班列和多式联运需要，配套服务设施较完善，具有办理集装箱班列到发的能力，具备所有物流基本服务功能和多种物流增值服务功能，部分场站具备内陆港的基本功能。	场站年作业能力不低于 20 万 TEU，经济发达地区不低于 30 万 TEU。
三级集装箱场站	主要服务于地区级流通节点城市，承担向一、二级集装箱场站集散货物任务，具备物流基本服务功能和部分物流增值服务功能。此外，社会物流点、“无轨站”等可作为铁路集装箱集散点。	场站年作业能力不低于 5000 TEU。

2. 强化枢纽衔接配套。

围绕铁路集装箱场站，加快公路配套建设，依托公路运输灵活便捷性，形成以一、二级铁路集装箱场站为中心的配送网络，实现“门到门”运输，解决“前后一公里”衔接不畅问题。加快实施铁路引入大型公路货运站、物流园区、产业园区工程，提升设施设备衔接配套水平，有效减少货物装卸、转运、倒载次数，提高枢纽一体化水平。

3. 加快疏港铁路建设。

统筹港口与铁路规划对接，加快推进疏港铁路建设及扩能，实现铁路与港口高效衔接，推进港站一体化，提高铁路集疏运比重，形成干支布局合理、衔接有效的铁水联运体系，加快港区铁路装卸场站建设。加快推进上海港、宁波舟山港、广州港等沿海港口疏港铁路建设，建成便捷高效的长江经济带港口多式联运系统，加快铁路与内河其他主要港口的连接线建设（详见专栏 3）。

专栏 3　重点疏港铁路项目

港口	港区	港区铁路	实施工程
营口港	鲅鱼圈、仙人岛	疏港铁路	规划建设
天津港	东疆	进港三线	规划建设
青岛港	前湾（南）	黄岛站—南港区	规划建设
	董家口	董家口铁路支线	加快建设
连云港	上合国际物流园区	园区专用线	加快建设
	徐圩	徐圩支线	规划建设
	苗岭	苗岭支线	规划建设
上海港	外高桥	港区 1 ～ 6 期装卸线	加快建设
	洋山	进岛铁路	规划研究
宁波—舟山港	北仑	北仑支线	扩能改造
	穿山	穿山港支线	加快建设

续表

港口	港区	港区铁路	实施工程
厦门港	海沧	海沧支线	加快建设
深圳港	盐田	平盐铁路	扩能改造
	蛇口 / 妈湾	平南铁路	
广州港	南沙	港区疏港铁路	加快建设
湛江港	宝满、东海岛	疏港铁路	加快建设
南京港	龙潭	铁路专用线	加快建设
武汉港	阳逻、三江	疏港铁路	加快建设
重庆港	果园	铁路支线	加快建设

4. 推进内陆港建设。

依托铁路既有、在建、规划场站，与港口、航运等相关企业合作建设铁路内陆港，因地制宜增加内陆集装箱还箱场站，增强进出口货物和铁水联运货物集散能力，打造完整的国际联运和铁水联运系统。建立内陆港海关、检验检疫等口岸管理部门信息共享平台，加快制定多式联运海关监管中心建设标准及监管制度，促进一体化通关，提高通关效率。

（三）扩大服务有效供给。

1. 强化多式联运组织衔接。

打造国际联运链条。依托国际铁路运输通道，有效整合各方资源，积极搭建国际物流平台，推进中欧、中亚班列发展。加快融入国际联运体系，建立与国际海运、境外铁路合作机制，利用国际组织和多边机制平台，推进通关便利化，强化全程运行监控，压缩全程运行时间，打造全程化国际联运链条。

加强铁水联运衔接。整合港区铁路、港口、航运等资源，建立多方联动机制，实现“海箱上路、铁箱下水”，提高铁路集疏运比例。优化港区短驳作业流程，提高班列作业效率，减少集装箱在港停留时间。依托沿海和内河主要港口，深入开展集装箱铁水联运示范工程，扩大集装箱铁水联运示范范围和内容，推广应用示范工程成果。

优化公铁联运模式。加强与第三方物流企业、零担干线运输企业等合作，强化货源组织和集散功能，推进开行公铁联运班列，提高干线运输组织效率和辐射范围，引导大宗物资、商品汽车等中长距离公路运输有序向铁路转移。

2. 创新铁路服务方式。

完善集装箱供需体系。进一步提高铁路集装箱保有量，优化集装箱箱型结构，适应客户多元化需求。统筹铁路箱和自备箱资源，研究建立跨边境跨区域跨方式箱使循环系统，推动集装箱共享共用，降低集装箱调空比例，提高使用效率。

加强运输时效性管理。以班列产品为重点，加大市场营销，开发多频次多样化班列产品，不断强化班列的品牌效应。加强运输全程调度指挥和跨局联动，提升班列运行调度等级，在港口、口岸等货源充足地区采用班列“客车化”运行方案。

拓展延伸增值服务。以市场需求为导向，拓展经营范围，延伸服务链条，强化仓储、装卸、配送、包装等增值业务，满足空箱堆存、掏装箱、上门装卸等服务需要，提供电子商务、保险保价理赔、通关报关等服务。开展以集装箱为载体的冷链、商品汽车、液体化工和食品、粮食、水泥等专业物流服务。

（四）加快技术装备升级。

1. 更新升级铁路传统设施设备。

提高铁路在运载单元、装备设施等方面标准化程度，大力发展20、40英尺国际标准集装箱，推进冷藏、罐式、干散货等特种箱运用，以与国际标准相配套的经济环保型接取送达车辆及装卸机械为主要机型，加快淘汰陈旧落后、超期服役、技术不良等设施设备。研发应用适应市场需求的内陆集装箱，推广托盘、集装袋等单元化装载运输方式。重点发展集装箱专用车，实现箱车装备均衡发展。

2. 加快研发多式联运设施设备。

组织开展重大技术装备关键技术和互联网在集装箱多式联运领域集成应用等专项科技攻关。加快铁路驮背运输专用平车、公铁两用挂车、公铁滚装运输装备以及其他多式联运快速换装转运专用设备的研发应用。规范公路货运车型，积极开展适应各种箱型的公路货运车型、自动化装卸箱等的研发工作。

（五）推动信息开放共享。

1. 构建信息共享服务平台。

加强物联网、云计算、大数据、RFID、EDI、铁路 TMIS 等技术应用，研究制定多式联运信息共享和数据传输交换标准，强化集装箱电子数据报文标准的制定和应用。加快集装箱铁水联运公共信息服务平台、全程货物追踪信息系统建设，推进铁路集装箱运输信息与船舶运输和港口作业信息共享，建立铁水联运信息共享机制，促进铁路、公路、水运等不同运输方式之间，以及海关、检验检疫、物流和工商企业等不同业务系统之间衔接，实现集装箱多式联运物流信息交换、开放、共享。

2. 打造“互联网 +”服务模式。

借助各类信息平台，运用互联网、大数据等现代信息技术，研究开发面向客户的多样化信息服务产品，实现需求提报、到达交付、信息查询、通关查验、转账结算、保价理赔等“一站式”线上服务。面向多样化、强时效、小批量、多频次等新需求，研发电子运单、铁路运单提单化等服务新模式，提供全程综合物流系统解决方案。以铁海联运为重点，探索建立“一站托运、一票到底”的“一单制”服务模式，提高多式联运一体化服务能力，争取在重点货源和关键领域上率先突破。

四、保障措施

（一）健全工作体制机制。

建立国家发展改革委、交通运输部、海关总署、质检总局、铁路总公司等部门和单位推进多式联运发展协调工作机制，加快推进简政放权、放管结合、优化服务改革，着力解决多式联运跨领域、跨部门的重大问题，进一步深化细化配套政策措施，鼓励集装箱多式联运示范项目。充分发挥企业在多式联运发展中的主体作用，推动铁路、港口、航运、金融、信息等企业建立联动机制，拓展合作方式，形成发展合力。依托铁路既有资源，采取有利措施，加大市场化运作，确保规划目标、任务顺利实现，加强市场监管和风险防控。

（二）加大政策支持力度。

系统制定促进多式联运发展的相关政策措施，加快完善相关法规、标准规范体系，全面对接相关国际联运组织规则。推进多式联运与产业、经贸联动发展，推进便利化大通关。统筹公铁、铁水等多种运输方式紧密衔接的综合枢纽规划布局。地方相关部门要将铁路集装箱多式联运建设纳入综合交通运输发展规划，符合城乡规划，并与土地利用总体规划、产业发展规划等相衔接。对列入国家规划的综合枢纽用地需求，优先安排建设用地指标，简化报批手续。支持利用中央预算内投资、车购税、专项建设基金等，加大对集装箱多式联运线路、枢纽、信息系统等设施设备建设投入。鼓励地方对多式联运业务骨干企业及示范项目给予资金支持。完善多式联运经营人管理制度，规范服务对象、业务范围及法律责任，支持有实力的运输企业向多式联运经营人转变。

（三）拓展投资融资渠道。

加大银行等金融机构对铁路和多式联运骨干企业金融服务支持

力度。支持铁路和多式联运企业充分利用资本市场的政策和工具，通过发行债券、股票上市等方式多渠道融资。鼓励铁路、港口、航运、公路货运、第三方物流等企业开展合资合作。鼓励货主和社会购置自备箱。探索融资租赁等方式建设集装箱场站设施设备。鼓励铁路企业和地方政府、社会资本通过合资或采用PPP模式投资建设枢纽和场站。鼓励开放铁路及其他社会场站资源。鼓励社会企业和金融机构参与国际运输通道、境外分拨点建设。

（四）健全运价调节机制。

坚持市场导向，推动铁路运输企业加快建立科学规范的货物运价管理体系，在国家政策规定范围内用好定价权，逐步形成多层次、灵活、方便客户的运价动态调节机制。鼓励铁路和多式联运企业结合市场供求与竞争形势变化、经营成本等因素合理协商定价，不断优化运价方案。充分利用价格杠杆调节作用，对不同地区、不同季节、不同速度等级、重空流向等实行差别化定价策略，实现效益最大化。

五、环境影响评价和要求

（一）对规划的环境影响总体评价。

本规划紧密结合国家多式联运发展的有关要求，有利于降本增效等目标的实现，与有关交通运输规划做了有效衔接。《规划》坚持绿色发展理念，充分考虑既有设施的利用，集约节约利用土地等资源，鼓励交通枢纽综合开发，着力提升资源综合利用，与各类环境敏感区相协调，对污染排放提出严格的控制要求，对气环境、声环境和水环境的影响均在可控范围之内。

（二）预防和减轻不良环境影响措施。

一是坚持“保护优先、避让为主”的建设原则，合理设计项目线路走向和场站选址，避开基本农田保护区、各类环境敏感区域。

二是国土、环保等部门提前介入，为项目勘察设计、预留建设用地等前期工作提供有力保障。三是做好环境恢复和土地复垦工作，采取综合措施有效防治铁路沿线噪声、振动，加强生态、景观恢复工程。四是严格遵守环境保护相关法律法规，严格项目审批和土地、环保准入，建立完善、统一、高效的环境监测体系。

国家发展改革委
交 通 运 输 部
中国铁路总公司
2017 年 4 月 19 日

通用航空“十三五”发展规划

通用航空“十三五”发展规划，以《中华人民共和国国民经济和社会发展第十三个五年规划纲要》《国务院办公厅关于促进通用航空业发展的指导意见》《中国民用航空发展第十三个五年规划》为指导，围绕民航强国战略目标，阐明发展思路，明确主要目标，确定重点任务，引导市场主体，指导政府行为，是通用航空发展的重要指导文件，对于促进我国通用航空持续健康发展具有重要意义。

一、“十二五”发展回顾

“十二五”时期，全行业深入贯彻落实科学发展观，以改善通用航空发展环境为重点，着力推进基础设施建设、扩大通用航空规模、完善规章标准，较好地完成了“十二五”规划中的主要目标和任务。经过五年发展，我国通用航空保障能力逐步夯实、管理能力较快提升、发展质量明显改善、服务能力快速增强，行业发展迈上新台阶。

（一）取得的成绩。

1. 发展规模较快增长。

“十二五”以来，我国通用航空作业总量、在册航空器、通航企业年均增长率分别为 14.8%、17.2%、17.9%，2015 年分别达到 77.9 万小时、2235 架和 281 家，通用航空从业人员达到 12970 人。其中，工农林作业保持稳步增长，航空培训维持主要地位，公务航空企业数量、机队规模、飞行总量均年均增幅 20% 以上；医疗救护快速发展，全国多个重点旅游城市和著名旅游景区开展了航空旅游业务；内蒙古呼伦贝尔市根河短途运输拓展至内蒙古全境，新疆开展了“阿勒泰—博乐—伊宁”通用航空短途运输运营，东中部部分地区开始发展通用航空短途运输，为通用航空公共服务均等化提供了较好的示范效应。

2. 保障能力逐步提升。

截至 2015 年，我国共有 210 个运输机场，300 余个通用机场，“十二五”时期通用机场数量年均增长 4% 左右，通用航空保障机场 1.5 小时车程覆盖了全国 94% 的 GDP、79% 的人口、75% 的国土面积，机场保障能力稳步提升。开展了沈阳法库、深圳南头、珠海三灶、海南东方 4 个飞行服务站建设试点，重庆、青岛、烟台、成都等地区飞行服务站加快建设，北京、上海、深圳、珠海等地建成 10 个 FBO，通用航空综合保障能力不断夯实。

3. 管理能力稳步增强。

“十二五”时期，民航系统大力推进通用航空组织机构建设和政策规章建设，极大提升了通用航空管理能力。各地区管理局基本建立了通用航空专业管理机构，企业委任代表制度不断完善。出台了《通用航空发展专项资金管理暂行办法》，累计下发补贴资金 8.6 亿元；颁布了《关于加强公务航空管理和保障工作的若干意见》《引进通用航空器管理暂行办法》《通用机场建设规范》《轻型运动航空器适航管理政策指南》《私用驾驶员执照申请人和持有人体检鉴定及体检合格证管理》《航空器驾驶员、飞行教员和地面教员执照理论考试》《驾驶员和飞行教员实践考试标准》等系列政策规章及行业标准，进一步简政放权、降低准入门槛，促进了行业规范化发展。

4. 发展环境不断优化。

“十二五”时期是我国通用航空政策出台密集期。《中共中央关于制定国民经济和社会发展第十三个五年规划的建议》中提出完善通用航空基础设施网络；《关于促进民航业发展的若干意见》提出促进通用航空规模化发展、培育经济增长点的目标；《“十二五”国家战略性新兴产业发展规划》明确了通用航空战略性与新兴产业定位；民航局与总参谋部联合下发《通用航空飞行任务审批与管理规定》，修订了《低空空域分类标准》，进一步理顺军民航职责，开展了低空空域管理改革试点地区低空目视航图技术规范编制工作，有序推进低空空域改革进程。民航局与各省（区、直辖市）签订了系列会谈纪要，20 多个省区制定了通用航空发展规划或通用机场布局建设规划，通用航空发展环境加快改善。

（二）存在的问题。

1. 发展基础依然薄弱。

通用航空发展总体规模小，运营规模仅为巴西的 1/3，机队规模为南非的 1/6、墨西哥的 1/3；通用机场数量少，难以满足东部地区消费型通用航空和中西部地区作业转场需要。低空空域依然是制约通用航空发展的重要瓶颈，飞行服务站建设缓慢，航空情报、气象服务、告警服务等功能缺失。航空汽油储运配送体系仍未建立，FBO、MRO 等保障能力发展滞后，高层次管理人员、通用航空驾驶员、维修人员等仍然紧缺，通用航空基础保障能力亟待提升。

2. 发展结构有待优化。

目前我国通用航空交通功能和消费属性远没有得到发挥，未能满足多样化、个性化的社会服务需求。航空培训类业务占 60% 以上，生产性服务占 20% 左右，适应于消费导向的应急救援、医疗救助、短途运输、私人飞行等新兴服务比例小。运营企业和通用航空器增长速度远高于通用航空生产规模，要素快速增量没有转化为实际运营增量，区域通用航空发展差距较大，发展中的不平衡、不匹配、不协调情况仍然突出。

3. 发展动力亟待增强。

“十二五”时期，我国通用航空运营总体处于盈亏平衡，在持续性的行业补贴条件下，仍然有 60% 左右的企业处于亏损，少量盈利性较好的企业主要来自门槛较高，具有垄断效应、较大市场占有率、较好盈利模式的小众行业。企业小而全、规模效应缺失，没有形成高效集约的发展模式，外来扰动影响明显，整体抗风险能力弱、自我发展能力较差，行业发展内生动力不强。

现阶段通用航空发展中存在问题的主要原因包括：①制度成本较高。多头管理、空域资源使用不便捷、行业内部管理能力不强、规章标准不健全等，导致行业发展具有较高的制度成本、时间成本和经济成本。②市场化发展滞后。要素市场不健全、缺乏航材 / 油料 / 维修等供需交易平台、信息化建设滞后、要素社会化流动体制机制不健全等，间接提高了企业发展成本。其中，体制机制不适应成为制约发展的根本性问题，保障能力不足和要素市场不健全是通用航空发展滞后的基础性问题。

二、“十三五”发展环境分析

“十三五”时期，是全面落实国家治理体系与治理能力现代化的推进期，是经济增长模式转换的攻坚期。我国民航大众化、多样化发展趋势明显，快速增长仍是阶段性基本特征，通用航空作为我国新经济的重要战略构成，其产业链条长、服务领域广、带动效应强的优势将进一步显现。

从国际看，世界经济面临的短期金融风险将逐步缓解，处于稳固复苏阶段，预计增速将回升至 3.5% ～ 4%，全球贸易量增长将保持在 5% ～ 6%。发达国家私人飞行人群规模持续缓慢下降趋势仍然存在，新兴国家通用航空将维持较快增长态势，低端通用航空制造领域的颓势短期难以突破，有利于我国活塞类、涡桨类通用航空器的国际产能收购，促进我国通用航空服务多样化发展和服务输出，加快拓展发展空间。

从国内看，《国务院办公厅关于促进通用航空业发展的指导意见》标志通用航空业成为国家战略性新兴产业体系，提出“建成布局合理、便利快捷、制造先进、完全规范、应用广泛、军民兼顾的通用航空体系”，为我国通用航空“十三五”发展提出发展路线。“一带一路”、长江经济带、京津冀协同发展等重大战略加快实施，有利于加快我国通用航空充分利用两种资源和两个市场进程，夯实我国通用航空发展基础，拓展内外需求，催生系列新兴业态，提升通用航空发展规模和水平。

“十三五”时期我国经济将保持 6.5% 左右中高速增长，为通用航空发展带来持续增量。“大众创业、万众创新”将极大释放通用航空企业发展潜能；个性化、多层次、大众化等消费趋势，促进通用航空文化、旅游、休闲娱乐等消费业态蓬勃发展。加强保障和改善民生，通用航空应急救援、短途运输迎来重要发展机遇。“互联网 + 通用航空”发展，深刻改变通用航空发展模式和路径。北斗导航、ADS–B、遥感、先进测绘等新技术的应用，通用航空基础保障能力提升与信息化建设等，进一步促进供给侧的升级，提升低空空域的管理效率和作业效率，促进通用航空与二三产业融合。同时，也面临诸多挑战，新常态下经济存在一定的下行风险，部分生产性行业的发展转型升级将给通用航空发展带来不确定性；通用航空改革进入深水区，面临诸多的变革阻力。

综上所述，“十三五”时期我国通用航空处于发展战略机遇期，机遇大于挑战，动力大于阻力。必须尊重通用航空发展规律和国情，夯实发展根基，着力在优化结构、补齐短板、增强动力上取得突破，努力开拓通用航空发展新局面。

三、发展思路与目标

（一）指导思想。

深入贯彻党的十八大和三中、四中、五中、六中全会精神，围绕“四个全面”战略布局和民航强国战略，以满足经济社会发展需求为导向，以改革创新为动力，以简政放权、放管结合、优化服务为核心，以完善服务支持体系和基础保障设施为突破口，着力供给侧结构性改革，推动政策、技术、管理、服务创新，确保持续安全，加快提升通用航空公共服务和消费能力，促进我国通用航空实现社会化、规模化、信息化、规范化发展，培育通用航空成为国民经济新的增长点。

（二）发展原则。

安全第一、创新驱动。牢固树立持续安全理念，确保飞行和空防安全，以安全保发展、以安全促发展。深化改革创新驱动，加快破除制约通用航空发展的深层次体制机制障碍，培育通用航空成为国家创新型经济的重要组成部分。

市场主导、政府引导。以充分发挥通用航空社会性功能为重点，健全市场机制，清除市场壁垒，营造企业自主经营、公平竞争、商品和要素自由流动、平等交换的现代市场体系。更好发挥政府统筹谋划、规划引导和政策支持的作用，提升服务能力。

统筹推进、重点突破。统筹规划，加快顶层设计，整合行业资源，协调相关部委，全面推进通用航空发展。以解除制约通用航空发展的瓶颈因素为突破口，加快基础设施建设、促进低空空域开放、推动新兴领域的通用航空业务发展。

协同融合、高效集约。把汇聚发展合力作为解决制约发展瓶颈的重要举措，保持与军方、林业、农业等部门的合作热情和力度，推动通用航空与公共运输航空、其他交通方式、关联产业的协同发展；充分发挥现有基础设施的通用航空服务能力，拓展紧缺、关键增量，推进节能环保，实现绿色集约发展。

（三）发展目标。

到 2020 年，通用航空安全保障能力、行业服务能力与质量明显提升，初步建成功能齐全、服务规范、类型广泛的通用航空服务体系，培育一批示范性骨干企业，实现发展规模、质量、效益全面提升，较好适应国民经济社会发展需要。

安全水平持续提升。加强通用航空安全管理，优化体制机制，确保持续安全，重大以上飞行事故万时率小于 0.09，安全水平在全球领先。

保障能力显著增强。初步建成安全可靠、布局合理、功能相对完善的通用机场体系，低空空域管理改革深入推进，建成便捷可靠的通用航空飞行服务体系和维修服务支持体系。

发展质量不断提升。到 2020 年，通用航空飞行总量达到 200 万小时，机队规模达到 5000 架以上，公共服务业务加快提升，新兴消费不断增强，发展结构不断优化。

专栏一 “十三五”时期通用航空主要发展指标

指　标	2015 年	2020 年	年均增长
总飞行量（万小时）	77.9	200	20.8%
通用航空器（架）	2235	5000	17.5%
重大飞行事故万时率	—	＜ 0.09	—
通用机场（个）	300	500	10.8%
飞行员数量（人）	3402	7000	15.5%

四、深化体制机制改革

全面实施安全管理、市场管理改革，推进通用航空分类监管，加快建立符合通用航空发展规律、区别于运输航空的安全监管和市场监管体系，破除制约通用航空发展的制度瓶颈，激发市场活力，创造良好的制度环境。

（一）加强法律规章标准建设。

推进通用航空法规体系建设。修订《中华人民共和国民用航空法》及《民用机场管理条例》中的通用航空部分，论证修订《国务院关于通用航空的暂行管理规定》，完善通用航空基本法律法规制度。修订《通用航空经营许可管理规定》，进一步降低经营许可门槛、通用航空器引进门槛，推动经营许可和运行许可的统一。修订《非经营性通用航空登记管理规定》，简化登记手续，支持单位或个人以自用、私用或专业飞机租赁等形式开展非经营性通用航空活动。修订 CCAR–91 部运行规则，规范通用航空持续监督检查，简化通用航空运行合格审定环节和流程。

加强通用航空标准体系建设。完善通用机场建设标准，简化通用机场建设审批程序。规范通用航空加注程序，在航空油料运输、检测方法、油料监测人员资格等方面开展标准化建设。研究制定无人机的法规标准和监管体系，组织开展兼容“北斗”卫星导航系统的 ADS-B 机载设备适航审定标准规范研究和编制。促使适航、飞标、经济管理等部门规章标准保持一致。推进通用航空运营分类管理。研究制定通用航空运营管理办法，对载人飞行、作业飞行、个人或企业自用飞行等实施差异化管理，放宽对个人和企业自用等非经营性飞行活动的限制，促进普及型通用航空消费发展。

（二）加快提升安全监管能力。

健全通用航空器适航审定体系。优化通用航空器和零部件的适航标准和审定程序，形成完整的通用航空器适航标准的符合性验证方法，提升通用航空器型号审定能力。持续开展国产航空器型号审定工作和用于通用航空产品认可审定工作，重点推进初教 7、海鸥 300、农 5B、沈阳航空工业公司 23 部固定翼飞机、中航通飞公司 23 部固定翼教练机、AC310、AC311A、AC312C、AC312E、AC352、直 15、直 9 高原型直升机、中直公司 3 吨直升机、重型直升机等国产航空器型号合格审定工作及现有型号的改进改型工作。

提升通用航空维修服务支持能力。针对国内在役机型，推动通用航空维修资源的整合利用，建设以通用航空维修实施中心、通用航空维修人员培训中心为主线的维修服务和支持体系，配套推进维修工程外委和异地维修。

加强通用航空安全评估与调查。建立通用航空安全评估机制，根据业务类别进行安全监管定级，对通用航空企业、监管人员等开展定期或动态跟踪检查和绩效评估。建立通用航空安全信息平台，规范和完善通用航空生产经营活动，提高监管能力和工作效率，为通航安全评估提供信息保障。加强通用航空作业事故调查体系建设，完善作业事故调查处理机制，提升事故调查能力。

优化安全监管手段和方式。采取联合检查、交叉检查、专项检查等方式，提升通用航空持续监管及执行保障能力。优化监管手段，建设通用航空安全监管平台，提升通用航空器机载安全设备的安装普及率，提升信息化安全监管能力。强化运营人的安全主体责任，提高通用航空企业安全自律意识及法律法规执行力度，分类引导通用航空企业建立安全管理体系。

（三）积极推进市场管理改革。

大力发展要素市场。建立驾驶员、机务维修人员和通航管理人员等人力资源市场，培育二手机、飞机租赁、航材等供应市场，壮大信息技术及中介服务等保障性市场，鼓励企业和社会中介搭建通航运营资源平台，促进市场要素流动。

健全市场机制。引导建立通用航空产品供求信息和价格发布机制，完善市场定价机制，完善监管体系，逐步形成统一规范、竞争有序的通用航空市场。提升自主运营能力，支持企业间的联合、兼并、重组，完善市场退出机制。鼓励产业规模适度集中，鼓励优势企业整合优化价值链、供应链，优化行业资源配置。支持国内通航企业通过国际化合作引入先进运营模式和理念，深化技术合作。

提升“事中、事后”监管能力。依托通用航空行业管理信息系统，通航企业设立实现网上申请、网上受理、网上审批，提升管理效能，加强通用航空器地面和空中活动监控与追踪能力，实现飞行动态实时监控。建立通用航空企业诚信记录档案和运营评价体系。研究论证由行业协会组织承担部分行业管理职能，激发社会组织活力，加强行业自律。

（四）促进扩大低空空域开放。

加快推动低空空域开放进程，研究提出国家各类空域管理主体、责权利关系和管理程序。重点推动实现真高3000米以下监视空域和报告空域无缝衔接，并根据通用航空实际需求及空域环境，适当调整空域高度，划设低空目视飞行航线，方便通用航空器快捷机动飞行。积极参与研究制定空域分类标准并组织实施。推动空管委统筹各类用户空域使用需求，合理确定低空空域范围，科学配置低空空域资源，避免一次飞行跨越不同属性的空域，全部空域实现差异化空管保障服务。促进出台《低空空域使用管理规定》等管理法规。

理顺军民空域管理机制。加强民航与军方部门的沟通协调，理顺通用航空企业飞行任务审批流程，逐步建立联合监管工作机制和信息沟通渠道，在航路航线设计、安全管理、飞行服务保障设施建设、空域管理等具体业务方面实现协调管理，加强民航与军航的条块融合。简化通用航空飞行计划申请和审批（报备）程序，实现通用航空用户仅向一个空管单位申请或报备飞行计划。

积极协调军方，推动飞行计划管理改为备案制或核准制。推动建立空域使用与飞行申请的“负面清单”制度，通航用户使用非管制空域仅需报备即可自主飞行，自行承担安全主体责任；空管部门公布低空空域划设情况，实时发布非管制空域飞行动态、天气条件情况，提供差异化空中交通服务。建立应急救助飞行审批绿色通道。

提高空域资源配置效率。以行业管理部门为主导，加快推进低空空域航行保障体系建设，利用第三方公共平台提高通用航空飞行申请的效率，研究建立低空空域的资源使用补偿机制。建立第三方评估机制，评估空域分类划设、空域使用管理模式、服务保障、运行实效等，确保符合通用航空发展需求。

专栏二 “十三五”时期通用航空深化改革重点任务

方 向	任 务
法规标准	修订《中国民用航空法》等法规中通用航空内容，降低经营性企业准入许可、航空器引进门槛，简化非经营性许可登记；实施通用运营分类管理改革等。
安全管理	建立通用航空安全分类管理体系，支持通用航空安全信息分析机构建设，加强通用航空安全设施建设，建设安全信息系统，推进通用航空事故调查机构建设。
市场管理	支持建立航材、人力资源交流平台，培育通用航空资本市场和服务保障市场。

五、夯实基础保障能力

以通用机场网络建设为重点，配套飞行服务站、航油储运设施、空管设施、维修设施等建设，加快提升保障能力。

（一）推进通用机场建设。

立足市场需求和发展实际，引导通用机场布局建设，纳入国家综合机场体系。鼓励枢纽运输机场所在城市建设综合性通用机场，缓解枢纽运输机场非核心业务。加快建设具有区域辐射功能、公益性服务功能的通用机场，支持建设具有产业培育和集聚功能的通用机场，优先支持支线机场增设通用航空设施，拓展业务范围，兼顾区域通用航空运营服务综合保障。优先利用既有通用机场，鼓励相邻地区打破行政区划，共建共用通用机场，逐步形成布局合理、功能协调、兼容互补的通用机场系统。

1. 优化通用机场布局。

东北地区：改造升级农林作业通用机场体系，提升大小兴安岭林业通用机场和北大荒农业通用机场功能，支持在沈阳、大连、哈尔滨等疏缓机场建设，推进公务机运营基地建设，探索区域通用机场联合管理模式，充分发挥通用航空在振兴东北中的重要作用。

华北地区：加快建设京津冀地区综合性通用机场，培育北京通用机场的全国航空应急救援体系核心功能，发挥在华北通用机场群的中心辐射功能。建设适应于京津冀一体化发展的通用机场网络，建设天津等公务机运营基地，完善京津冀现代综合交通运输体系。完善满足内蒙古通用航空短途运输功能的通用机场，改善偏远地区的综合交通水平。

华东地区：推进长三角地区综合性通用机场规划与建设，提升长三角国际城镇群核心竞争力。培育镇江大路、滨州大高、建德千岛湖、福清等通用机场的区域性服务功能，支持利用江河湖海优势建设水上机场，探索镇江大路通用机场开展运输与通用机场管理共享新模式，提升通用机场在长江经济带、长三角、海西地区、山东半岛蓝色经济区中的支持功能。

中南地区：开展广州通用机场的选址研究等前期工作，推进珠三角地区综合性通用机场建设，促进粤港澳公务航空一体化发展。加快建设珠海、上街、株洲、钦州等区域性通用机场，满足海上丝绸之路、国家航空经济区、北部湾地区等发展需要。充分发挥张家界、桂林等通用机场的旅游功能，提升航空旅游与短途运输保障能力。探索深圳通用机场可持续发展新模式。

西南地区：培育重庆、昆明等地区通用机场的区域性功能，推动枢纽机场、干线机场公务机运营基地建设，服务于海上丝绸之路、长江经济带、云南桥头堡、贵阳国家级新区等战略。完善西南航空护林通用机场网络，推动西藏、四川、云南等省区的短途运输与应急救援通用机场体系建设，研究青海通用机场的“通廉航空”发展模式，满足公益性通用航空发展需要。

西北地区：培育阎良、银川月牙湖等通用机场的区域性功能，成为新丝绸之路经济带通用航空产业发展重要支点。推动西安、兰州等地区公务机运营基地建设，新建中卫、白银、安康等通用机场，建设偏远地区、老少边穷地区通用航空公共服务网络。增强天水、黄南等通用机场的旅游支持功能，充分利用支线机场提供通用航空服务。

新疆地区：改造提升新疆通用机场保障能力，推进乌鲁木齐疏缓机场建设，支持乌鲁木齐建设公务航空运营基地，打造面向西亚、中亚的新丝绸之路经济带通用航空产业基地，发挥通用机场对短途运输、应急救援、农林航空和工业航空等保障功能，成为新疆民生航空体系的重要组成部分。

简化通用机场建设审批程序，理顺通用机场建设机制。支持支线运输机场建设通用航空设施，开展通用航空业务。民航地区管理局协调各省发展改革委、地区空军，指导省级政府编制和修订通用机场布局规划，与《全国民用运输机场布局规划（2030 年）》有效衔接，发挥好通用机场对民用运输机场的补充作用，完善综合交通体系。

2. 加快设施设备建设。

对具有容量资源的运输机场，鼓励建设通用航空保障设施，完善现有通用机场的供油、机库及机务维修等保障设施，提升通用航空保障能力。鼓励具有通用航空保障容量的干线机场、旅游机场等新建 FBO，推动通用机场 FBO 建设，提升通用航空器维修、保养等综合服务能力。支持具有实力的维修企业建设 MRO。

（二）提升飞行服务能力。

1. 加快建设飞行服务站。

在通用航空活动需求旺盛、民航空管基础设施设备完善的地区试点建设自动飞行服务站（AFSS），结合已有的 FSS 建设试点经验，形成飞行服务站建设规范。

制定飞行服务站布局建设规划，在通用航空飞行活动相对集中区域推进 FSS 和 AFSS 建设。依托民航现有空管系统，按照安全优先、点面结合、分步实施、控制成本、提升效益原则，推进全国通用航空飞行服务管理中心、区域通用航空飞行服务单位、省级行政区通用航空飞行服务单位以及作业区（临时）飞行服务单位等四级通用航空飞行服务保障体系建设，"十三五"形成覆盖全国主要通用航空作业区域的飞行服务保障框架体系。

提升通用航空信息服务能力。整合民航以及国家各级气象机构气象信息资源和服务，结合通用航空活动空域特征，建立气象信息查询和服务平台，推进通用航空气象服务研究和资源共享利用。推动建立基础性航空情报资料体系，制定并发布目视航图，持续提升低空空域航空情报、航空气象、飞行情报服务与告警服务能力。

2. 全面推广 ADS-B。

实施《中国民用航空 ADS-B 实施规划》。依据国家低空空域分类改革工作总体部署，推进通用机场 ADS-B 或等效设备地面站建设，在管制空域、监视空域全面实现 ADS-B 监视，实现监视服务信息需求较大报告空域的 ADS-B 监视覆盖。在教学训练、海上石油服务、农化飞行、航空护林等作业区域与时间相对固定、飞行活动较为密集、对监视服务信息需求较大的通用航空活动区域优先建设和应用。

推进 ADS-B 地面站与数据应用系统建设，加快引入"北斗"卫星导航系统作为定位数据源，为通用航空自主飞行提供安全与技术保障手段。加快信息服务建设，向机场、航空公司、航空保障企业、运行监管部门提供 ADS-B 信息，为社会公众和机构提供信息服务。

（三）提升油料保障能力。

鼓励新型航空油料研发。支持航空油料的自主国产化，开展新型无铅汽油的研发，支持使用国产环保型航空油料，鼓励民营资本进入航空油料的生产环节。

建立存储与供应体系。依据生产作业集中状况、交通运输网络体系分布，分地区建立通用航空油料储备配送系统，建设若干个航空油料配送中心。

完善质量管理体系。健全航空油料技术岗位的培训体系，建立油料储备、运输、加注和管理等培训大纲和证照体系，实现航空油料规范化、制度化管理。开展对小型储油罐、桶装等存储方式进行安全性及经济性评价。

（四）着力培养人力资源。

全面落实《民航业人才队伍建设中长期规划（2010—2020年）》，培养规模适度、结构优化、素质优良的通用航空人才队伍，加大人力资源培养和开发力度，增强人力资源支持能力。

加强专业人才培养。支持加强飞行、维修、安全、通用机场运营等急需紧缺专业人才培养。组建“通用航空专家库”，加快选拔培养一批优秀年轻人才、中青年专家和行业拔尖人才。

加快管理人才培养。改善通用航空行业监管人员的工作条件，适度增加人员力量，开展定期培训。大力培养市场管理、营销等高级人才，加强市场与运行管理等专业培训和产业发展培训，为培育行业市场提供高素质人才保障。

加快人力资源培养平台建设。支持建设通用航空人才培养基地，支持院校及相关科研机构建立通用航空教学与科研实验室，建设通用航空实验验证基地，推进通用航空机载作业设备检测中心建设。

鼓励高校结合自身优势和特点设立通用航空课程，培养通用航空职业经理人、金融人才、市场人才、管理人才等。鼓励高校和培训机构开设通用航空企业管理课程，支持社会资本投资通用航空人才培养项目，鼓励采用在线学习平台等远程教育方式，支持建立国际交流平台，拓宽人才培养渠道。

专栏三 “十三五”时期通用航空保障能力建设重点任务

方 向	任 务
飞行服务	推进飞行服务站建设，实施通用航空 ADS–B 计划。
航油保障	建设航空油料配送网络。
维修保障	建设一批能力强、设施完善、管理水平高的通用航空维修实施中心和通用航空维修人员培训中心。
人才培养	加强管理人员培训。组建“通用航空专家库”，实施“高新尖人才培养计划”。
科研平台	建设通用航空重点实验室、实验验证基地和通用航空机载作业设备检测中心。

六、提升产业发展水平

以提升通用航空公共服务能力为重点，引导消费型通用航空发展，积极发展航空培训等行业服务，稳步发展通用航空工农林作业，做优存量、拓展增量，以扩大有效供给和品质提升满足新需求，促进适应于我国社会经济发展水平的通用航空产业体系发展。

（一）加快发展公益性服务。

大力发展通用航空应急救援和短途运输服务，培育航空医疗、通用航空行政管理等服务，鼓励开展交通疏导、环境监测、灾情监测、通信中继等业务，将公益性通用航空打造成我国“十三五”通用航空规模化发展的突破口。

1. 大力发展短途运输。

以实际需求为导向，推广内蒙古试点经验，在内蒙古、新疆、青海、云南等偏远、地面交通不便地区加快推进短途运输公共服务。推广政府主导型、社会主导型、“政府 + 社会”合作型等通用航空短途运输发展模式，引导具有实力的企业开展通用航空短途运输业务，促进行业管理部门和地方政府出台通用航空短途运输设施建设、航空器引进、航班航线开辟等扶持政策。

2. 提升应急救援能力。

建设通用航空应急救援体系。全面落实《国家航空应急救援体系建设规划》，将我国通用航空建设成国家航空应急救援体系的社会化基础和重要力量。推进建设民航“一个中心、两个主基地、多个辅助基地”通用航空应急救援发展格局。

提升设备设施保障能力。加快应急救援型大中型直升机配置，增强 Mi-26、Mi-8、直 9、直 8、AC313 等直升机救援能力；合理配置机载空投装置、外挂灭火吊桶、医用设备等装备，建设应急救援物资与人员运输、紧急救援综合服务平台。积极推进训练基地建设，加快建设通用航空应急救援综合服务基地。

加大扶持力度。加强军民在通用航空应急救援方面的协作和协调，推动地方政府购买通用航空应急救援服务。鼓励具有实力的通用航空企业积极参与通用航空应急救援，对航空应急救援的体制机制、安全管理和培训演练给予支持。出台优化通用航空应急救援运营补贴政策，促进国家部委出台对通用航空应急救援航空器购置的贴息补贴政策。

3. 发展航空医疗救护。

鼓励符合条件的通用航空企业积极开展医疗救护作业，培育医疗救护骨干企业。支持推广“政府支持、通航企业运营、保险业及医疗机构等参与”的商业模式，促进行业管理部门与医疗管理部门的协作，出台促进通用航空企业参与医疗救助、发展医疗救助的扶持政策。引导社会相关机构和资本（保险、红十字会、基金等）开发医疗救助业务。

（二）积极培育消费型服务。

加快发展以公务航空、私人飞行、空中游览、航空运动、航空教育等为代表的消费型飞行服务，满足多样化、多层次消费需求，培育消费型通用航空成为通用航空社会化发展基础。

1. 规范发展公务航空。

支持公务航空在商业活动中的应用，促进以自用为目的购置公务机的企业、单位，选择具有资质的通用航空企业为其代管公务机。引导社会资本有序进入公务航空领域，支持中小型公务机应用，引导公务航空多层次发展。鼓励公务航空企业行业内实施联合、兼并、重组，推动专业化、市场化进程。

制定公务航空运营管理办法。制定对公务机运营者运行合格审定和持续监督检查的标准，鼓励公务机运营者参照国际公务航空安全运行标准，提升安全水平。加强对境外来华公务航空企业的管理，杜绝国外公务航空企业在国内违规载客经营。

加强时刻资源保障，统筹安排航空运输与公务航空、国内与国外（境外）来华公务飞行时刻资源。规范公务机运营和通用航空作业使用机场服务收费项目和标准。建立公务航空运营服务标准和地面保障服务标准，推动建立公务航空服务质量评价制度。

2. 加快发展航空旅游。

结合《国务院关于促进旅游业改革发展的若干意见》，鼓励开发“多样化、特色化”航空旅游产品。支持企业丰富航空旅游产品，在世界自然与文化遗产、5A 与 4A 级景区等旅游资源丰富地区发展航空旅游。鼓励采用水上飞机开发江河湖海、湿地等航空旅游产品，支持采用电动飞机在噪声、尾气排放敏感区域开展业务。

联合国家旅游局开展航空旅游试点，在行业内示范推广，引导航空旅游与短途运输融合发展新模式。以“降低准入门槛、提升服务质量、强化安全监管”为核心，推动民航管理部门和旅游管理部门积极出台航空旅游管理办法。

3. 有序发展私人飞行。

引导个人使用、企业自用等非经营性通用航空活动发展，支持开展航空体育活动，鼓励公民使用自制航空器、套材组装类轻型运动航空器等开展教育、娱乐与体验飞行。建设航空俱乐部成为培育私人飞行的重要载体，在私人飞行较为活跃的区域加快俱乐部发展。研究制定航空俱乐部服务质量管理办法。

（三）巩固发展工农林航空。

支持通过政府购买服务，不断提升农业航空作业面积，力争在我国主要林区基本实现航空护林。鼓励通用航空在工业与能源建设、国土及地质资源勘查、人工影响天气等领域应用，规范无人机在农林业、航拍等领域发展，积极推广港口引航、直升机吊装等业务。

探索简化工农业固定作业区域内空域审批程序。在东北、西南、新疆、中南等工农林作业集中区域建设实践基地，鼓励“互联网+通用航空”在工农林业作业中应用，实施服务技术创新。优化工农林航空作业的补贴政策，研究采用生产资料直补等方式，扩大补贴范围，提升补贴效率。

（四）着力发展飞行培训。

加快提升飞行培训能力。建设区域性飞行培训基地。完善市场化飞行培训机制，鼓励运营企业与培训机构联合办学，创新培训模式。支持社会资本进入飞行培训领域，扩大培训容量。分类建立飞行培训质量管理体系，完善培训质量评价制度。健全飞行员递进式培养机制，拓宽军转民飞行员和国外飞行员引进的渠道。优化飞行员培训补贴制度，研究飞行员培训学校补贴管理办法。

（五）大力培育低空经济。

支持建设一批具有示范效应和影响力的通用航空产业集聚区，适时开展综合改革配套试点。围绕国家开放型经济建设，支持国外制造商在我国开展航空维修和备件支持服务，积极吸纳和对接国际通用航空产业优质资源，加强通用航空制造、运营管理、飞行培训领域的合作。创新国际合作模式，鼓励创建通用航空国际研发合作平台及国际化通用航空工程中心。鼓励和支持通用航空企业依托“一带一路”战略、自贸区等政策优势，促进具备比较优势的通用航空产品“走出去”，建设离岸通用航空器交付中心。鼓励开展通用航空会展、航空运动、航空教育等活动。支持通用航空与互联网、创意经济等融合，拓展通用航空新业态。

专栏四 “十三五”时期通用航空产业发展重点任务

<table>
<tr><th>方 向</th><th colspan="2">任 务</th></tr>
<tr><td>应急救援</td><td>建设通用航空应急救援网络，建立“一中心两主基地多辅助基地”通用航空应急救援体系</td><td rowspan="4">开展不同类型通用航空业态试点，培育若干骨干示范企业</td></tr>
<tr><td>短途运输</td><td>总结试点经验，支持在偏远地区、地面交通不便地区推广通用航空短途运输</td></tr>
<tr><td>医疗救护</td><td>支持和引导各类机构和社会资本促进医疗救护发展</td></tr>
<tr><td>公务航空</td><td>参照 IS-BAO 等，推进安全能力建设</td></tr>
<tr><td>低空经济</td><td colspan="2">建设珠海、西安等通用航空产业集聚区</td></tr>
</table>

七、保障措施

（一）加强组织协调。

加强军民航协调，统筹协调民航局内部和各部委间关系，督促通用航空发展宏观战略与规划的组织落实。加强跨行业的部门合作，建立通用航空与航空工业、农林、商业、旅游、贸易、邮政等部门的协调合作机制。充分发挥行业协会的中介服务与协调功能，提升服务支持能力。

（二）加大资金支持。

落实通用航空基础设施建设投资补助政策，鼓励企业和个人投资建设通用机场、飞行服务及航油保障设施。支持公益性通用航空作业和服务支持保障、人力资源培养等项目。拓宽融资渠道，采用吸收投资、PPP 及股权投资基金等多种方式吸引社会资本参与通用航空设施建设和经营。鼓励金融机构对飞机购租、通用机场及配套设施建设提供优惠的信贷支持。

（三）推动科研创新。

鼓励通用航空领域的新技术引进与合作创新，提升行业管理效率。加快通用航空信息系统的开发与应用，提升行业管理效率。加快促进通信导航监视新技术、物联网等在通用航空领域的应用，提升行业安全水平。鼓励通航企业引进先进管理经验、运营模式、作业技术，提升运营效率和效益。支持科研机构和通用航空企业在通用航空基础和前沿应用技术领域开展国际合作研究。

（四）推广航空文化。

鼓励各界参与通用航空的宣传、教育和推广，扩大通用航空爱好和消费群体。加强航空文化普及教育，在中、小学开展通用航空科普以及飞行爱好培养活动。培育社会公众参与通用航空的热情，支持通用航空文化体验馆、展览馆等文化基础设施建设，建设通用航空展示宣传与交流平台。充分发挥行业协会和航空俱乐部的平台作用，组织开展多种形式的通用航空文化宣传、实践体验活动，普及通用航空知识，提升社会对通用航空的认知水平。

（五）加强实施保障。

各级行业管理部门编制工作计划落实好本规划，建立督促检查机制，确保任务实施。加强对各省（区、市）通用航空发展的支持和指导，落实好规划编制、安全保障、基础设施、运营服务等任务。充分发挥行业政府与地方政府联动作用，统筹协调，促进通用航空持续快速健康发展。

关于进一步下放政府投资交通项目审批权的通知

发改基础〔2017〕189 号

交通运输部、铁路局、民航局、中国铁路总公司，各省、自治区、直辖市及计划单列市、新疆生产建设兵团发展改革委：

经报国务院批准同意，我委以交通领域作为深化投资项目审批改革的重点，除涉及国务院、中央军委事权外，对能用规划实行有效管理的项目最大程度下放审批，仅保留少部分重大项目和中央投资为主项目的审批权限，同时加强规划管理和事中事后监管。现将有关事项通知如下：

一、下放政府投资交通项目审批事项

（一）列入国家批准的相关规划中非跨省的新建（含增建双线）普通铁路项目，铁路总公司投资为主的由铁路总公司自行决定，地方和社会投资为主的由省级政府审批可行性研究报告，均通过投资项目在线审批监管平台报国务院投资主管部门备案。

（二）列入国家批准的相关规划中的新建高速公路项目，由省级政府审批可行性研究报告，通过投资项目在线审批监管平台报国务院投资主管部门备案。

（三）列入国家批准的相关规划中的跨 10 万吨级及以上航道海域、跨大江大河（现状或规划为一级及以上通航段）的独立公（铁）路桥梁（隧道）项目，由省级政府审批可行性研究报告，通过投资

项目在线审批监管平台报国务院投资主管部门备案。

（四）列入国家批准的相关规划中的交通行业直属院校、科研机构等中央本级非经营项目（使用中央预算内投资5000万元及以上项目除外），由行业部门审批可行性研究报告，通过投资项目在线审批监管平台报国务院投资主管部门备案。

二、强化规划引领和约束作用

在下放项目审批权限的同时，我委将强化规划引领和约束作用，提高“管”的有效性；提升行政服务质量和水平，增强“服”的主动性。加快实现从微观转向宏观、从审批转向监管、从项目安排转向制度供给，更好适应把握引领经济发展新常态。

（一）完善规划体系。

借鉴城市轨道等交通项目审批权下放后以审批建设规划作为管理手段的经验，我委将强化交通规划编制、审批和组织实施，重要规划报国务院审批，实现简政放权后的有效管控。编制和完善铁路、公路、内河高等级航道、沿海港口、民用机场、油气管道等中长期布局规划，编制综合交通五年发展建设规划，编制或审批国防交通、城际铁路、城市轨道交通、高速公路、内河高等级航道、沿海港口、空管系统等专项建设规划，建立健全“中长期布局规划 + 五年发展建设规划 + 年度实施方案”相结合的规划管理体系，更好指导交通行业重大基础设施布局和项目建设实施。

（二）强化规划实施监管。

我委将联合有关部门形成多方联动、共同监管工作格局，加强组织协调，层层分解、细化落实规划任务，明确各级责任主体，全程跟踪了解规划实施进展。充分利用信息化手段，依托投资项目在线审批监管平台等政府监管服务平台，运用市场、信用、法治等手段协同监管，切实保障规划有序实施。

（三）提升服务保障能力。

对于下放的审批事项，我委将加强对承接单位的业务指导，开展规划、管理、技术等方面人才培训和交流，提高依法行政、依法管理的能力水平。完善交通项目有关报告编制和评估等规范，积极研究支持规划实施、项目建设的相关配套政策，协调解决跨部门、跨领域等重点难点问题。

三、有关要求

本次下放到省级政府的审批事项不得再行下放，由有关部门和单位自行审批或决定的事项不得再行转移。请各地方、有关部门和单位落实责任，完善制度办法，规范审批行为，加强能力建设，切实接住管好，提高行政效率和决策水平。

国家发展改革委

2017 年 1 月 25 日

关于促进市域（郊）铁路发展的指导意见

发改基础〔2017〕1173 号

各省、自治区、直辖市发展改革委、住房城乡建设厅（建委）、交通运输厅（委），各地区铁路监管局，各铁路局：

市域（郊）铁路是城市中心城区联接周边城镇组团及其城镇组团之间的通勤化、快速度、大运量的轨道交通系统，提供城市公共交通服务，是城市综合交通体系的重要组成部分。加快市域（郊）铁路发展，对扩大交通有效供给，缓解城市交通拥堵，改善城市人居环境，优化城镇空间布局，促进新型城镇化建设，具有重要作用。当前，市域（郊）铁路发展滞后，有效供给能力不足，成为城市公共交通短板，在发展理念和体制机制等方面问题较为突出。为贯彻中央城镇化工作会议、中央城市工作会议精神，落实《国务院关于深入推进新型城镇化建设的若干意见》（国发〔2016〕8号）、“十三五”规划《纲要》和《城镇化地区综合交通网规划》的要求，有序推进市域（郊）铁路发展，现提出以下意见。

一、总体要求

（一）指导思想。

全面贯彻党的十八大和十八届三中、四中、五中、六中全会精神，按照“五位一体”总体布局和“四个全面”战略布局，牢固树立和贯彻落实创新、协调、绿色、开放、共享的新发展理念，着力推进交通供给侧结构性改革，坚持以人民为中心的发展思想，落实公交优先发展战略要求，总结国内外先进经验和有效做法，以体制机制创新为动力，以示范项目为抓手，强化规划衔接，推进既有铁路挖潜扩能改造，视需要有序规划新线，着力扩大市域（郊）铁路公交化运营服务的有效供给，鼓励发展多层次、多模式、多制式的轨道交通系统，完善城市综合交通运输体系，更好地适应都市圈和城市群发展新要求。

（二）基本原则。

改革创新、引领发展。坚持创新引领，加大改革力度，激发市场活力，破解体制机制阻碍。着重在发展理念、建设方式、运管模式、合作机制、投融资体制、标准体系、发展政策等方面探索新路径、实施新举措、取得新突破。

因地制宜、统筹规划。结合城市发展实际，盘活存量资产，做好市域（郊）铁路整体布局规划，符合城市群规划和城市总体规划要求，着力加强与相关规划的统筹衔接，因地制宜、分类推进项目实施，使既有资源得到有效利用和增量供给得到有效增加。

资源共享、互利共赢。建立公平、公正、开放的发展环境，坚持政府引导、企业运作，强化政策支持保障，充分调动企业和社会资本投入的积极性，发挥各方优势，推进项目共建、线路和站场等资源共享，使企业有回报、群众有获得感。

先行先试、复制推广。在重点城市选择一批重点项目实施市域（郊）铁路发展示范工程，明确示范工程内容，系统总结实践经验，发挥典型示范作用，以点带面，点面结合，以期形成可推广、可借鉴、可复制的发展模式。

（三）发展目标。

至2020年，京津冀、长江三角洲、珠江三角洲、长江中游、成渝等经济发达地区的超大、特大城市及具备条件的大城市，市域（郊）铁路骨干线路基本形成，构建核心区至周边主要区域的1小时通勤圈；其余城市群和城镇化地区具备条件的城市启动市域（郊）铁路规划建设工作。

二、加强规划指导

（四）科学编制规划。

拟发展市域（郊）铁路的城市，城市政府应会同有关方面深入研究市域运输需求、路网布局、规划衔接等问题，单独编制市域（郊）铁路发展规划或统筹纳入相关规划。规划范围原则上应为城市所辖市域，可统筹市域周边具有一体化倾向、通勤需求较高的毗邻区域。利用或改造既有线路的，应充分征求铁路企业意见。确需规划新建线路的，应符合城市总体规划要求，与铁路网规划、综合交通运输体系规划等相关规划做好衔接，并充分考虑综合开发需求，形成布局合理的规划方案。通过规划的编制，摸清有效需求，建立项目储备库，明确建设重点，积极有序推进建设。

（五）健全审核体系。

建立健全有利于市域（郊）铁路发展的规划项目管理机制。利用既有铁路发展市域（郊）铁路的规划由省级政府会同铁路总公司统筹研究确定，改扩建项目审批按照现行规定实施；新建市域（郊）铁路的规划应按照项目功能定位、标准制式等纳入相关线网及建设规划，并在规划方案、建设规模、标准制式等方面与国家有关部门做好衔接，按现行规划管理相关规定报批。市域（郊）铁路新建项目由省级政府审批，批复文件抄送国家发展改革委、住房城乡建设部、交通运输部、国家铁路局等相关部门。

三、统筹有序发展

（六）优先利用既有资源。

城市政府会同铁路企业，结合城市空间布局优化和铁路枢纽功能调整，优先考虑利用既有资源开行市域列车。要加强既有资源合理利用可行性分析论证，结合城市规划建设、铁路现代物流转型发展需要等，深化城市内部相关铁路运输能力利用研究，鼓励具备条件城市的内部铁路部分功能合理外迁，释放线路运输能力。通过既有铁路补强、局部线路改扩建、站房站台改造等方式，扩大铁路服务城市交通的供给能力。通过政府购买服务方式，鼓励有条件的城市研究开行市域（郊）列车。

（七）有序推进新建线路。

在充分利用既有铁路的基础上，有序新建部分线路，优化完善市域（郊）铁路网络。要根据市域（郊）铁路的需求特征、服务对象、服务范围等，合理把握其功能定位，因地制宜选择标准制式、建设方案和运营模式。线路要串联5万人及以上的城镇组团和旅游景点并设站，车站按照功能适应、设施简易、安全便捷的原则尽量设置于城镇中心，增强交通引导和提高客流聚集。设计速度宜为100~160公里/小时，平均站间距原则上不小于3公里。因地制宜确定敷设方式，优先采用地面或高架，集约利用通道资源和节省工程投资。深化项目前期工作，加强技术方案比选，增强方案的可实施性。

（八）加强各种方式衔接。

统筹多层次轨道交通系统协调发展，科学把握市域（郊）铁路与干线铁路、城际铁路、城市轨道交通等线路的合理分工，加强各种交通运输方式及不同层次轨道交通系统的高效衔接，提高城市交通组合效率。按照零距离换乘和一体化运营要求，实现基础设施和运营服务方面的资源共享、互联互通。优化调整城市公共交通系统运行线路和运营时间，同步配套建设停车场、电动汽车充电基础设施、步行和自行车服务设施，做好公共交通接驳。

（九）提升运营服务水平。

市域（郊）铁路原则上应采用公交化运营模式。利用既有铁路开行市域（郊）列车的，铁路企业要加强运输组织协调、优化客运组织，采取增加既有列车停站、增加在重要客流集散地的停站频率、在通勤高峰时段开行通勤列车等措施，提供符合群众出行规律和客流特征、更加便民惠民利民的市域（郊）铁路运输服务。新建市域（郊）铁路线路要严格落实城市公交化服务的各项要求，为群众切实提供全程安全、便捷、贴心的运输服务。要依托“互联网+市域（郊）铁路”，提升新建和既有线路的信息化、智能化服务水平，实现信息实时在线共享。城市政府有关部门要完善运营服务激励机制，加强服务标准化建设，提升服务质量。

（十）鼓励多种运管模式。

各地根据实际情况，合理选择市域（郊）铁路运营管理模式。政府与铁路企业之间要创新合作方式，可以通过政府购买服务等方式，实现互利共赢，最大限度调动各方面的积极性、主动性。鼓励运营主体多元化，拓宽机构选择空间，支持铁路企业、城市轨道交通运营企业等具有相关经验的运营主体参与市域（郊）铁路建设和运营。鼓励有条件的城市或项目探索网运分离等模式，通过租用线路和设备提供服务。对线路使用、车站服务、委托运输等社会化服务项目，实现服务内容和收费标准公开透明。

（十一）完善运营补偿机制。

城市政府要将市域（郊）铁路运营纳入城市公共交通系统，充分体现公共服务属性，综合考虑政府财政补贴、社会承受能力、企业运营成本、市场供求状况等因素，完善票价政策，合理确定票价水平并建立动态调整机制。结合不同旅客承受能力和消费需求特点，根据服务质量、运输距离等差异，形成多层次、差别化的票价体系。对市域（郊）铁路实行低票价、减免票等造成的政策性亏损和铁路企业在技术改造、经营冷僻线路等方面投入，各城市在加强成本规制的基础上，可给予相应补贴补偿。初期可通过加大补贴力度引导和支持市域（郊）铁路顺利开行，后期要根据综合开发收益给予适当运营补贴支持，或通过政府购买服务等方式，实现可持续运营。

四、创新投融资模式

（十二）拓展投融资渠道。

建立政府投入、各类金融机构和社会资本相互支持的多层次、多元化投融资体系。加强政策引导，政府在安排资金时加大对市域

（郊）铁路的支持力度。完善激励机制，鼓励社会资本全面参与市域（郊）铁路投资、建设、运营、管理等各个环节。充分发挥市域（郊）铁路具备稳定现金流的优势，拓展资金来源，探索吸引保险资金、企业年金等长期资本参与市域（郊）铁路发展。积极支持通过企业债券、公司债券、非金融企业债务融资工具等方式融资。鼓励金融租赁公司研发适合市域（郊）铁路特点的金融产品，采用直接租赁、售后回租等形式提供融资服务。

（十三）发挥综合开发效能。

树立 TOD 开发理念，按照《国务院办公厅关于支持铁路建设实施土地综合开发的意见》（国办发〔2014〕37 号）的相关政策，发挥市域（郊）铁路对新型城镇化的支撑服务作用，集约利用资源，拓展城市综合服务功能，提高城市综合承载能力；依托市域（郊）铁路通道推进城市新区和外围城镇组团建设，引导人口布局，不断优化城市空间。支持通过既有铁路站场土地综合开发，盘活利用既有铁路设施，规范推进新建市域（郊）铁路站场土地综合开发。鼓励市域（郊）铁路相关企业通过物业开发、物业租赁和管理、车站和车辆商业开发等形式，构建综合开发溢价回收机制，支持市域（郊）铁路发展。

五、强化保障措施

（十四）完善发展制度体系。

完善市域（郊）铁路发展相关政策法规，建立健全项目建设运营监管机制，确保市域（郊）铁路发展有法可依、有章可循、安全可靠。利用既有铁路开行市域（郊）铁路列车的，铁路企业应商地方政府研究出台运营方案和相关措施，强化企业运输安全主体责任，合理划分与地方政府各方权责，确保群众全程安全便捷出行。新建市域（郊）铁路的，铁路企业要规范和简化新建线路与既有铁路的接轨手续；各级政府部门要发挥主体责任，深入推进简政放权，优化审批流程，提高审批效率，加快规划和项目审批；城市政府要加强人才培养建设，完善监管体制机制，强化对新建市域（郊）铁路的事中事后监管，确保项目建设和运营安全。

（十五）健全技术标准体系。

鼓励多种制式，支持技术创新，推进新型装备研发及产业化。鼓励支持地方和企业推进技术与管理创新，建立健全符合我国国情的市域（郊）铁路技术标准体系。结合“中国制造 2025”，进一步推进市域（郊）铁路装备制造业发展，鼓励轨道交通装备企业加大列车研发力度，在现有城市轨道交通装备基础上，突破关键零部件及绿色智能化集成技术，完善市域（郊）铁路列车谱系，建立整装的产业体系，打造具有国际竞争力的市域（郊）铁路装备产业链。

（十六）选择重点推进项目。

近期推出一批示范项目，并适时拓展示范项目范围，在示范内容、实施方案、工作安排等方面进行差别化探索。城市政府有关部门、铁路企业和社会资本要在铁路资源评估、配套设施改造、合作模式、收益分配等方面加强合作，实现互利共赢，形成一批可复制、可推广的经验。

（十七）加强实施过程监管。

充分发挥中央、地方、企业各方积极性，共同努力推进市域（郊）铁路发展。创新方式，实现对市域（郊）铁路发展的有效监管，营造和维护公平有序的市场环境。国家加强跟踪指导，及时总结评估实施情况，协调解决有关问题。规划和项目实施应严格按照国家有关审批程序办理，不得利用市域（郊）铁路名义变相建设地铁、单轨。国家发展改革委将会同有关部门加强检查和稽查，对违规行为进行严肃处理。

附件：市域（郊）铁路第一批示范项目表

国家发展改革委
住房城乡建设部
交 通 运 输 部
国 家 铁 路 局
中国铁路总公司
2017 年 6 月 20 日

附件

市域（郊）铁路第一批试点项目表

序号	项目名称	所在省（自治区、直辖市）	项目类型	备　注
1	副中心线（北京西站至通州站）	北京	利用既有铁路开行列车	正在推进相关工作
2	S5 线（黄土店站至怀柔北站）	北京		正在推进相关工作
3	金山铁路（莘庄站至金山卫站）	上海		试运营
4	天津至蓟州	天津		试运营
5	北京至蓟州	北京、天津		正在推进相关工作
6	天津至于家堡	天津		试运营
7	诸暨至杭州东	浙江		试运营
8	宁波至余姚	浙江		试运营
9	福田至深圳坪山	广东		试运营
10	温州 S1 线一期工程（温州南至半岛）	浙江	利用既有通道新建铁路	国家批复规划，已开工
11	虹桥机场至浦东机场	上海	新建铁路	拟纳入城市轨道交通建设规划报批后实施

推进京津冀民航协同发展实施意见

发改基础〔2017〕2048 号

推动京津冀协同发展，是党中央、国务院在新的历史条件下确定的重大国家战略，是一项历史性工程。深化区域民航协同发展是京津冀交通一体化发展的重要抓手之一。为深化改革创新、率先突破，加快京津冀民航协同发展，依据《京津冀协同发展规划纲要》和《京津冀协同发展交通一体化规划》，制定本意见。

一、指导思想

深入学习贯彻党的十九大精神，以习近平新时代中国特色社会主义思想为指导，贯彻新发展理念，落实《京津冀协同发展规划纲要》重要决策部署，坚持以民航强国战略为导向，践行以人民为中心的发展思想，紧密围绕京津冀民航协同发展，按照国家发展一个新的动力源要求加快北京新机场建设，打造国际一流的航空枢纽，建设京津冀世界级机场群，全面提升京津冀区域航空保障能力和运输服务水平，为京津冀协同发展提供有力支撑和保障。

二、基本原则

分工协作、互利共赢。创新北京“双枢纽”机场运营模式，显著增强国际竞争力，提升京津冀机场群的综合保障能力。进一步明确区域机场功能定位，充分发挥各自比较优势，错位发展、协同发展，提升天津、石家庄航空运输市场规模，强化民航对京津冀区域经济社会发展和对外开放的支撑带动作用。

协调联动、两翼齐飞。完善运输机场功能布局，科学规划通用机场，发挥通用航空运输服务功能以及对社会公共服务的支撑作用，构建公共运输航空、通用航空两翼协调衔接的京津冀航空服务网络，加快推进京津冀地区现代综合交通运输系统建设。

互联互通、一体发展。以需求为导向，加强民航与轨道交通等其他快速交通方式的高效衔接，构建以枢纽机场为核心的综合交通枢纽，提升智能化、信息化管理水平，实现设施连通、信息互通、票务畅通，提升空地一体化发展水平。

创新融合、扩大开放。立足京津冀城市群整体空间布局以及京津冀三省市比较优势，适应疏解北京非首都功能和产业转型升级要求，充分发挥机场群的辐射和带动作用，有力支撑京津冀城市群经济社会发展。

三、发展目标

2020 年，北京新机场建成投入使用，首都机场国际旅客占比提高 2 至 3 个百分点，北京“双枢纽”机场与天津机场、石家庄机场实现与轨道交通等有效衔接，初步形成统一管理、差异化发展的格局，京津冀机场群协同发展水平显著提升，整体服务水平、智能化水平、运营管理力争达到国际先进水平。2030 年，北京“双枢纽”机场成熟运营，协调发展、适度竞争，国际竞争力位居世界前列，天津、石家庄机场区域航空枢纽辐射能力显著增强，将天津建成我国国际航空物流中心，基本实现京津冀地区主要机场与轨道交通等有效衔接，打造形成分工合作、优势互补、空铁联运、协同发展的世界级机场群。

四、重点任务

（一）提升机场综合保障能力。

加快北京新机场建设，完善首都机场服务功能，形成优势互补、适度竞争、具有国际竞争力的“双枢纽”机场格局，显著增强北京地区民航运输保障能力和辐射带动作用，大幅提升北京航空枢纽国际竞争力。改扩建天津滨海机场，增强区域枢纽作用，建设我国国际航空物流中心。改扩建石家庄正定机场，充分发挥比较优势，增强对周边的集聚辐射能力，逐步培育成为区域航空枢纽。新建邢台、沧州、康保、丰宁等支线机场。推进唐山、张家口、邯郸等机场改扩建。研究优化京津冀地区军民航机场功能与布局，确保京津冀地区军民航协调发展、安全运行。

（二）优化航路航线网络结构。

优化首都机场航线网络结构，与北京新机场形成优势互补的“双枢纽”航线网络格局，进一步扩大国际航线网络覆盖面和通达性，合理引导国内中小机场通过区域枢纽与北京“双枢纽”机场衔接。加快完善天津机场、石家庄机场区域枢纽航线网络布局，提升区域机场综合保障能力。

（三）提高空管保障服务水平。

加快推进北京终端管制中心和区域空管保障设施建设。调整优化京津冀地区空域结构，结合运行需求，持续推进北京终端区空域结构的优化调整。研究建立京津冀机场群与西南、中南、华东、西北等地区的空中单向循环通道建设，实现与主要地区航路航线网络的高效衔接。完善空域灵活使用机制，推进临时航线划设和使用，提高空域使用效率。

（四）打造通用航空服务网络。

加快编制通用机场布局规划，加强区域协作，共同打造规模适度、结构合理、功能协调、兼容互补的区域通用机场网络。鼓励在枢纽运输机场周边规划建设通用机场，疏解枢纽运输机场非核心业务。支持支线机场增设通用航空设施，拓展业务范围，兼顾区域通用航空运营服务综合保障。以医疗救护、应急救援等为重点，探索建立京津冀地区通用航空公共服务网络，基本覆盖京津冀三省市。

（五）统筹区域机场运行管理。

构建京津冀三省市航空枢纽协作机制，推进三地机场协同运行和联合管理，进一步加强安全、运行、服务等标准对接，实现目标一致化、定位差异化、运营协同化、管理一体化。

（六）建设以枢纽机场为核心的综合交通枢纽。

加快北京新机场“五纵两横”综合交通网络建设，打造京津冀区域综合交通枢纽。以首都机场和北京新机场为核心，加快推进首都机场至北京新机场城际铁路联络线、北京至雄安城际铁路、北京至唐山铁路等建设，研究建设北京新机场至雄安高速公路；以天津机场为核心，加快京津城际铁路延伸至天津机场、京滨城际铁路、天津地铁 Z2 线建设，有序实施沿海高速铁路天津至潍坊段、天津至承德铁路等；以石家庄机场为核心，完善石家庄机场与京广高速铁路正定机场站之间的顺畅连接，有序实施石家庄至雄安、石家庄至邯郸等城际铁路；以京津冀地区支线机场为主要节点，有序实施唐山至曹妃甸、唐山至遵化、衡水经沧州至黄骅等城际铁路，基本实现京津冀地区主要机场之间以及与周边重要城镇节点和功能区通过轨道交通快速连接，建设形成分工合作、优势互补、协同发展的世界级机场群。

（七）推动空铁联程联运。

充分利用大数据、互联网等条件，加快民航、铁路、道路运输等信息系统对接，鼓励开展空铁等联程运输服务，实现运力班次有效衔接、中转换乘信息互联共享。推广普及电子客票、联网售票，提升智能化管理水平。鼓励在有条件的重要高铁站点建设城市航站楼，设置综合交通服务平台，推行异地候机、行李联程托运等配套服务。

（八）加大政策支持引导。

加强北京新机场运营初期的市场培育，加大国际航线和航班时刻的投放。制定并完善有利于北京“双枢纽”建设的航权分配、航班时刻、市场准入、差异化收费等政策，合理引导航空公司运力投放，促进京津冀机场资源合理、高效使用。鼓励“三地四场”主要基地航空公司实行枢纽化运营，支持天津机场发展航空物流，支持石家庄机场发展低成本航空。简化“三地四场”24 小时直接过境程序，在符合海关监管条件的空港运行通程航班业务。实施京津冀 144 小时过境免签。地方政府积极协调口岸检查检验机构和税务、金融机构等部门联合提升航空口岸服务水平，实现航空货运 7×24 小时通关服务，实现京津冀空港通关一体化，提升口岸通关效率。

（九）提升政府监管能力。

加强北京新机场民航安全监管力量建设，提升安全监管能力，保障北京新机场安全正常运行。加强北京新机场空中交通管理能力建设，提升新机场运行效率。

（十）强化规划约束作用。

加强机场总体规划、临空经济区规划与地方城乡规划、土地利用总体规划等协调衔接，科学规划机场周边发展用地和空管用地，强化规划实施评估和监督检查。

国务院有关部门、军方有关单位与京津冀三省（直辖市）要充分认识加快京津冀民航协同发展的重要性，统一思想认识、密切协同合作、主动担当作为，按照职能分工，认真履行职责，切实抓好各项重点任务落实，确保京津冀民航协同发展取得实效。

关于深化铁路货运价格市场化改革等有关问题的通知

发改价格〔2017〕2163号

各省、自治区、直辖市发展改革委、物价局，中国铁路总公司，各国铁控股合资铁路公司：

为贯彻落实《中共中央国务院关于推进价格机制改革的若干意见》(中发〔2015〕28号)，深化铁路货运价格市场化改革，充分发挥市场在资源配置中的决定性作用，促进铁路运输行业持续健康发展，决定扩大铁路货运价格市场调节范围，简化运价结构、完善运价体系。现将有关事项通知如下：

一、铁路集装箱、零担各类货物运输价格，以及整车运输的矿物性建筑材料、金属制品、工业机械等12个货物品类运输价格实行市场调节，由铁路运输企业依法自主制定。实行市场调节价的整车运输具体货物品类见附件1。

二、将执行国铁统一运价电气化路段收取的电力附加费并入国铁统一运价，不再单独收取。实行政府指导价的整车运输各货物品类基准运价不变，铁路运输企业可以国家规定的基准运价为基础，在上浮不超过15%、下浮不限的范围内，根据市场供求状况自主确定具体运价水平。原整车运输运价号“7号”调整为“1号”。铁路整车货物运输基准运价率见附件2。

三、对实行市场调节的货物运价，铁路运输企业要按照“合法、公平、诚信”原则，建立健全运价内部管理制度，明确制定、调整运价的办法，合理确定价格水平，为用户提供质价相符的铁路运输服务。

四、铁路运输企业应当严格执行国家价格政策，自觉规范价格行为。要落实明码标价规定，在营业场所显著位置，区分政府指导价和市场调节价分别公示各类货物具体运价，主动接受社会监督。坚持用户自愿原则，不得强制服务、强行收费，不得采取价格欺诈等不正当手段，损害货运用户合法权益。

五、各级价格主管部门要加强对铁路运输价格的监督检查，依法查处铁路运输企业各类价格违法行为，维护市场正常价格秩序。

本通知自 2018 年 1 月 1 日起执行。

附件：1. 实行市场调节价的铁路整车运输货物品类

2. 铁路整车货物运输基准运价率

国家发展改革委

2017 年 12 月 14 日

附件 1

实行市场调节价的铁路整车运输货物品类

品类名称		包含主要货物种类
1	矿物性建筑材料	土、砂、石、石灰；砖、瓦、砌块；水泥制品；玻璃；玻璃纤维及其制品；其他矿物性建筑材料
2	水泥	水泥；水泥熟料
3	木材	原木；锯材；木片；人造板材
4	盐	食用盐；非食用盐
5	金属制品	金属结构及其构件；金属工具、模具；铝制器皿、搪瓷制品；其他金属制品
6	工业机械	普通机械设备；运输工具（不含挂运与自行的铁路机车、车辆及轨道机械）；仪器、仪表、量具
7	电子、电气机械	电力、通信、广播电视设备；日用电器；电子计算机及其外部设备；其他电子、电器机械及器材
8	饮食品及烟草制品	食糖；食品；饮料；烟草制品；其他烟草制品

续表

品类名称		包含主要货物种类
9	纺织品、皮革、毛皮及其制品	丝、毛、化学纤维、纱、线；纺织品、针织品；鞋、帽、服装及其他编织、缝纫品；皮革、毛皮及其制品
10	纸及文教用品	纸浆；纸及纸制品；印刷品；其他文教用品
11	医药品	中药材；中成药、西药及其他医药品
12	其他货物（不含饲料、有机肥、特定货物）	家具、搬家货物、行李、日用杂品；动植物油脂、冰、水；动植物残余物；浆粕、废碎物品；工艺品、展览品；特定集装化运输用具

附件 2

铁路整车货物运输基准运价率

运价号	基价 1		基价 2	
	单　位	标　准	单　位	标　准
1	—	—	元 / 轴公里	0.525
2	元 / 吨	9.50	元 / 吨公里	0.086
3	元 / 吨	12.80	元 / 吨公里	0.091
4	元 / 吨	16.30	元 / 吨公里	0.098
5	元 / 吨	18.60	元 / 吨公里	0.103
6	元 / 吨	26.00	元 / 吨公里	0.138
机械冷藏车	元 / 吨	20.00	元 / 吨公里	0.14

注：运费计算办法：整车货物每吨运价 = 基价 1 + 基价 2 × 运价公里。

附录三
重大项目

国产 C919 大型客机实现首飞

2017 年 5 月 5 日，我国国产大飞机 C919 大型客机在上海浦东机场实现首飞。研制大型客机、发展具有竞争力的民用飞机产业，是党中央、国务院站在历史和全局的高度，审时度势、高瞻远瞩做出的重大战略决策。2006 年，《国家中长期科学和技术发展规划纲要（2006—2020 年）》将大型客机项目列入 16 个重大科技专项。2007 年，国务院第 170 次常务会议原则通过了《大型飞机方案论证报告》，中央政治局第 192 次常委会听取《关于大型飞机重大专项有关情况汇报》，C919 大型客机项目启动。

C919 大型客机是我国首次按照国际标准、自主研制的中短程商用干线喷气式飞机，156 ～ 168 座，航程 4075 ～ 5555 公里，采用先进气动外型、先进材料、新一代发动机、先进电传操纵和综合航电系统，主要竞争机型为波音 B737MAX 和空客 A320NEO。2008 年 12 月，完成可行性论证。2009 年 12 月，项目完成总体方案评审。2010 年 12 月，中国民航局正式受理了型号合格证申请。2014 年 9 月 19 日，首架机开始总装。2015 年 11 月 2 日，实现总装下线。2017 年 5 月 5 日，101 架机成功首飞，标志着项目研制取得重大突破。2017 年 11 月 10 日顺利转场，拉开了异地试飞的序幕。2017 年 12 月 17 日，102 架机成功首飞。2018 年完成全机 2.5g 机动平衡工况极限载荷静力试验，102 架机转场东营胜利机场，顺利完成首次空中远距离转场飞行，标志着 C919 大型客机项目进入密集研发试飞新阶段，正式开启多地同步试飞模式。目前，103 架机已完成翼身对接，正在开展总装工作，科研工作及研制批飞机生产有序推进。累计客户 28 家，订单 815 架。

C919 首飞成功后，党中央、国务院发来贺电，强调指出这是在以习近平同志为核心的党中央坚强领导下取得的重大成就，体现了中国特色社会主义道路自信、理论自信、制度自信、文化自信，对于深入贯彻新发展理念，实施创新驱动发展战略，建设创新型国家

和制造强国，推进供给侧结构性改革，具有十分重要的意义。2017年10月18日，党的十九大胜利召开，大飞机作为国家重大科技成果被写入十九大报告。2018年新年伊始，国家主席习近平再次在新年贺词中为C919加油喝彩。

随着项目研制不断深入，带动作用逐步显现。建立“以中国商飞公司为核心，联合中航工业，辐射全国，面向全球”的民机产业体系。提升国内民机机体结构配套能力，选择成飞、西飞、沈飞、哈飞、洪都航空、昌河飞机、济南特种所以及西子集团、航天海鹰等作为大型客机机体结构供应商。提升国内民机机载系统配套能力，在选择GE、霍尼韦尔、利勃海尔等著名航空企业作为供应商的同时，促成了航电、飞控、电源、燃油和起落架等机载系统的16家合资企业，通过技术扩散，提升了我国民机机载系统配套能级，也为军用飞机机载系统研制提供了借鉴。提升民机零部件、材料、标准件等配套能力，确定中铝、宝钢等16家材料供应商和54家标准件潜在供应商，促成德国爱励铝业等国际知名材料供应商在中国落地。全国22个省市、200多家企业、近20万人参与了大型客机项目研制，对经济的带动作用开始显现。

（中国商飞公司供稿）